U0495970

"十四五"国家重点出版物出版规划项目

"心理学视野中的突发重大公共安全事件应急管理"丛书 | 总主编 游旭群

国家出版基金项目
NATIONAL PUBLICATION FOUNDATION

突发重大公共安全事件中的心理援助

何宁 等 编著

浙江教育出版社·杭州

图书在版编目（CIP）数据

突发重大公共安全事件中的心理援助 / 何宁等编著. -- 杭州：浙江教育出版社，2024.5
（心理学视野中的突发重大公共安全事件应急管理 / 游旭群主编）
ISBN 978-7-5722-7281-3

Ⅰ. ①突… Ⅱ. ①何… Ⅲ. ①公共安全－突发事件－心理干预－研究 Ⅳ. ①D035②R395.6

中国国家版本馆CIP数据核字(2023)第250475号

突发重大公共安全事件中的心理援助
何　宁　等　编著

出版发行	浙江教育出版社
	（杭州市环城北路177号　电话：0571-88909724）
丛书策划	吴颖华
责任编辑	姚　璐　洪　滔
美术编辑	韩　波
责任校对	陈阿倩　周涵静
责任印务	陈　沁
营销编辑	张方锋
封面设计	观止堂_未氓
图文制作	杭州天一图文制作有限公司
印　　刷	浙江海虹彩色印务有限公司
开　　本	710mm×1000mm　1/16
印　　张	16.5
插　　页	5
字　　数	238 000
版　　次	2024年5月第1版
印　　次	2024年5月第1次印刷
标准书号	ISBN 978-7-5722-7281-3
定　　价	57.00元

版权所有·侵权必究
如发现印、装质量问题，影响阅读，请与市场部联系调换。

"心理学视野中的突发重大公共安全事件应急管理"丛书编委会

总主编：游旭群

副主编：李 苑

编　委：（按姓氏笔画排序）

兰继军　刘永芳　李　瑛

何　宁　姬　鸣

总　序

　　党的二十大报告指出："我们要坚持以人民安全为宗旨、以政治安全为根本、以经济安全为基础、以军事科技文化社会安全为保障、以促进国际安全为依托，统筹外部安全和内部安全、国土安全和国民安全、传统安全和非传统安全、自身安全和共同安全，统筹维护和塑造国家安全，夯实国家安全和社会稳定基层基础，完善参与全球安全治理机制，建设更高水平的平安中国，以新安全格局保障新发展格局。"特别是要着力健全国家应急管理体系，建立大安全大应急框架，加强国家区域应急力量建设。在这个过程中，心理建设是必不可少的重要方面。人民是应急管理工作关键的出发点和落脚点，而心理学则可以有效帮助我们更好地理解人民、服务人民。基于此，本套"心理学视野中的突发重大公共安全事件应急管理"丛书通过《突发重大公共安全事件应急管理心理学导论》《突发性公共事件中的心理管理》《突发重大公共安全事件应急管理中的社会公共安全文化建设》《突发重大公共安全事件行为引导》《重大公共安全事件中的风险感知与决策》《突发重大公共安全事件中的心理援助》六个分册，阐述心理学在推进国家安全体系和能力现代化建设、维护国家安全和社会稳定中的重要作用。

　　《突发重大公共安全事件应急管理心理学导论》分册基于总体国家安全观的思想指导，系统探讨应急管理心理学这一核心议题，特别是对突发重大公共安全事件应急管理中涉及的心理学关键性问题、标志性概念、前沿研究进展和先进管理实践，以及我国应急管理体系所面对的挑战和心理学在其中可发挥的作用等方面进行详细介绍。此分册从心理学的角度，为中国特色应急管理工作提供方式方法上的参考，为民众认知和应对突发重大公共安全事件提供知识经验上的支撑，为应急管理科学研究如何更好地服务于国家和人民提供思维思想上的启迪，进而促进我国社会治理水平高质量发展。

《突发性公共事件中的心理管理》分册是基于长期聚焦当代管理以人为本的价值思潮和未来学科发展与管理实践需求，逐渐形成的心理管理学思想向社会治理领域的延伸和推广，分不同专题论及突发性公共事件中普遍存在的社会心理现象之现状、成因、后果及对策。此分册的"总论"阐述基本理论观点及总体构想；"动机管理篇"分两章，分别探讨"价值取向管理"和"效用心理管理"问题；"认知管理篇"分两章，分别探讨"风险与决策心理管理"和"博弈心理管理"问题；"情绪管理篇"分两章，分别探讨"应激心理管理"和"心理安全感管理"问题；"社会心理管理篇"分两章，分别探讨"社会情绪管理"和"社会心态管理"问题。我们冀望此分册提供的观点、构建的体系和论述的内容能够对突发性公共事件乃至非此类事件中人们的心理管理起到抛砖引玉之效，为个人、组织和国家提供有科学依据的、系统的心理管理对策与方法，服务于社会心理服务体系建设，在重构和升级人们的认知及心智模式，逐渐达到"自尊自信、理性平和"之目标的进程中贡献一份力量。

《突发重大公共安全事件应急管理中的社会公共安全文化建设》分册立足社会重大风险管理中的公共安全事件，将行业安全文化提升到社会公共安全文化的范畴，围绕气候环境风险、社会风险事件和人为因素风险，梳理突发重大公共安全事件与社会公共安全文化之间的关系。此分册结合中国文化特征，从社会组织层面和个体成员角度，系统阐述社会公共安全文化的内涵、理论基础以及对社会重大公共安全事件的影响；从安全政策、安全管理、安全氛围以及安全文化机制角度，重点分析政府在社会公共安全文化中扮演的角色和引导机制；同时，还从安全态度、安全意识、安全价值、安全行为角度，揭示个体成员对社会公共安全文化的认知机制，阐明社会公共安全文化的评估方法及反馈机制。基于以上论述和分析，提出突发重大公共安全事件风险管理中的社会公共安全文化建设策略。此分册从心理学视角阐述社会重大风险管理中的社会公共安全文化，分析和揭示社会心理学中群体社会风险感知的形成机制和基于社会层面的公共安全文化的作用机理，从学术价值领域拓展和完善了社会风险管理相关理论。此分册的核心思想和观点可为社会重大风险动态评估、群体社会心理行为以及社会舆情的正确引导与管理提供理论依据和技术手段，对于政府在突发重大公共安全事件风险管理中科学高效地发挥社会职能具有重要意义。

《突发重大公共安全事件行为引导》分册根据提高公共安全治理水平，推动公共安全治理模式向事前预防转型的总体要求，及时有效地对卷入重大公共安全事件的群体及其行为进行干预、引导，加强社会公众应对重大公共安全事件的综合能力，对于减轻、消除突发事件引起的社会危害，迅速恢复社会秩序，避免群众的非理性行为引发更大的社会危机具有重要作用。为给突发重大公共安全事件中的公众提供行为引导策略，此分册从多学科视角出发，立足管理学、心理学、行为科学、安全科学领域，以"理论-机制-策略-体系"为脉络，积极回应现实需求。此分册将公众行为引导贯穿始终，各部分内容相互关联，层层递进，全景式展示突发公共安全事件中公众的行为引导策略。具体而言，此分册首先概述突发重大公共安全事件行为管理的意义、影响因素与相关政策，便于读者全面理解行为引导在应对突发重大公共安全事件中的重要性；其次，根据管理学与心理学相关理论，为突发重大公共安全事件的行为管理提供丰富的理论基础；再次，基于个体与群体在面对突发重大公共安全事件时的心理、行为与动机反应机制，对卷入突发重大公共安全事件的社会公众普遍会出现的心理应激反应、行为规律与潜在行为动机进行系统分析；之后，着重提出突发重大公共安全事件中行为引导的具体策略，分别从重大公共安全事件发展的时间进程、行为空间与地区差异视角，根据不同主体的特点，探讨适用于普通大众与残障人士的不同行为引导策略；最后，提出构建宏观、系统的行为管理制度与行为引导体系的建议，对于完善国家应急管理体系具有重要意义。

《重大公共安全事件中的风险感知与决策》分册尝试总结近年来国际和国内重大公共安全事件中风险感知与决策领域的理论和实证研究，旨在帮助读者理解重大公共安全事件中民众风险感知与决策的特征及影响因素，并为如何应对重大公共安全事件提供建议和政策参考。此分册结合历史上的重大公共安全事件，介绍个体和群体的不同风险感知特点对其风险决策的影响，共八章。第一章是概述，主要介绍重大公共安全事件中的风险与风险感知，以及风险决策的定义、特征和影响；第二章介绍重大公共安全事件中的信息传播与风险感知，结合案例，分析信息传播对风险感知的影响；第三章结合跨文化研究的成果，介绍文化差异对风险感知的影响；第四章和第五章分别从个体和群体层面，阐述风险偏好和团体决策在重大公共安全事件中对风险决策的影响；第六章和第七章总结重大公共安全事件中的风险决策机制及模型；第八章对重大公共安全事件中的风险决策管理进行讨论。此分册注重理论与实践相结合，既有深入的理论探讨，又有丰富的实践案例。

《突发重大公共安全事件中的心理援助》分册紧扣经济社会发展重大需求，基于学术研究成果与实操经验撰写而成。突发重大公共安全事件中的心理援助，是指在突发重大灾难中或者灾难发生后，心理或社会工作人员在心理学理论的指导下，对由灾害引起的各类心理困扰、心理创伤，有计划、有步骤地进行干预，使之朝着预期的目标转变，进而使被干预者逐渐恢复到正常心理状态的一切心理援助的过程、途径和方法。总体而言，我国突发重大公共安全事件中的心理援助具有政府与非政府机构并重、针对性与广泛性并存、共通性与文化特色并行等特点，对于维护个体和群体的心理健康、保障公共安全和社会稳定具有重大意义。此分册分析突发重大公共安全事件中心理援助的概念、特征与类型；介绍心理学、管理学等相关学科领域的心理援助理论模型；梳理开展心理援助的组织架构与实施体系；从认知-情感-行为、个体-群体、时间-空间、临床-非临床四个维度，探讨突发重大公共安全事件中的心理与行为效应；说明开展心理援助的基本流程、常用模式与主要途径；以国内外典型突发重大公共安全事件为背景，总结心理援助工作实务方面的经验与不足。此分册内容兼具学理性与务实性，既注重实证分析，又注重人文关怀，为推进心理援助相关研究提供了有价值的参考，对于开展心理援助实践具有重要的指导意义。

总的来说，确保人民群众生命安全和身体健康是中国共产党治国理政的一项重大任务。特别是在面对突发重大公共安全事件时，党中央强调要发挥我国应急管理体系的特色和优势，借鉴国外应急管理的有益做法，积极推进我国应急管理体系和能力现代化建设。本套丛书正是依托心理学服务于国家和社会现实需求的重要学科能力，系统总结国内外应急管理心理学领域先进的知识、经验，力图实现心理学与其他多学科合力解决中国现实问题的重大学科发展目标。不足之处，还望大家批评指正！

游旭群
2023年12月于西安

前　言

刚刚过去的全球新型冠状病毒（COVID-19）疫情（简称"新冠疫情"）给人类带来了深刻与复杂的集体记忆。

在日常琐事中，多数人已逐渐忘却疫情期间的种种困扰与伤痛，更无暇思考和梳理疫情的长期影响。自有文字记载以来，人类与自然、社会似乎就始终处于彼此高度依赖又时时对抗的关系网络中，没有最后的赢家，只有短暂的安顿与临时的妥协。然而，未来已来。下一次风险的爆发点虽极不确定，但诸如此类的突发重大公共安全事件必将再次发生。

2020年5月13日，联合国秘书长古特雷斯通过视频发表了名为"疫情与心理健康"的演讲，开宗明义地指出："心理健康是人性的核心！"他认为："由于几十年来对心理卫生服务的忽视和投资不足，这场新冠疫情在冲击家庭和社会时又带来了额外的心理压力。"2021年，《英国医学杂志》（*The BMJ*）披露，新冠实验组因精神健康事件受诊断或下处方的概率比对照组高出60%。2022年，联合国官网刊文称，新冠病毒大流行的第一年，各国民众焦虑和抑郁的发病率增加25%。同年，中国科学院院士陆林提出，新冠疫情在心理方面的影响持续时间至少是十年、二十年，在这十年、二十年的时间中全球很多人都可能面临着焦虑、抑郁、失眠以及社交障碍等一系列问题。有数据表明，新冠疫情发生以来，全球新增超过7000万名抑郁症患者，新增约9000万名焦虑症患者，数亿人出现睡眠障碍等问题。开展精神支持和心理救援已是突发重大公共安全事件应急管理的重要构成，成为公众的普遍共识与强烈呼声。今天，"心理健康"对于人类而言已不再是生活的奢侈品，而是生存的必需品。

"天地不仁，以万物为刍狗。"乌云背后的幸福线并非大自然的刻意安排，而是人们基于美好生活期盼的善意解读。因此，只有科学的预见与充分的准备才能帮助我们在面对灾难时更好地控制风险、降低不确定性和减少伤害。著名心理学家鲍迈斯特（Baumeister, 2001）在《坏比好更强大》（*Bad is Stronger than Good*）一文中不无睿智地写道，人的心理存在一种典型的不对称效应，即相对快乐、成就等积极或正面经历，痛苦、失败等消极或负面经历似乎会产生更大的影响。英文中的"stronger"具有强大、有力、深刻等含义，因此辩证地看，消极或负面经历可能是一把双刃剑，在引起失调、混乱与创伤的同时也会促发反思、改变和重建。由此，进一步厘清突发重大公共安全事件下公众的心理应激反应、揭示其身心作用机制、明晰心理援助的有效路径，既是我们在事件发生后的一种持续性应对措施，又有助于推动社会心理防御机制与服务体系的建设与完善。

本书在内容设计上力求学理性与实践性兼顾、数据求证与人文关怀并重，试图勾勒突发重大公共安全事件下心理援助的样貌、机理与功能。具体来看，第一章主要分析了突发重大公共安全事件中心理援助的概念、特征与类型；第二章系统梳理了心理学、管理学等相关学科领域的心理援助理论模型；第三章概要介绍了开展心理援助的组织架构与实施体系；第四章选取认知-情感-行为、个体-群体、时间-空间、临床-非临床四个维度，深入探讨了突发重大公共安全事件的心理与行为效应；第五章详细说明了心理援助的基本流程、常用模式与主要途径；第六章则聚焦于国内外典型的突发重大公共安全事件，总结了心理援助工作实务的经验与不足。

2023年10月10日是全球第32个"世界精神卫生日"。世界卫生组织（WHO）表示："每个人，无论何人、身在何处，都有权享有可达到的最高标准的心理健康，这包括免受精神健康风险的权利，获得可用、可及、可接受和高质量保健的权利，以及自由、独立和融入社区的权利。"这一目标的实现既依赖于现代科技的推陈出新，又需要全社会不断提升维护心理健康和促进人性发展的意识自觉。期待读者阅读本书能有开卷有益之感。

本书是我和学生们共同努力的成果。我主要承担了框架设计与全书的统稿工作，各章撰写人员分工如下：第一章李杭州、于欢；第二章林嘉元、方琳珑；第三章林嘉浩、李妍菲；第四章李红、王紫祎；第五章张霞、王筱蓓；第六章韩雅伟、程媛媛、程金燕、田甜。同时，本书的顺利付梓离不开浙江教育出版社吴颖华老师与姚璐老师的不懈支持。在此，向她们致谢！限于智识与能力，本书在内容与行文上势必存在疏漏与不足，企盼广大读者给予批评指正。

何　宁

2023年12月于陕西师范大学雁塔校园

目　录

第一章　概　述 …………………………………………………… 001
 第一节　突发重大公共安全事件中心理援助的概念、特点与现状 …………………………………………… 001
 第二节　突发重大公共安全事件中心理援助的对象及发展阶段 ……………………………………………… 013
 第三节　突发重大公共安全事件中心理援助的目标和原则 …………………………………………………… 023
 第四节　突发重大公共安全事件中心理援助的意义和价值 …………………………………………………… 029
 第五节　突发重大公共安全事件中心理援助需要注意的伦理问题 …………………………………………… 032
第二章　突发重大公共安全事件中心理援助的理论基础 ……… 036
 第一节　心理应激理论 …………………………………… 036
 第二节　创伤后应激障碍与创伤后成长理论 …………… 045
 第三节　心理危机干预理论及模型 ……………………… 062
 第四节　公共危机管理理论及模型 ……………………… 072

第三章　心理援助的组织架构与实施体系 ········· 081

- 第一节　国家政策与制度保障 ········· 081
- 第二节　政府机构与社会组织 ········· 085
- 第三节　专业人才选拔与培训 ········· 089
- 第四节　实施体系与联动机制 ········· 099

第四章　突发重大公共安全事件的心理与行为效应 ········· 113

- 第一节　认知-情感-行为维度下的心理与行为效应 ······ 113
- 第二节　个体-群体维度下的心理与行为效应 ········· 125
- 第三节　时间-空间维度下的心理与行为效应 ········· 131
- 第四节　临床-非临床维度下的心理与行为效应 ········· 138

第五章　突发重大公共安全事件中心理援助的模式与途径 ······ 148

- 第一节　心理援助方案的制定与实施流程 ········· 148
- 第二节　个体心理援助的模式与途径 ········· 155
- 第三节　团体心理援助的模式与途径 ········· 168
- 第四节　社区心理援助的模式与途径 ········· 180
- 第五节　远程心理援助的模式与途径 ········· 188

第六章　心理援助工作实务与案例分析 ········· 199

- 第一节　国内突发重大公共安全事件中的心理援助实务 ··· 199
- 第二节　国际突发重大公共安全事件中的危机干预与心理重建 ········· 210
- 第三节　我国突发重大公共安全事件中心理援助存在的问题和对策 ········· 220

参考文献 ········· 226

第一章
概　述

　　21世纪以来，全球各类突发重大公共安全事件频发，不仅损害了国民的生命财产安全，还导致民众产生不同程度的心理反应，减损公众福祉，严重威胁社会稳定与和谐。因此，及时有效地对相关群体进行心理援助，建立突发重大公共安全事件中心理援助的长效机制，能够降低受灾群众的心理创伤程度，对于减轻、消除突发重大公共安全事件引起的社会危害，恢复社会安定秩序具有重要作用。本章详细介绍了突发重大公共安全事件中心理援助的概念、特点与现状，心理援助的对象和发展阶段，心理援助的目标和原则，心理援助的意义和价值，也详细阐述了突发重大公共安全事件中开展心理援助需要注意的伦理问题。这为我们提供了一个全面的视角，以深刻理解突发重大公共安全事件中心理援助的重要性和必要性，充分掌握应对各类突发重大公共安全事件所需采取的有针对性的心理援助方法和技巧。通过对突发重大公共安全事件中心理援助相关知识的了解，确保援助工作能够有效应对这些事件带来的挑战，保障国计民生并促进社会精神文明发展。

第一节　突发重大公共安全事件中心理援助的概念、特点与现状

　　本节通过引入突发公共事件的概念、类型与特点，详细阐述突

发重大公共安全事件中心理援助的概念内涵，概要分析我国突发重大公共安全事件中心理援助工作的总体现状，并分类介绍不同突发重大公共安全事件中所采取的主要心理援助手段及策略。对突发重大公共安全事件中心理援助相关知识的初步了解，有助于心理援助工作者形成科学的理论认识，更好地识别和应对这些事件中可能出现的各种心理行为问题，对于在实践中开展有针对性和富有成效的心理援助工作、最大程度减轻事件对个人和社会的负面影响具有重要作用。

一、突发公共事件的概念、类型、特点及应急工作原则

在了解突发重大公共安全事件中的心理援助之前，我们首先应了解突发公共事件的概念、类型、特点及应急工作原则。对不同类型的突发公共事件需要采取不同的应对方式，其特点决定了心理援助工作的方向和重点，是制定有效心理干预和支持计划的关键。

（一）突发公共事件的概念及类型

突发公共事件是指突然发生，造成或者可能造成重大人员伤亡、财产损失、生态环境破坏和严重社会危害，危及公共安全的紧急事件。

《国家突发公共事件总体应急预案》（2006年1月8日发布并实施，简称《总体预案》）中，根据突发公共事件的发生过程、性质和机理，将突发公共事件划分为如下四种类型：

1. 自然灾害

自然灾害是对人类生存造成威胁或破坏人类生活环境的一种自然现象，主要包括水旱灾害、气象灾害、地震灾害、地质灾害、海洋灾害、生物灾害和森林草原火灾等。全世界每年都会发生很多大大小小的自然灾害，如2004年印度洋海啸、2008年"5·12"汶川地震以及2023年"7·31"北京特大暴雨等。

2. 事故灾难

事故灾难即会产生灾难性后果的事故，指的是在人们的生产、生活过程中，由人们的生产、生活活动直接引发的意外事件，主要包括工业、矿业、商贸业等行业的企事业单位发生的各种安全事故、公共设施和设备事故、交通运输事故、生态破坏事件等。这些事件迫使人们从事的活动暂时或永久停止，而且还会导致巨大的人员伤亡、经济损失或严重的环境污染。

3. 公共卫生事件

公共卫生事件是指导致或者可能导致社会公众健康受到严重损害的传染病疫情、群体性不明原因疾病、食品安全和职业危害、动物疫情，以及其他对公众健康和生命安全产生严重影响和危害的卫生事件。通常而言，公共卫生事件不仅影响民众的健康，还会影响社会的稳定和经济的发展。

4. 社会安全事件

社会安全事件是由部分公众参与，有一定组织和目的，采取围堵党政机关、阻塞交通、聚众闹事等行为，对政府管理和社会秩序造成影响甚至使社会在一定范围内陷入一定强度的对峙状态的群体性事件。社会安全事件主要包括恐怖袭击事件、经济安全事件和涉外突发事件等，如2001年美国"9·11"恐怖袭击事件。

按照突发公共事件的性质、严重程度、可控性和影响范围等因素，《总体预案》中将各类突发公共事件划分为四个等级：Ⅰ级（特别重大）、Ⅱ级（重大）、Ⅲ级（较大）和Ⅳ级（一般）。对突发公共事件进行等级划分，是为了更好地履行危机管理职责，提高危机处理效率。Ⅰ级（特别重大）突发公共事件由国务院负责组织处置，如2008年波及19个省份的雨雪冰冻灾害、"5·12"汶川地震等；Ⅱ级（重大）突发公共事件由省级人民政府负责处理；Ⅲ级（较大）突发公共事件由市级人民政府负责组织处置；Ⅳ级（一般）突发公共事件由县级人民政府组织处理。

国务院《生产安全事故报告和调查处理条例》（2007年6月1日施行）第三条规定，根据生产安全事故造成的人员伤亡或者直接经济损失，事故一般分为以下等级：特别重大事故、重大事故、较大事故和一般事故。特别重大事故，是指造成30人以上死亡，或者100人以上重伤（包括急性工业中毒，下同），或者1亿元以上直接经济损失的事故；重大事故，是指造成10人以上30人以下死亡，或者50人以上100人以下重伤，或者5000万元以上1亿元以下直接经济损失的事故；较大事故，是指造成3人以上10人以下死亡，或者10人以上50人以下重伤，或者1000万元以上5000万元以下直接经济损失的事故；一般事故，是指造成3人以下死亡，或者10人以下重伤，或者1000万元以下直接经济损失的事故。

（二）突发公共事件的特点

突发公共事件具有突发性、不确定性、危害性、公共性、处置的紧迫性以及持续性等特点。近年来，全国各地多次出现的多种类型的突发公共事件，产生了严重的社会影响，对国家的安全、社会的稳定、人民的正常生活及心理健康都造成了一定的影响。了解分析其基本特点，将对预防和解决此类突发公共事件提供帮助和借鉴。

1. 突发性

与一般事件相比较，突发公共事件的发生比较突然，通常会打破人们的心理惯性和社会的正常秩序。突发公共事件留给人们思考、准备的时间极其有限，导致人们很难对其进行准确的预测、恰当的判断以及有效的预防。与此同时，突发公共事件的发展十分迅速，会在短时间内迅速扩大并造成严重后果。

2. 不确定性

突发公共事件的诱因通常比较复杂，是否会发生、在何时何地发生、如何爆发、爆发的程度以及会造成多大的伤害，这些问题往往始料未及，难以准确把握。其中，有些事故由不可控的客观因素引发，有些则缘于人们的认知盲区，还有些是因人们对事故发生过程中细节的忽视或掉以轻心导致的。此外，此类事件的发展方向、演变速度、涉及人数、波及范围、影响效应、处理结果等也同样难以确定。突发公共事件的形成、发展和演变很难有一个特定的模式供人们研究和应对，大多数突发公共事件爆发之际，人们都很难获得较为全面充分的信息，不能准确把握事件的性质和未来发展的趋势，这势必影响人们防范并及时处理突发公共事件。因此，构建一个相对完善的针对突发公共事件的应急机制是十分必要的。

3. 危害性

突发公共事件的主要特点之一是具有显著的危害性，其中既有直接危害，也有间接危害，不仅会带来人员伤亡、财产损失，还会对个体的心理行为造成破坏性冲击，进而影响社会生活的方方面面。多数情况下，突发公共事件会损害生命健康、危及公共安全、破坏社会秩序、减损公众福祉，对社会稳定、经济生产、国家安全构成实际的威胁。更有甚者，事件在其发展过程中可能引发连锁反应，冲击一国的政治、经济、文化和军事安全，导致经济衰退、社会混乱和政治动荡，从而对社会形成刚性的、不可逆转的灾难性损害。因此，在突发公共事件中，应调动一切可以调动的力量、信息和资源，对事件进行科学有效的应急处置，力争使各方面的损失降到最低程度。

4. 公共性

通常，突发公共事件涉及人数多、波及范围广、破坏力较强、社会影响面大，其发生不但会造成财产损失和人员伤亡，而且会对公共安全和秩序造成严重危害，如处理不当，会在短期或长期时间内引发公众的不安全感和恐慌心理，并对群体适应和社会稳定构成严重威胁。由此，在应对或处理突发公共事件的过程中，往往需要动员与整合全社会的人力、物力、信息等公共资源与力量。要做到这一点，不但要有各行政部门的协作与配合，更要有政府与社会团体、民众的充分交流与合作。因此，有必要构建一个基于地区、国家和国际组织的应急机制，通过多层面、多渠道与多方式的有机联系和有效协作，共同应对突发公共事件。

5. 处置的紧迫性

突发公共事件一旦发生，事态往往会迅速升级扩大，响应越快、决策越准确、措施越有力，造成的损失就相应越小。因此，与常态事件相比较，对突发公共事件的处置更具紧迫性，需要相关部门在有限的信息、时间和资源条件下迅速开展应急处置工作。

6. 持续性

在人类文明的历史长河中，突发公共事件时有发生，从未中断。一般来看，突发公共事件的发生包含潜伏期、爆发期、高潮期、缓冲期和消退期。在一系列重大事件面前，人们开始思考人与自然、社会的关系，力求更为成熟和理性地应对突发状况，试图将突发公共事件的发生频率和次数降到最低，进而降低其危害，减少对人们产生的不利影响。

（三）突发公共事件的应急工作原则

《总体预案》是一部规范突发公共事件应对工作原则和预防与应急准备、监测与预警、应急处置与救援、事后恢复与重建等内容的重要文件，能够预防和减少突发公共事件的发生，有效控制、减轻和消除突发公共事件引起的严重社会危害，从而维护环境安全、社会秩序、公共安全和国家安全。《总体预案》中明确提出了应对各类突发公共事件的6条工作原则：以人为本，减少危害；居安思危，预防为主；统一领导，分级负责；依法规范，加强管理；快速反应，协同应对；依靠科技，提高素质。

1. 以人为本，减少危害

切实履行政府的社会管理和公共服务职能，把保障公众健康和生命财产安全作为首要任务，最大程度地减少突发公共事件及其造成的人员伤亡和危害。

2. 居安思危，预防为主

高度重视公共安全工作，常抓不懈，防患于未然。增强忧患意识，坚持预防与应急相结合，常态与非常态相结合，做好应对突发公共事件的各项准备工作。

3. 统一领导，分级负责

在党中央、国务院的统一领导下，建立健全分类管理、分级负责、条块结合、属地管理为主的应急管理体制，在各级党委领导下，实行行政领导责任制，充分发挥专业应急指挥机构的作用。

4. 依法规范，加强管理

依据有关法律和行政法规，加强应急管理，维护公众的合法权益，使应对突发公共事件的工作规范化、制度化、法制化。

5. 快速反应，协同应对

加强以属地管理为主的应急处置队伍建设，建立联动协调制度，充分动员和发挥乡镇、社区、企事业单位、社会团体和志愿者队伍的作用，依靠公众力量，形成统一指挥、反应灵敏、功能齐全、协调有序、运转高效的应急管理机制。

6. 依靠科技，提高素质

加强公共安全科学研究和技术开发，采用先进的监测、预测、预警、预防和应急处置技术及设施，充分发挥专家队伍和专业人员的作用，提高应对突发公共事件的科技水平和指挥能力，避免发生次生、衍生事件；加强宣传和培训教育工作，提高公众自救、互救和应对各类突发公共事件的综合素质。

二、突发重大公共安全事件中心理援助的概念

突发重大公共安全事件不仅威胁着人们的生命财产安全，作为

一种心理应激源，还会导致人们产生不同程度的心理反应、情绪认知变化和行为异常，甚至有可能造成大规模的群体心理冲击与破坏。若受灾人群不能及时得到针对性的心理援助，可能会引发一系列的心理创伤与障碍。同时，一次突发事件很可能引发一系列的连锁反应，让整个区域乃至全国的民众陷入恐慌之中，从而影响社会的整体稳定与良好运行。因此，在应对突发重大公共安全事件的过程中，不仅要采取安全快速的医疗救援，还要对受影响的民众或群体进行一定的心理支持和社会关怀，实施及时有效的心理援助，才能保障突发重大公共安全事件中相关人员的身体康复和心理健康，并最终帮助他们实现生理和心理的重建，对其未来的生活产生积极影响（宋晓明，2017；许悦，2017）。

从概念上看，"心理援助"有别于通常意义上的安慰或安抚，它是一项专业化、系统化的助人活动。"5·12"汶川地震发生后，中国科学院心理研究所向中央提交的建议报告中首次提出"心理援助"的概念，指的是运用心理学的原理、技术和方法，对受灾人群进行灾后心理支持、心理辅导和心理治疗，帮助人们走出心理阴影，恢复信心与力量。常规的心理咨询与心理治疗一般不会主动提供专业服务，且需要支付相关费用，但心理援助多采取主动、公益的形式，积极向受灾群众开展免费的心理辅导和治疗。"心理援助"这一概念的运用，有助于我们跳出"制式化"和"正规化"的心理咨询、心理治疗和心理危机干预这一传统的思维模式，以一种多元的视角来看待心理援助工作（周阳，2010）。

突发重大公共安全事件的心理援助，是指在突发重大灾难中或者灾难发生后，心理或社会工作人员在心理学理论的指导下，对由灾害引起的人们的各类心理困扰、心理创伤，有计划、有步骤地进行干预，使之朝着预期的目标转变，进而使被干预者逐渐恢复到正常心理状态的一切心理援助的过程、途径和方法。这种心理援助既包括在灾难发生的最初阶段进行的心理急救，又包括灾难结束后较长时间的持续性心理重建（纪念，2021；贾晓明，2009）。

与生命援助、物资援助等一样，心理援助已经成为灾害援助体系与行动中不可或缺的一部分。突发重大公共安全事件中的心理援助被看作一个国家和社会文明与进步的重要标志，是一个国家充满人文关怀精神的标志，已成为各国政府应急管理工作中的一项重要课题（宋晓明，2017）。

三、我国突发重大公共安全事件中心理援助的特点

山东师范大学学者纪念在2021年发表的《突发灾害后心理援助发展和特点研究》一文中详细介绍了突发重大公共安全事件后心理援助的特点。总体来看，我国突发重大公共安全事件中的心理援助呈现政府与非政府机构并重、针对性与广泛性并存、共通性与文化特色并行的特点。

1. 政府与非政府机构并重

突发重大公共安全事件中心理援助队伍的组建呈现出以政府为主体进行顶层设计，非政府机构为主要力量的特点。以美国为例，政府主导组建专门的心理援助机构，严格选拔和培训心理援助工作人员（张侃，2008）。欧洲国家往往以结盟互助的方式展开援助工作。同时，非政府机构主要通过提供无偿的公益和志愿的心理服务，帮助受害者应对困扰，回归健康。在新冠疫情期间，我国的心理援助工作也呈现出这个特点。疫情发生后，习近平总书记多次公开强调抗击疫情中心理干预和疏导的重要性，并将其提升到维护社会大局稳定的政治高度。各部委、省市也发布了开展心理援助工作的相关文件，号召、动员和要求卫生、医疗、教育、社会工作等相关部门主动承担相关任务，并对心理援助提出了组织领导、制定干预方案、组建队伍、明确工作方式和干预要点等方面的详细指导原则。各地在中央号召下有序组建心理援助队伍，充实心理援助力量，坚持"政府主导、部门协作、专业支撑、社会参与"的工作原则，在保障人民生命健康、维护社会稳定方面发挥了重要的作用。

2. 针对性与广泛性并存

突发重大公共安全事件中的心理援助并不是无差别的心理干预。灾难后出现心理波动是正常人在应激情境下的正常反应，但心理反应的严重程度往往因人而异。通常来看，灾难发生后心理援助应广泛覆盖全体受影响民众，对于老人、儿童，以及暴露程度高、有心理疾病史、缺乏社会支持等的特殊人群需要特别关注。对于特殊人群，在灾难发生后应根据灾难的严重程度和时间的长短，采取有针对性的心理援助措施。国家卫生健康委于2020年1月公布的《新型冠状病毒感染的肺炎疫情紧急心理危机干预指导原则》要求，按照暴露程度将受新冠疫情影响的人群分为四级，干预重点从第一级人群开始依次逐步扩展，一般性宣传教育要覆盖四级人群。需要强调的是，心理援助的广泛性不仅体现在受助人群的规模上，还体现在心理援助针对的具体问题和内容领域。结合不同人群的心理援助要点，援助措施应涵盖医疗救助、心理支持、人际交往、正面压力、休息睡眠等方方面面，切实做到针对性与广泛性并存。

3. 共通性与文化特色并行

在突发重大公共安全事件下的心理援助实践中，各国之间相互交流合作，国际组织积极作为，形成了较为统一的基本认识与工作原则。当前，国际社会普遍认可的相关做法主要依据的是世界卫生组织2011年发布的《现场工作者心理急救指南》（*Psychological First Aid: Guide for Field Workers*）和美中心理治疗研究院2006年编写的《心理急救现场操作指南》（*Psychological First Aid: Field Operations Guide*），两者不仅对心理援助的基本原则进行了说明，还对开展心理援助工作的基本流程与注意事项等进行了详细的介绍。然而，在建立基本共识的基础上，各国、各民族、各群体的成员因独特的政治经济制度、社会文化传统、风俗习惯等因素而表现出不同的心理需求与行为特点，需要采取针对性和特异性的应对策略与实施办法。因此，突发重大公共安全事件的心理援助也表现出共通性与文化特色并行的特点。

四、我国突发重大公共安全事件中心理援助的现状

中国科学院心理研究所教授祝卓宏在2020年发表于《城市与减灾》的《国内突发事件后社会心理援助现状与短板问题》一文中，系统详细地总结了我国突发重大公共安全事件中心理援助的现状。

（一）重大自然灾害中的心理援助

我国的自然灾害种类多，发生频率也较高。一场重大自然灾害的发生，不但会使人民的生命和经济财产遭受巨大损失，而且会从个体、家庭和集体层面给与灾害有关的人员，如亲历灾害的幸存者、遇难者家属等带来严重的心理创伤（刘正奎 等，2011）。所以，灾害发生后不仅要妥善安置受灾群众，还要对他们进行及时、恰当的心理援助，帮助他们积极应对灾难、调整心理状态并顺利渡过难关，让他们快速恢复正常的社会生活。国家对突发重大公共安全事件的心理援助工作高度重视，要求全面加强社会心理援助服务，积极探索适合中国国情的灾害心理援助机制。2018年5月8日，"心理援助2018国际研讨会暨汶川地震灾后心理援助十周年纪念大会"在京举行，该会议结合中、美、日等多个国家的心理援助研究，对汶川地震和舟曲泥石流等事件中的心理援助工作经验进行了总结。会议公布了我国第一份在突发重大公共安全事件后进行心理危机干预与心理援助的工作标准，同期发布了相应的行动纲领，旨在对其进行进一步的指导和规范，从而推动并促进我国心理援助工作的专业化、标准化、规范化和系统化发展。

（二）突发重大事故中的心理援助

近年来，我国在几起突发重大事故后开展了一系列心理援助工作。2022年，"3·21"东航MU5735航空器飞行事故发生当日，由精神科医师、心理治疗师、心理咨询师、社会工作者及志愿者等组

成的救援队，与有关部门的消防和医疗救援工作人员在第一时间赶到了事故现场。广西壮族自治区脑科医院临床心理科主任、广西卫生应急心理援助队技术负责人潘润德担任此次事故的心理援助组组长，他在接受记者采访时表示，此次事故中他们通过"1名心理专业人员+1名志愿者+1名政府工作人员共同对接1户家庭"的模式，为遇难者家属提供了相关心理服务和心理援助。

一般情况下，突发重大事故后的心理援助范围相对较小，持续时间较短，主要任务是面向事故幸存者及伤亡家属开展相应的心理危机处理和干预，因此社会影响面较为有限。通常，当地的救援队伍便可承担相关工作，几乎不需要其他地区的心理援助力量参加救援。

（三）突发公共卫生事件中的心理援助

在网络信息大爆炸的今天，突发公共卫生事件往往会引起社会各界的广泛关注，事件爆发后民众更容易陷入恐慌状态，因此，及时开展心理援助尤为紧迫。在2003年传染性非典型肺炎（SARS，简称"非典"）疫情暴发期间，许多心理健康工作者积极开展科学宣传，一定程度上疏导了人们的紧张、焦虑和恐慌情绪。与此同时，北京小汤山医院还为患者及前线医务工作者提供了专门的心理援助服务。尽管在"非典"疫情期间，心理援助的持续时间很短，尚未形成力量庞大的专业团队，但参与人员在此次突发公共卫生事件心理援助过程中仍然积累了较为丰富的经验，其间也举办了系列心理创伤治疗国际培训，这些都为后来的"新冠疫情防控阻击战"奠定了基础。

新冠疫情影响人数众多、波及范围较广、社会影响较大。2020年初，因阻断疫情传播的需要，全国范围内不少企事业单位停工停产、学校停学，给大量民众开展正常的学习、工作和生活带来诸多不便和困难。为贯彻落实党中央、国务院"坚决打赢疫情防控阻击战"的决策部署，对湖北省武汉市及其他受到重大疫情冲击的地区提供支援，降低疫情对民众及社会造成的心理冲击，全国各地的心理学家、社会工作者都积极参加了心理援助工作。为了更好地引导心理咨询工作，向广大民众提供心理支持、心理疏导、危机干预、心理援助等方面的服务，我国政府于2020年2月7日专门出台了《新型冠状病毒肺炎疫情防控期间心理援助热线工作指南》，以防止民众因疫情产生或缓解民众已产生的各种心理问题，方便民众寻求并利用社会支持资源，保持心理健康，避免因心理压力过大而引起过激行为。

（四）突发重大社会安全事件中的心理援助

突发重大社会安全事件，特别是恐怖事件发生时，人们通常会产生恐惧、焦虑等情绪反应，严重时会出现一系列非适应性的临床症状。遗憾的是，暴恐袭击事件的特殊性导致了相应的心理危机干预与心理援助的持续性相对较弱，以至于迄今尚未形成针对此类社会治安事件的规范、系统与成熟的应急预案。

综上，随着国家日益关注突发重大公共安全事件的社会心理效应，心理援助已经成为危机处理与应对的重要环节。汶川地震发生后，我国逐步健全了突发重大公共安全事件中心理援助的法律法规和机制，尤其是党的十九大之后，社会心理服务系统和心理卫生服务系统建设快速推进，一方面为实现"平安中国""健康中国"的目标奠定了基础，另一方面也为突发重大公共安全事件中的心理援助提供了人力和制度上的保障，体现了"以人为本"的理念，是维护社会稳定，赢得人民支持和认同，推进政府治理能力现代化的一项重大措施（何江新 等，2020）。

第二节 突发重大公共安全事件中心理援助的对象及发展阶段

突发重大公共安全事件，会对部分人群的心理产生不同程度的影响，准确理解和识别相应群体的特定需求和心理状态，对于实施有针对性、有效的心理援助策略至关重要。此外，心理援助工作者有必要了解我国心理援助的发展阶段以及各阶段的特点，总结并汲取各阶段的经验，促使我国突发重大公共安全事件中的心理援助工作走上更加科学、有序和可持续的发展道路。

一、突发重大公共安全事件中心理援助的对象

一般而言，突发重大公共安全事件的爆发会诱发当事人不同程度的心理危机。心理危机是指个体面临突发事件时，承受强烈的挫折和困难，或者面对精神压力，无法回避又无法应对时所产生的心理反应，通常会伴随着痛苦、愤怒、绝望、麻木、焦虑等消极情绪，以及出现自主神经系统症状和行为异常。在突发重大公共安全事件中，最有可能出现心理危机的人群包括如下四种类型（许悦，2017）。

（一）现场的幸存者和目击者

现场的幸存者和目击者亲身经历了突发重大公共安全事件，他们虽然得以幸存，但由于亲历和目睹了整个事件的发生过程，容易对生活和发生的事件产生强烈的不确定感和不安全感。一方面，他们会体验到一种"不真实感"，认为一切事情并非真的发生过；另一方面，他们会不自觉地联想到此类事件是否会重演，以及自己是否对这次事件负有责任等。这类人群的内心充满了矛盾和悲伤，一些人还会出现焦虑、恐惧、失眠、做噩梦等不良反应。

（二）遇难者的家属和好友

这类人是与突发重大公共安全事件中的遇难者具有亲密关系的人员。由于存在密切的人际情感联结，他们在心理上很难接受家人和朋友的突然离世，就算没有亲历事件，也会产生强烈的代入感，很容易对生活环境产生怀疑和恐惧。即便是成年人，其心理状态也

可能退行到幼儿状态，变得敏感、脆弱、易怒和不堪一击。一般来看，这类人的心理煎熬和创伤持续时间较长，也较难治愈，因此需要关注、理解和抚慰他们，以帮助他们逐步恢复到正常生活状态。

（三）救援人员

救援人员主要是指那些直接或间接参与救援工作的人员，具体包括后方救援人员、灾难发生后在灾区开展服务的人员或志愿者、消防员、武警官兵、解放军战士以及医疗救护人员等。因为工作环境的特殊性，他们必须面临惨重的死伤情景，且受其在灾害中所扮演的角色性质的影响，可能遭受一定程度和范围的伤害暴露的风险，这会让他们不可避免地出现紧张、无助和挫败感等一系列心理应激症状，甚至产生"替代性创伤"。如新冠疫情期间，由于病毒变异快、感染人数众多、传染性极高、医护人员短缺等因素，许多在一线工作的医务人员和保障人员都产生了焦虑、茫然、悲观等情绪（蔡清艳 等，2020；杨靖 等，2022）。有研究发现，突发重大公共安全事件中救援人员的创伤后应激障碍（PTSD）、急性应激障碍（ASD）及严重抑郁等应激反应发生率均较高（North & Pfefferbaum, 2013），因此，不仅需要对突发重大公共安全事件中的幸存者和目击者、遇难者的家属和好友等提供及时的心理援助，还需要对救援人员进行心理援助。关注救援人员的心理健康，不仅意味着向其提供良好的心理支持，还直接关系到救援工作的质量和成效。

（四）粘带及一般人群

粘带及一般人群主要是指在突发重大公共安全事件后，感到自己日常生活出现变化的人群。如暴力恐怖事件发生后，有些人会担心自己的生命和财产受到威胁；"非典"和新冠疫情期间，部分人担心自己被传染，每天处于紧张、害怕及惊恐的状态。此外，随着互联网媒体的发展，人们获取信息的渠道日益增多，途径越发广泛，经媒体放大、夸张甚至歪曲的错误信息及虚假新闻等也会导致整个社会的恐慌情绪的出现。

心理援助工作人员应在初始阶段就对援助对象进行评估、甄别，并有计划、有重点、有针对性地开展心理援助。根据患者症状的严重程度、病情进展，以及患者对心理干预的需求程度，可将其分成四组：

（1）症状明显者。包括临床和亚临床人群。

（2）高危人群。有较重精神创伤和精神疾病的人群，如创伤较重者、伤亡者家属、救援人员等。

（3）易受感染人群。受灾害事件影响较大、灾害后心理疾病发生率较高的人群，如儿童、青少年、老年人等。

（4）普通人群。与突发重大公共安全事件具有接触史的普通公众，以及可能受影响的全体公众（刘正奎 等，2017）。

二、突发重大公共安全事件对相关人员的心理影响

由于突发重大公共安全事件具有突发性、不确定性及危害性等特点，人们在经历了这些事件后，往往会产生不同程度的应激反应，过强的应激反应会从身、心两方面阻碍其对事件进行快速有效的应对。一般来看，在远离应激源后，程度较轻的反应可逐渐消退，人们能够慢慢恢复至原有心理状态。但若恶性应激源持续存在，则会使人们的心理无法承受，继而产生心理危机，持续时间过长则会进一步发展成心理障碍。突发重大公共安全事件给相关人员所带来的不良心理影响被称为应激障碍，主要分为急性应激障碍、创伤后应激障碍和适应障碍（AD）三类（许悦，2017）。

（一）急性应激障碍

突发重大公共安全事件中的人员通常都会产生害怕、悲伤、焦虑、愤怒、恐惧、回避、抑郁等负面情绪反应，甚至出现意识障碍、意识范围狭窄、定向障碍，表现为有强烈恐惧体验的精神运动性兴奋或精神运动性抑制甚至伴随木僵状态。ASD指的是在遭受到

急剧、严重的精神创伤事件后，在数分钟或数小时之内所产生的一次性的精神障碍，一般情况下，ASD病程为数小时至数天，症状会在数天至1周之内得到缓解，最长不超过1个月。虽然患者在患病期间症状明显，社会功能受损严重，但症状往往历时短暂，预后良好，缓解完全。此外，在精神创伤事件发生后，应尽早由专业人员对患者进行危机干预，为患者提供一个脱离创伤的环境，并加强社会和心理支持，这些都是预防ASD发生的有效措施。

（二）创伤后应激障碍

突发重大公共安全事件的发生往往具有很强的不可预见性，其影响也较为严重，因此容易让人产生无力感，甚至会出现情绪失控的情况，从而导致PTSD的发生。PTSD的发病时间通常是在心理创伤后的数天到6个月之间，其病程短的持续一个多月，长的可达数月或数年，甚至数十年之久。"创伤性再体验症状""回避及麻木类症状""警觉性增高症状"是PTSD的三大核心症状。"创伤性再体验症状"主要表现为：患者的思维、记忆或梦境会反复，不自主地涌现与创伤有关的情境或内容，也可能出现严重的触景生情反应，甚至感觉到创伤性事件好像再次发生了。"回避及麻木类症状"主要表现为：患者在很长一段时间内或者持续一段时间内，刻意回避与创伤经历相关的事件或者情景，拒绝参与相关活动，对创伤的地点或者与创伤相关的人或事也进行回避。有一些患者甚至会出现选择性遗忘，无法回忆与创伤相关的事件细节。"警觉性增高症状"主要表现为：过度警觉、注意力不集中、惊跳反应增强、焦虑情绪及激惹性增高等。一些患者还会出现滥用成瘾物质、攻击性行为、自伤或自杀行为等，这些往往都是患者心理应对的外在行为表现。除此之外，许多PTSD患者还伴有抑郁症状。从临床来看，大部分PTSD患者能较快康复，但也有一些患者在数年内都无法治愈。如果能够在创伤后使用相关的心理评估工具对患者的心理健康状态进行初步评定，将有助于 PTSD 高危人群的筛查，为制定有效的干预措施提供可靠依据。

（三）适应障碍

AD 通常在突发重大公共安全事件后 1 个月之内发生，病程至少 1 个月，症状通常不超过 6 个月，属于慢性心因性障碍，若应激源持续存在，病程则可能延长。AD 主要以情绪障碍为主，如烦恼、焦虑、抑郁等，还伴有不愿意与他人交流、退缩等适应性不良行为，以及睡眠质量差、食欲不振等生理机能的异常表现，但其严重程度并未达到焦虑症、抑郁症或其他精神疾病的诊断标准。AD 患者的症状通过自我调适或心理治疗可以得到缓解，若症状明显且影响正常工作、学习及生活，则应采取相应的药物治疗。

日本精神保健和福利中心在《灾难心理护理指南》（災害時の「こころのケア」の手引き）中将灾后民众可能出现的心身反应、情绪波动和症状进行了四个方面的归纳，如图 1-1：

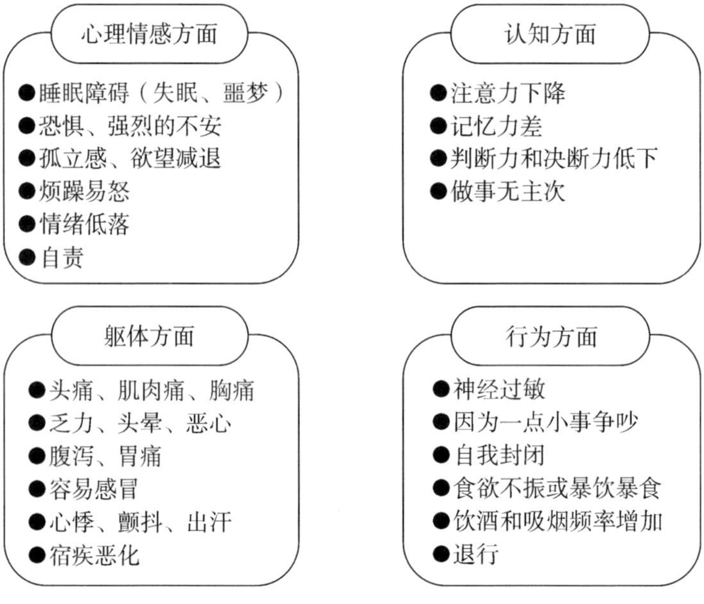

心理情感方面
- 睡眠障碍（失眠、噩梦）
- 恐惧、强烈的不安
- 孤立感、欲望减退
- 烦躁易怒
- 情绪低落
- 自责

认知方面
- 注意力下降
- 记忆力差
- 判断力和决断力低下
- 做事无主次

躯体方面
- 头痛、肌肉痛、胸痛
- 乏力、头晕、恶心
- 腹泻、胃痛
- 容易感冒
- 心悸、颤抖、出汗
- 宿疾恶化

行为方面
- 神经过敏
- 因为一点小事争吵
- 自我封闭
- 食欲不振或暴饮暴食
- 饮酒和吸烟频率增加
- 退行

图 1-1　灾后民众可能出现的心身反应、情绪波动和症状

三、我国心理援助的发展阶段与特点

20世纪40年代，美国波士顿的一场大火使得心理学家开始对灾难中出现的心理反应及其影响因素开展相关研究，也促成了心理援助理论的形成和发展。日本是个自然灾害频发的国家，其在1947年就颁布了《灾害救助法》（*災害救助法*），并在阪神大地震后实施了"不死鸟计划"，其中就涵盖了心理创伤治疗的内容（张侃，2008）。与此同时，日本还设立了心理治疗所，对心理创伤及PTSD等展开调查研究（夏金彪，2009b）。20世纪中期，美国国家心理卫生署（NIMH）着手制定灾难受害者服务方案。1980年，美国通过了《心理健康系统法案》（*Mental Health Systems Act*）。随后，自发达国家开始，出现了由政府机构主导的国家层面的灾难心理援助中心或干预研究中心，使得心理援助研究更为深入和系统。1987年，在"自由企业先驱"号渡轮倾覆事件后，英国成立了社会援助组织，通过心理辅导和电话访谈的形式对亲历者进行了长期的心理援助。2011年，WHO等组织联合发布了《现场工作者心理急救指南》，使得"心理急救"（PFA）逐渐被国际认可和接纳，并逐步在全球范围内得以推广（纪念，2021）。

我国的心理援助工作起步稍晚，最早可追溯到1994年新疆克拉玛依大火后对灾民家庭及生还者的心理干预（贾晓明，2009）；2002年颁布的《中国精神卫生工作规划（2002—2010年）》，将心理援助作为一项重要任务列入了政府职能。2003年"非典"疫情暴发之后，人们开始关注危机干预与心理援助，但相关研究较少，已有研究在手段和方法上也亟待提高。2008年发生的"5·12"汶川地震造成个体、家庭和集体层面的巨大创伤，引起了我国政府和全国人民的高度关注。在此基础上，政府机关、军队、社会团体、学术机构等组建了一批又一批团队深入震区，开展了大量的心理援助工作，心理援助得到前所未有的重视。在心理学界，2008年被视为我国突发重大公共安全事件后的心理援助"元年"。时任中国红十

字会副会长王海京指出，汶川地震使国人意识到心理援助的重要性，心理援助工作逐步得到社会的广泛认可，而心理救援队也成为中国红十字会八种类型的救援队之一。2010年，我国发生了青海玉树地震和甘肃舟曲特大泥石流，突发重大公共安全事件中心理援助工作的重要性和规范性得到进一步加强，我国的突发重大公共安全事件的心理援助工作开始走上科学、有序和可持续的发展道路。

西南大学心理学部的张仲明教授和覃树宝教授在2021年于《西南大学学报》发表的《我国心理援助的发展阶段和体系建构》一文中，详细介绍了我国心理援助工作的发展历程及其特点。具体来看，心理援助的发展与重大灾害的应对密切相关，可依次划分为"非典"疫情时期的萌芽阶段、汶川地震时期的发展阶段和新冠疫情时期的规模化形成阶段。

（一）"非典"疫情时期：萌芽阶段

2003年"非典"疫情暴发后，社会上出现了大量的心理援助议题，心理危机干预相关实践层出不穷。在此期间，心理学、精神病学等领域的相关研究日趋增多，学者们也开始对心理援助展开初步探索与讨论，心理援助的学术研究和社会实践在我国已初露端倪。

但"非典"疫情中的心理援助存在很多问题：无论是心理专家提供的心理自助策略还是专业组织建立的临时热线，大多是自行发起的，具有自发性特点；在此期间，不同的政府行政部门、心理机构和社会团体之间缺乏统一的协调机制和组织领导，信息、途径与渠道的不足导致心理援助资源分配不合理、心理工作者无法及时参与，甚至给灾区群众带来很大的困扰，使得心理援助力量的作用在"非典"疫情中未能实现最大化；"非典"疫情中的心理工作者大多缺乏心理危机干预和心理援助的专业技能和培训经历，也没有系统学习过国际心理援助经验，缺乏心理援助实践经验。心理工作者虽然有开展心理援助的热情和主动性，但是缺少一套行之有效的统一化、规范化、标准化的心理援助技术，心理援助实践缺乏专业技术支撑。

"非典"疫情之后，国内有关心理援助的研究逐步增多，虽然在理论模型和实施技术等方面探讨较少，也未能充分体现心理援助的职业效用，但的确成为我国心理援助研究的发端和起点，标志着国内对心理援助的学术探索迈出了重要的第一步。与此同时，随着社会各界对心理援助的广泛重视，心理援助工作体系在我国初具雏形，这些都标志着我国的心理援助已进入萌芽阶段。

（二）汶川地震时期：发展阶段

2008年，突发的汶川地震给全国人民带来了巨大的伤痛。此次地震是中华人民共和国成立以来死伤最严重、波及范围最广、破坏性最强、救灾难度最大的地震，受到我国政府和全国人民的高度关注。由政府部门、部队、医疗机构、群众和学术团体等组成的大量心理援助团队，快速进入地震灾区，第一时间展开行动，为受灾群众及相关人员提供了及时的心理援助。客观地讲，"非典"疫情期间的援助经验有力提高了相关机构和团体对心理援助的认知水平和实践能力。相比之下，汶川地震期间的心理援助反应更迅速，力量更可观，行动更有效。据估计，在"5·12"汶川地震发生后的一年时间里，有超过4000名专业心理学工作者前往灾区或坚守在本职岗位上，开展实施灾后心理援助工作（张侃，张建新，2009）。大地震发生后，相关部门先后聘请美国、澳大利亚、日本等国家的心理援助专家，对我国的灾后心理援助问题进行了广泛的研讨。这一时期，我国在心理援助领域的研究也取得了丰富的成果，并呈现出国际性的视野，具备了一定的国际合作意识与联合行动能力。总而言之，"5·12"汶川地震使得灾后心理援助得到空前重视，心理援助开始被纳入我国灾后重建计划（刘正奎 等，2011），这标志着我国的心理援助进入了发展阶段。

然而不可否认的是，汶川地震期间的心理援助仍存在部分缺陷：过度的心理援助一定程度上干扰了生命救援的开展；心理援助人员的专业素质良莠不齐，部分援助缺乏专业性、可持续性与有效性，导致心理救援工作缺乏群众基础。与此同时，我国心理援助工作尚未形成相应的制度保障，社会、地方的心理援助工作缺乏专业规范的指导、管理、协调机制。尽管如此，较之于"非典"疫情期间，汶川地震后的心理援助研究有了明显的进步，极大地推动了心理援助理论和技术的发展与成熟。

（三）新冠疫情时期：规模化形成阶段

2019年末，新冠疫情暴发。尽管全国上下齐心协力，共同对抗疫情，但由于传染源不明、医疗资源匮乏、病毒变异较快等风险因素的存在，民众处于一种高度紧张的状态，这种情况下，心理援助工作就显得格外重要。我国政府对此高度关注，立即作出部署安排，从整体上加强了对这次疫情防控的集中统一领导，增强了心理援助的组织性、系统性和专业性。此外，在线下援助基础上发展出的"互联网+心理援助"新模式，积极发挥了线下、线上不同心理援助方式的优势与特长。

同时，为进一步贯彻落实党中央、国务院关于"坚决打赢疫情防控阻击战"的要求，国家卫生健康委、民政部联合发布了《关于加强应对新冠肺炎疫情工作中心理援助与社会工作服务的通知》（2020年3月5日发布，简称《通知》），目的是按照统一的工作原则，组建一支由心理健康、精神卫生、社会工作等多个领域专家构成的专业团队，面向湖北省武汉市及其他受到疫情冲击较重的区域进行支援，减少因疫情造成的心理损害和社会冲击，提高心理援助和社会工作服务水平。《通知》对心理援助和社会工作服务的目标内容和组织方式进行了详细的阐述，并针对集中隔离点、方舱医院、定点医院等不同场所的社会工作服务和心理援助工作展开了细致的说明。《通知》提出：要加强新冠肺炎感染者心理援助与社会工作服务；开展被隔离人员心理援助与社会工作服务；强化一线工作人员心理支持与社会工作服务；严守心理援助伦理规范，做好服务管理和效果评估；加强组织保障。这些都标志着我国已经形成了规模化的心理援助体系。

第三节　突发重大公共安全事件中心理援助的目标和原则

突发重大公共安全事件发生后，大多数人能够在没有专业人员帮助的情况下自愈心理创伤，但是，也有少数人会产生一定程度的心理问题，相关症状还可能长期持续。对相关人群及时进行心理援助，可以帮助他们克服、减少或减轻灾后的不良心理应激反应，有利于维持社会稳定。突发重大公共安全事件中的心理援助对于灾后重建工作具有至关重要的意义，已被国际社会公认为灾难援助不可或缺的部分。了解心理援助的目标及工作原则、建立长效心理援助机制，有助于推动灾后心理援助工作有序、规范、科学、高效地进行。

一、突发重大公共安全事件中心理援助的目标

依据心理创伤、危机干预的相关理论，基于各国灾后心理援助的经验和汶川地震后心理援助的第一手资料，心理援助的主要目标是降低事件的冲击力和影响力，助力受灾群众正常的复原过程，使个体的适应能力恢复正常。因此，我们认为突发重大公共安全事件中的心理援助的总目标应当确定为：在灾区建立心理援助工作的长期机制，通过协助受灾群众度过现有混乱、减轻危机负面影响，降低受灾群众的心理创伤程度、激发其内在潜能、增强其面对灾难和挫折的能力，培养积极、乐观、向上的心理品质，帮助其认识生命的意义和价值，促进个体顺利完成心理重建（陈雪峰 等，2009）。

由于灾难所导致的心理问题不会很快消除，可能在多年之后仍有影响，突发重大公共安全事件后有相当数量的群体需要得到长期

心理援助，以帮助其恢复到危机前的状态、减少PTSD的出现、增加当事人成长的可能性以及学到新的应对方式和技巧等。

二、突发重大公共安全事件中心理援助的原则

突发重大公共安全事件中的心理援助是一项专业性较强的工作，为迅速、有效地应对灾害，很多自然灾害多发的国家都出台了相应的法规和法令，并制定了具体详细的援助计划和指南（张侃，2008）。我国心理学家结合我国国情，提出了相应的心理援助工作原则，以促进心理援助在科学方法和技术指导下，有组织、有系统地开展，切实做好科技救灾心理援助工作。

（一）国际突发重大公共安全事件中心理援助的原则

2007年，联合国机构间协作组织（IASC）发布了《在紧急情况下的精神健康和心理援助指南》（*IASC Guidelines on Mental Health and Psychosocial Support in Emergency Settings*），该指南为处理灾害后最为迫切的心理健康问题以及心理社会问题提供了十分全面的建议，并阐明了开展普遍性心理援助的重要意义。具体来看，该指南对突发重大公共安全事件中的心理援助提出了如下几方面的基本建议：突发事件规划，综合评定，注重长远发展，机构间开展协作，在基本医疗中纳入心理援助，为所有受影响的民众提供服务，对工作人员进行深度、系统性的训练和指导，利用关键指标进行监督。在突如其来的灾害发生后，所有受其影响的个体都可能产生各种不同程度的心理问题，因此，IASC建议，有必要针对整个社会开展基本的心理干预，这一干预不仅仅针对有需要的个体，还包括那些没有表现出症状，或者没有主动寻求帮助的个体。

日本的《灾难心理护理指南》指出，心理援助工作人员必须在灾难发生后，第一时间协助当地的精神卫生机构及中心开展工作，且需在灾难发生后尽早与受灾者取得联系，否则其焦虑、绝望、迷茫等情绪不易得到释放，可能导致更大的心理问题，甚至产生群体

性危机。在灾后初期，心理工作者主要针对受影响的地方民众进行两种类型的活动：一种是将促进整体人群的心理健康作为总体援助的一部分，以减轻整体人群的心理压力和心理创伤，其主要内容包括走访灾民了解具体情况、传播准确的灾难信息并对大众群体进行心理健康教育；另一种是灾害发生后对常见的心理疾病进行预防，尽早发现，及时处理，其主要内容包括对心理疾病的筛查，鼓励民众进行心理咨询，对个体、家庭或集体进行心理健康教育，并在必要时对有严重心理疾病的人员进行转诊等。灾难发生后的1~2个星期内优先考虑第一种类型的活动。在这个阶段，受灾群众还处在最初的恐慌之中，他们的许多反应属于正常的应激反应，因此，心理护理的重点应该放在应急和稳定上。第二种类型的活动是在满足了受灾者的基本需要后才能进行的，其重点是减轻受灾者的困惑，而不是进行诊断。心理援助工作人员要尊重个体自然恢复的过程，避免对灾难发生时的场景和过程进行直接的探究。如果发生了影响范围很广、波及人群众多的突发重大公共安全事件，开通危机干预热线或网络平台将能照顾到更多的受灾个体、家庭及集体。

（二）我国突发重大公共安全事件中心理援助的原则

中国科学院心理研究所的陈雪峰教授及其团队在2009年发表于《心理科学进展》的《灾后心理援助的组织与实施》一文中，从汶川地震给人们的心理造成的冲击和我们国家的文化特征出发，提出了开展灾害后心理援助工作应遵循的几个原则：

1. 依靠科学的理论和技术

突发重大公共安全事件的心理援助是一项非常具有特殊性的工作，在进行心理援助时，一定要遵循灾害后心理恢复的客观规律，科学有序地进行，尤其要注意防止出现二次伤害。

2. 实用性和可操作性

鉴别与诊断的方法和手段应简单、快捷。有关心理辅导、心理健康、心理援助、精神卫生推广的工作，必须有明确的步骤。

3. 区分重点人群

在面向全体受灾群众展开各种形式的心理援助的同时，对丧亲、孤残儿童、老年人、创伤较严重的受灾群众以及受到情绪困扰的救援人员等进行重点关注。

4. 坚持分阶段开展

在对灾区进行心理援助时，要注意时间和空间序列的特征。对受灾群众的心理创伤程度展开诊断、转介和治疗之后，要将关注重点转向发现、建构并激发个体的积极心理潜能和内在自我恢复的能力，从而在灾后心理重建中，实现他助和自助的有机结合。

5. 尊重当地的文化背景

每一个人在特定的文化环境中都有自己的个性，他们的个性特征以及他们表达自己情绪的方式都渗透着文化的印记。所以，心理援助必须与地方习俗相融合，并尊重地方文化。

（三）我国政府制定的心理危机干预机制

心理援助是一项持续性工作，而心理危机干预是第一步。心理危机干预是一种即时和短期的心理护理，目的是对个体或者团体采取一些措施，使其能够利用自身潜力，恢复到危机之前的心理平衡，并最大限度地减少产生长期心理创伤的可能性（焦建英 等，2014）。突发重大公共安全事件中政府指导下的心理危机干预不是盲目无序进行的，需要遵循必要的原则，才能充分发挥心理危机干预的作用（闫吉，2014）。

1. 协同性原则

作为突发重大公共安全事件中心理援助的重要组成部分，心理危机干预工作需要在统一指挥的前提下，由各部门和人员协调与合作完成。首先，心理危机干预活动要与整体救援工作相配合。在灾害发生之后，要在最短时间内救助受灾人员，一般在24小时之内不进行太多的心理危机干预行动，只需进行一些简单的问候和鼓励。其次，政府要协调各部门实施心理危机干预。灾后应及时划分各部门和各种社会资源的职责，并对资源进行合理分配以避免出现混乱状况。最后，需要规范和协同心理危机干预技术。很多参加灾区心理危机干预的社会工作人员和志愿者，单纯凭借热情和个人经验实施救援，并未经过系统、规范和专业的培训，也缺乏专业人员的督导。这样不仅无法确保心理援助的有效性，还有损心理援助工作的社会形象与声誉，甚至可能使有严重心理创伤的人陷入更深的无助、迷茫与困惑之中，进而对心理援助产生抵触心理。因此，不但要加强培养专业的心理危机干预人员，而且需要对即将赶赴事故现场的心理援助志愿者进行临时培训，向他们传授统一、规范、标准的心理危机干预手段、途径和方法。

2. 普遍性和特殊对待相结合的原则

一方面，突发重大公共安全事件后，不仅要对受灾人员进行心理危机干预，还需要对遇难者亲属、救援人员、志愿者和媒体记者等进行心理援助。因此，政府的心理危机干预要坚持普遍性的原则。另一方面，面对同样的重大事件，由于个体的气质、性格、生活阅历、受教育程度、应对方式以及心理特征等的不同，产生的心理应激反应也有所不同。因此，对不同人群应采取有针对性的干预方式，尤其是儿童、老人以及伤残人员等特殊人群，由于其生理和心理特征的特殊性，需要予以重点关注并采取专门的应对方案加以特殊对待。

3. 预防和控制并举原则

在突发重大公共安全事件发生之后，及时、有效的心理危机干预虽然能够发挥救助、支持和恢复等效用，但防患于未然也是重中之重。政府应该增强民众的危机意识，利用多种方式及手段对民众进行心理健康宣传，这样在某些事件突发之后，受灾人员就能找到一些有助于解决自己问题的资源和办法，如在地震发生的时候，能够采取相应的应急措施。在灾难发生后，及时、有效地对心理危机的蔓延进行控制，不仅可以减轻心理危机干预工作的压力，还可以稳定公众的情绪。最佳的心理危机干预介入时间是在灾后24到72小时之间，掌握好心理危机干预的最好时机，对有需求的人进行及时、有针对性的干预，可以使心理危机得到最大程度的控制。

4. 分阶段干预原则

突发重大公共安全事件后的心理创伤修复是一个长期且复杂的过程，需要合理、有组织、有步骤地建立与实施灾难后的心理危机干预模式。第一阶段为短期干预，即在灾后的很短时间内对受灾群众进行应急干预。这一阶段的主要任务是稳定灾区民众焦虑恐慌的情绪，心理援助工作者应在现有资源的基础上，灵活、变通地采取多种形式为受灾者提供危机干预。第二阶段为中期干预，即在灾后一周到一个月内进行干预。这一阶段很多心理危机开始出现，心理援助人员需要采取心理危机干预技术对需要干预的人员进行持续、有效的干预。第三阶段为长期干预阶段，这个阶段的主要工作是帮助受灾群众恢复和重建心理健康状态，通过对患者进行定期的精神危机评估，采用电话及互联网等渠道对患者进行专业的心理援助服务，使灾难对患者的心理影响降到最低。

5. 保密原则

保密原则可以说是心理危机干预中最基本、最关键的原则，是"干预者"和"被干预者"之间建立互信关系的前提，同时也是"介入"顺利展开的基础。心理危机干预中的保密原则是指干预者必须严格地对求助者的谈话内容进行保密，在没有得到求助者同意的情况下，不能将相关信息泄露给任何人或媒体、机构，尊重求助者的隐私和合理要求，不对求助者进行任何伤害。

第四节　突发重大公共安全事件中心理援助的意义和价值

面对突发重大公共安全事件，心理援助不但是应对个体心理创伤并帮助他们重新获得生活掌控感的关键手段，而且对于维护和恢复社会整体的稳定与和谐起着至关重要的作用。突发重大公共安全事件的心理援助体现了我国"人民至上"的执政理念，反映了对公民心理福祉的重视和对社会安定的保证。此外，突发重大公共安全事件中的心理援助能够将心理学解决社会现实问题的学科能力更好地展现出来，有效推动心理学学科自身的建设与发展，突显其在学术和实践领域中的贡献。

一、心理援助对受灾人群及社会稳定的积极影响

突发重大公共安全事件可能会对受影响人群的心理健康产生消极影响，增加出现创伤后应激反应的风险。与此同时，民众出现的一系列负面情绪也容易造成社会恐慌，影响社会稳定。因此，及时有效的心理援助能够促进受灾人群尽快恢复心理健康，对维持社会稳定起到积极的作用，体现出我国"人民至上"的执政理念。

（一）有利于促进受灾人群的心理健康

在全球范围内，自然灾害、重大安全事故、传染病和恐怖袭击等灾害事件时有发生。因为突发重大公共安全事件具有突发性、不确定性、危害性等特点，所以它对每一个人来说都是应激源，都可能导致个体出现不同程度的心理危机，具体包括生理不适、情绪变化、认知障碍及行为异常等。如果不能及时接受心理疏导，部分人就会沉浸在伤感中无法自拔，严重影响他们的心理健康。研究发现，心理疾病是突发灾难引起的最为普遍的公共健康问题（Bromet, 2012)。近些年来，政府和公众开始意识到重大灾难对受灾群众及相关人员心理上的严重影响。一段时期的实践有力地说明，心理援助有助于受灾群众尽早从灾难阴影中摆脱，能够有效促进受灾人群的心理康复和社会适应。此外，心理援助还有利于增强个体的内在力量，这不仅可以让他们在灾后恢复适应功能，还可以使其重获心理平衡，并提升应对未来挑战的能力（万涛，2009）。

（二）有助于维持社会的稳定

突发重大公共安全事件具有高度不确定性和不可预测性，事件发生前往往准备不足，导致民众不可避免地产生不知所措、焦虑不安、抑郁、惊恐等负面情绪，引发诸多精神压力与心理问题。这种负性情绪如果不能得到及时有效地疏解，就易形成社会恐慌，进而对社会稳定造成不良影响。因此，突发重大公共安全事件发生后，各部门应尽早对不同的社会群体进行有针对性的、差异化的心理干预和援助，这在一定程度上能够预防社会恐慌心理的形成，遏制恐慌情绪的蔓延和传播，避免产生危害社会秩序的极端行为或事件，帮助民众建立良好的社会心态，维护社会稳定，促进社会和谐。例如，新冠疫情的发生引起了广泛的社会恐慌，很多人受部分不良媒体传闻或网络谣言的影响，出现了丧失判断力、情绪紧张、过度担心、囤积购买等非理性行为。国家卫生健康委第一时间在全国范围内开展了应对新冠疫情的心理援助和服务工作，加强了对公众的心理健康宣传教育等措施，帮助人民群众建立了强大的心理防线，对缓解大众的焦虑情绪，维护社会心态稳定发挥了重要的积极作用，为打赢"新冠疫情阻击战"奠定了心理基础（彭丽丽，2021）。

（三）有利于反映我国"人民至上"的执政理念

随着我国经济建设的快速发展，民众越来越注重心理健康，政府也高度重视受灾民众及相关人员的心理健康，并出台了各种相关文件、措施等，保障危机干预及心理援助的有效实施，恢复民众的心理健康，保证社会的安定与秩序。政府作为心理援助的主导力量，承担救援的责任，树立良好形象，能充分体现"人民至上"的执政理念。《总体预案》也明确提出，应对各类突发公共事件应遵循"以人为本，减少危害"的原则，这体现了对弱势群体的关怀，反映了我国执政理念的科学精神与人文关怀的结合（闫吉，2014）。同时，在突发重大公共安全事件后展开心理健康援助、满足民众的心理社会需要，是保障人权的一项重要内容。心理援助工作本身也是社会发展进步的一种表现，能够保障个人尊严、促进社会公平，还可以鼓励公众的积极自助和广泛参与，是社会文化文明的重要体现（刘正奎 等，2017）。

二、心理援助对心理学学科发展的促进作用

心理学既是一门理论性学科，又是一门应用性学科，包括管理心理学、领导心理学、工业心理学、社会心理学等，但同其他学科相比，心理学研究在应用领域的发展仍不够充分、平衡，成果还不够丰富。突发重大公共安全事件后，学科从业人员通过承担相应的社会职责和学科责任，积极配合国家行政部门，为民众和政府提供科学有效的心理援助。这一过程积极促进了心理学与其他学科、心理学与广泛的社会生活领域的进一步有机结合，显著提升了心理学理论指导实践的能力，更好地展现了心理学解决社会现实问题的学科能力，同时推动了心理学学科自身的建设与发展。如"5·12"汶川地震后，心理援助促成了学界从不同视角、不同层面了解认识心理学、推广应用心理学，学者们也不断将心理学与社会学、政治学、管理学等学科相结合进行跨学科研究，使心理学的研究内容和范围得到不断丰富和扩展（彭丽丽，2021）。

第五节　突发重大公共安全事件中心理援助
　　　　需要注意的伦理问题

突发重大公共安全事件中的心理援助有时会出现一些问题，甚至可能给援助对象带来较大的伤害。缺乏职业道德的引导和规范，是造成心理援助"帮倒忙"及"添乱"现象的主要因素。遵循职业伦理，不但是保障心理援助工作人员及援助对象权益和福祉的前提，而且是一切心理工作的基本要求（赵静波，2020）。

北京理工大学人文学院安芹教授按紧急心理援助工作中应遵循的临床心理学注册工作委员会在2018年修订的《中国心理学会临床与咨询心理学工作伦理守则（第二版）》中的一般原则，即"善行""责任""诚信""公正""尊重"等，并以"避免伤害"和"维护民众最大福祉"为根本出发点，提出了如下几个基本的心理援助职业道德要求：

第一，不做超出个人专业胜任力的工作（资格能力的伦理问题）。实施心理援助要求具备相应的资质，这主要由基本的职业培训和与危机管理相关的职业训练组成。具体来看，是指能充分对当事人的生理、心理状态和个体差异进行全面的评定，为其提供适当的情感支持，帮助其调适自己的身心状态。

第二，不强加个人和社会的价值观（专业关系的伦理问题）。在开展心理援助工作的时候，要构建一种安全而又良好的专业关系，要对当事人的尊严与价值表示尊重，要以一种平等、关怀、真诚、负责任的态度为其提供心理援助，要尊重其个人的、社会的与文化的价值观，不以外界的标准来对当事人进行指责和评判。

第三，兼顾个人的和公众的利益（保密及保密突破的伦理问题）。当个体牵涉到自我伤害、伤害他人或者是法定的通报责任时，应及时对其进行风险评估，并进行适当的处置，在保证当事人最大福利的同时，也要考虑他人和公众的权益，以及有关法律条款的规定。

第四，不以转化为长期咨询为目的（结束及转介相关的伦理问题）。在突发重大公共安全事件中，心理援助工作的重心是帮助当事人渡过危机，这与日常的心理咨询有很大区别，所以不能过度催化，不能给当事人贴上问题的标签。虽然当事人在突发重大公共安全事件中产生的压力反应与其过往经历相关，但在急救过程中不能加强当事人的病患意识，只有在他们确实有需要时才为其提供转介，并应尊重当事人的自主权。

第五，力所能及地提供基本心理支持（紧急援助的伦理问题）。心理援助工作者如果在自己不擅长的领域提供紧急心理援助，请尽量保持谨慎和保守，并尽快地提升自己在这个领域的能力。如有需要，可以向专业人员寻求帮助和督导，在紧急情况结束之后，或者在别人提供了恰当的心理服务之后，援助服务应该立即终止。

第六，自我关照是基础前提（心理援助人员的社会责任）。对心理援助工作人员而言，承担社会责任既对他们提出了伦理要求，又提出了一种自我照顾的要求。首先，要调节个体情绪，保持敏感的自我意识，避免反向移情；其次，要注重劳逸结合，保持一种良好的生理、心理状态，以免出现工作疲劳和职业倦怠。这为心理援助工作者的专业服务提供了根本保障。

2020年1月，南方医科大学公共卫生学院心理学系的赵静波教授将新冠疫情背景下心理援助的伦理要点初步归纳为以下五点：

第一，为所当为（避免产生剥削关系）。"剥削"是心理援助工作人员在心理援助中，为满足自身的物质和精神需求而损害援助对象的利益的行为，违背了"善行"和"尊重"的原则。一些心理援助工作者出于"助人情结""练手"以及科研的需要，甚至出于经济和荣誉的考虑，向受害者提供心理援助，使得心理援助异化为一种"骚扰"。心理援助工作的立足点是援助对象能从中受益。即使是出于好意，援助对象的需求也应该始终得到充分的尊重。

第二，为所能为（在力所能及的范围内工作）。一个人的专业水平再高，也有不能胜任的时候。当遇到自己无法处理的状况时，应该立即向专业人员寻求督导或及时进行转介，并对援助对象开诚布公地解释。这体现了2020年1月26日中国心理学会心理咨询师工作委员会和中国心理卫生协会心理咨询师专业委员会发布的《自助助人，抗击疫情——给全国心理咨询师同仁的倡议书》中所倡导的"责任"和"诚信"的职业道德。心理援助工作者需要始终对自身的身心健康状况保持关注，如自己是否会出现明显的焦虑情绪，或者是否感觉到了枯竭、无助，是否能觉察自身状况对援助对象可能造成的影响，等等。与此同时，有必要积极维护自身的身心健康。

第三，有所慎为（保密与知情同意）。在心理援助工作中，应谨慎对待涉及保密与知情同意的问题。未按照伦理规范的要求保护对方的隐私也是一种剥削，例如，出于炫耀的目的把援助对象的感谢信、留言等发布在社交网络上，或未经援助对象同意将其案例详情用于宣传、教学等。

第四，为其所为（尊重自主性）。有些心理援助工作者助人心切，急于将一些刚学到的技术用于改变援助对象的"症状"，或者急于给出指导性建议，或者草率地对援助对象的心理进行分析。每个个体的人格构成、成长轨迹、生活阅历等都有其独特性和复杂性，即使面对同样的疫情威胁，每个人的具体心理健康状况和内在特点仍然是不同的，心理工作者在使用技术、给予指导、进行分析时，应避免把援助对象变成试验心理技术的"小白鼠"，或者给他们贴上不必要的标签。很多时候，支持与抚慰、理解与尊重、倾听与共情比各种炫目的技术更能让他们获得切实的帮助。每个人都是自己生命故事的作者，倾听与共情仍然是最基本也是最重要的心理援助方式，通过恰如其分的提问调动来访者内在的潜能和力量，是尊重自主原则的体现。

第五，为能久为（持续学习）。"公正"原则要求"防止潜在的偏见、能力局限、技术限制等导致的不恰当行为"，因此，心理援助工作者需要持续学习（如参加培训、实习、督导等），以拓宽视角、精进技能，如此方能更大限度地减少偏见和突破技能不足的限制。心理援助工作者在进行心理援助前应接受过心理援助相关的系统和规范的训练，未受过相关训练或无相关经验的心理援助工作者应提前学习有关内容，以减少工作中的失误，为援助对象提供更切实有效的帮助。

第二章
突发重大公共安全事件中心理援助的理论基础

作为一种应激源,突发重大公共安全事件极大地干扰了个人的正常生活与社会的有序发展,导致人们产生不同程度的心理应激反应,而心理援助是恢复身心健康、重建社会秩序的重要途径和方法。

本章将从心理学、管理学等相关学科视角出发,围绕心理应激理论、创伤后应激障碍与创伤后成长理论、心理危机干预理论及模型以及公共危机管理理论及模型,系统揭示突发重大公共安全事件背景下人们的心理应激模式、作用机制以及干预管理思路。首先,介绍心理应激的表现、影响因素和理论模型;其次,根据突发重大公共安全事件中的应激反应的个体差异,比较创伤后应激障碍与创伤后成长这两种应激模式的发展轨迹及其特点;再次,从行动指南的角度阐释心理危机及其干预模型;最后,将视角拓展至管理学领域,从更为宏观的公共危机管理层面为心理援助提供理论支撑。

第一节 心理应激理论

受到突发重大公共安全事件的影响,个体可能会在认知、情绪、行为等方面表现出一系列变化,并产生不同程度的应激反应。本节将主要围绕应激这一概念及其理论机制进行介绍,阐述应激产生的原因与影响因素。

一、应激

应激目前并无统一的定义，但总体上可以从应激源、身心反应过程、应激结果或症状三方面进行研究和探讨，众多影响应激的因素也可以根据其影响的方面进行分类。

（一）应激的概念与表现

20世纪30年代至40年代，医学领域率先对应激展开研究，加拿大生理学家塞里（Selye）最早提出了应激的概念。他认为，应激是指由施加在机体上的许多不同需求引起的、对环境刺激产生的一种非特异性的生物学反应（Selye，1956）。此后，大量学者对应激进行了重新界定。一些学者认为，应激是指环境或内部的需要超出个体系统、社会系统或机体组织系统的适应能力时产生的状态（Lazarus & Folkman，1984）。也有学者认为，应激是某一情境使人产生特殊的生理或心理需要，由此产生的不寻常的或出人意料的反应（Beehr & Franz，1987）。应该说，应激的定义至今尚未达成统一。尽管不同学者从不同角度出发解释了应激这一概念，但总的来说，在心理学中应激可被理解为个体与环境中的应激源之间交互作用的过程，主要包含应激源或外部事件、刺激与应激反应之间的生理和心理过程、应激结果或症状三部分。

按照应激的反应或结果，心理应激的表现有正负之分。在刺激出现时，若个体可以充分应对，即为正向应激，这能促使个体产生欢快的、有益的挑战体验，并使人身心得到成长。当个体认为无法应对要求并感到身心损耗时，即出现了负向应激。负向应激容易引起生理、心理等层面的诸多问题。从生理层面上看，负向应激在心脑血管病等多种疾病的发生中具有重要影响。从心理层面上看，负向应激容易使个体处于敏感、紧张的状态中，甚至导致抑郁性神经症或焦虑性神经症等精神疾病。

心理应激是深植于人类基因的一种自然反应机制。在遇到危险的那一刻，自然界的动物会通过各种应激反应来保护生命，如战斗、逃跑或者静止等，人类祖先也不例外。虽然人类在不断进化，但人类依然保留了动物的应激机制，遇到威胁（如压力事件）时就会自动启动相应机制。当洪水、地震、空难、传染病等突发灾害发生时，个体可能会在情绪、认知、行为等方面表现出一系列变化，导致出现各种躯体症状，加重或诱发原有疾病。严重者会出现意志失控、情绪障碍等影响社会功能的心理危机，造成广泛的精神痛苦，影响人际关系、工作和生活，降低生活质量（陈美英，张仁川，2006）。

（二）应激的影响因素

应激的产生涉及应激源、中介变量和心理-生理反应三部分。应激源主要是指人们在生活的社会与自然环境中所经历的各种具有威胁性和潜在破坏性的生活事件，如突然的创伤性体验、慢性紧张等。任何来自生理或社会文化因素的刺激物均能使个体处于躯体或心理上的应激状态。但是这些刺激物不能直接引起应激，在刺激和应激之间还有很多的中介变量，包括个体的人格特质、应对方式、社会支持等。心理-生理反应主要是指各种情绪反应及生理指标的变化，如焦虑、抑郁、头痛、失眠等反应。

1. 应激源

人类的应激源十分广泛，按日常生活中不同的社会环境因素，可以将应激源分为三大类：家庭因素、工作或学习因素和社会因素。

（1）家庭因素。父母教养方式、家庭矛盾、家庭成员发生重大意外事故以及家庭成员间宗教信仰或目标等方面的重大分歧都可能成为应激源。

（2）工作或学习因素。工作或学习中人际关系失调、缺乏人际交流或缺乏真诚互动、充满竞争和矛盾、缺乏被团体接纳和被认可感、理想与现实的冲突等均可构成应激源。

（3）社会因素。小到如交通拥挤的日常琐事，大到如洪水、地震、车祸、战争、传染病大规模暴发等社会生活中的灾难性事件，都是社会性应激源的重要组成。

除了这些来源于日常生活中的应激源，还有一类在实验研究中使用的应激源，称之为实验室应激源。这种应激源可以分为躯体性应激源和心理性应激源两类：躯体性应激源包括冷热刺激、重力刺激等对躯体产生生理刺激的应激源；心理性应激源则主要为能引起被试认知、情绪等波动的实验任务。

2. 中介变量

随着研究的发展，研究者逐渐意识到个体的应激反应具有特异性，即面对同样的应激源，不同个体所表现出的应激反应也是不同的。至于当个体遭遇应激源时是否出现应激以及应激的表现形式和严重程度，除了与应激源有关，更重要的在于个体的特质。只有当个体对应激源的强度的主观体验超出其忍受能力时，应激源才能成为应激相关障碍的致病因素。影响应激过程的中介变量多种多样，在此主要介绍人格特质、应对方式、社会支持这三种关注度较高的关键的中介变量，需要指出的是，三种变量并非独立，而是存在复杂的相互影响关系的。

（1）人格特质。个体的人格特质会影响其对环境事件的认知评价，并影响评价之后的应对方式。积极乐观的人格特质能够在应激源与应激反应之间起到缓冲作用，使应激事件的影响减弱。除此之外，人格与应激源及应激行为产生的后果之间能够相互影响。

（2）应对方式。应对方式是指个体面对不同的应激源时所采取的具体的用于处理应激情境和保持心理平衡的应对方法、手段或策略。不同的人遇到不同的事件时，会根据自己现有的知识储备和经验认知采用某种或某些具有倾向性的应对策略和应对方式，而一个人在应激条件下所采用的应对方式具有跨情境的、跨时间的一致性。

（3）社会支持。社会支持是指社会各方面（如家人、朋友、社会组织等）给予个体的帮助和支援，既包括精神层面的，也包括物质层面的。个体得到的社会支持程度反映了一个人与社会联系的密切程度和质量。当个体遭遇到外界的应激源时，如果能置身于一个可以获得支持和帮助的人际环境中，可能就不会将自己遇到的问题看得那么严重，从而不会产生严重的应激反应。

除了上述中介变量，生物学因素也会影响应激反应。例如，大脑直接受到应激源的刺激时也会组织个体产生应激反应。通过调动神经递质、受体、信号转导以及基因表达等，大脑中的神经会产生可塑性变化，并通过电、化学活动对应激源产生应激反应。当机体处在应激状态时，会激活蓝斑-去甲肾上腺素/自主神经系统，促使其脑部神经网络中的去甲肾上腺素神经递质释放，提高机体的觉醒度、警觉和焦虑水平。除此之外，杏仁核-海马复合体和中脑皮层以及中脑边缘多巴胺系统（与前额皮层相连）等主要的脑系统也会受到应激系统激活的影响。

3. 心理-生理反应

应激会导致个体出现各种情绪反应及生理指标的变化。由于心理应激牵涉到体内多系统构成的复杂网络，超过个体承受能力的心理应激可能打破此网络的平衡状态从而导致机体疾病的发生。在应激发生期间及发生之后，感冒、偏头痛等多种较常见的疾病多有发生。

二、应激的主要理论模型

目前针对应激的研究繁多，研究视角和理论模型也各有不同。学者们分别从物理学、生理学和心理学等领域出发，探究了应激的心理反应机制。

（一）刺激理论模型

应激的刺激理论模型（如图2-1）也被称为应激-紧张模型，其基础理念源自物理学范畴中的胡克定律。这一模型认为，应激是指导致个体产生紧张反应的外部环境刺激，如面临失业、体育竞赛的失败，以及自然灾害等情境所产生的刺激。在不同的环境压力下，个体将展现出差异化的应激反应，该模型为我们提供了研究刺激与反应间因果联系的可能性（贾昌志，2021）。

```
┌──────┐   环境    ┌────────┐
│ 应激 │ ────────> │ 应激反应 │
└──────┘           └────────┘
  刺激                个体
```

图2-1 应激的刺激理论模型（韦有华，汤盛钦，1998）

通过对和生活事件相关的刺激与反应模型的深入研究，可以拓宽对社会压力源和疾病关联性的认识，这在医学的发展过程中也有重要价值。相关研究增进了我们对生活事件与躯体以及精神状况之间的关联性的理解，并且有助于预测疾病的发生，以期及时进行预防或者干预，因此有一定的现实意义（Holmes & Rahe，1967）。

随着相关研究的发展，该模型的缺陷也逐渐暴露出来。该模型中隐含着一个假设：应激反应能够与刺激强度成比例地增强，甚至能够将刺激强度和应激水平的关系用数量化的形式表示。但这很难得到严格的验证，最明显的例子是，即使处于完全没有任何刺激或仅有单调刺激的环境，人们也可能产生应激或紧张反应。这个以物理学领域的定律为基础的应激-紧张模型在某种程度上忽视了人类心理行为的复杂性和个体的主观能动性。研究人员往往难以确定哪些刺激因素会对所有个体产生相同的应激反应，甚至无法找到使同一个体跨情境产生同样反应的刺激，更别说建立刺激强度和应激反应的定量化关系了。

（二）反应理论模型

刺激理论模型最初源于物理学，而反应理论模型（如图2-2）则主要来源于生理学和医学，持有该理论模型的代表人物是有"应激综合征之父"之称的塞里。该模型指出，应激是人或动物的一种动态的非特异性生物学反应现象，是通过对环境刺激的反应而产生的，被称为"一般性适应综合征"(GAS)。在持续的外界刺激的影响下，有机体自身的能量逐渐被消耗，免疫力下降，从而产生各种适应性疾病。在该模型中，应激反应分为三个阶段：

（1）惊觉或警戒阶段。该阶段反映了有机体的一种适应性防御状态。在这一阶段，神经、内分泌系统消耗能量来满足需求，机体的防御失常、效率降低，以分解代谢为主。如果危机消除，应激反应消退，机体就会恢复正常，但若未消除便会进入阻抗阶段。

（2）阻抗阶段。有机体动员超过平时水平的防御机制，以防御性兴奋抵消持续应激产生的应激状态。此时，机体对疾病的承受能力增强，但能量消耗处于高水平阶段，减少了机体能量储备。经过长时间的阻抗之后，个体最终会进入衰竭阶段。

（3）衰竭阶段。机体存储的能量殆尽，神经、内分泌系统功能减弱，自身的免疫力下降，感冒、溃疡等疾病的患病概率增加。

显而易见，该理论过于强调机体的生物学反应过程，忽略了人的认知和心理因素。

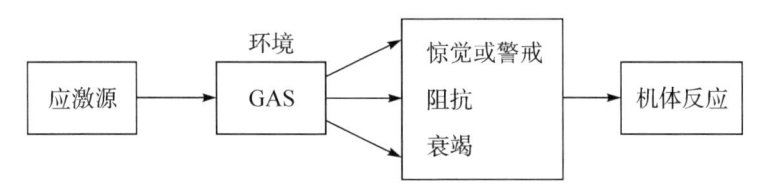

图2-2 应激的反应理论模型（王明辉，张淑熙，2003）

（三）CPT理论模型

应激的CPT理论模型（如图2-3），即认知-现象学-相互作用（Cognitive-Phenomenological-Transactional）理论模型，属于心理学模型。该模型是由美国著名心理学家拉扎勒斯（Lazarus）(1966)提出的，强调应激过程中个人对应激认知评价的重要性，认为个体的思维、经验和所认知到的事件意义是应激过程中的主要中介变量和直接动机，即应激是否发生、以何种形式出现，取决于个体评价自身与环境关系的方式。应激过程中的认知评价主要分为初级评价和次级评价，初级评价是对应激事件的危害性进行评价，次级评价是评价自身应对该危机事件的资源状况。如果个人判断自己能有效应对这次应激事件，那么就能适应该事件，此时应激的强度就会偏低或者根本就不会发生；如果个体判断自己的资源和能力不足以应对这一事件，则无法适应该事件，应激强度也随之增大，即个体的心理应激强度会随着应对能力差异而变化。该模型不仅关注应激源本身，还强调人在应激事件中的主观能动性，即人能够依据自身认知水平和能力采取灵活的方法手段进行控制与调整应激反应，克服了将人当成完全被动个体的不足（贾昌志，2021）。

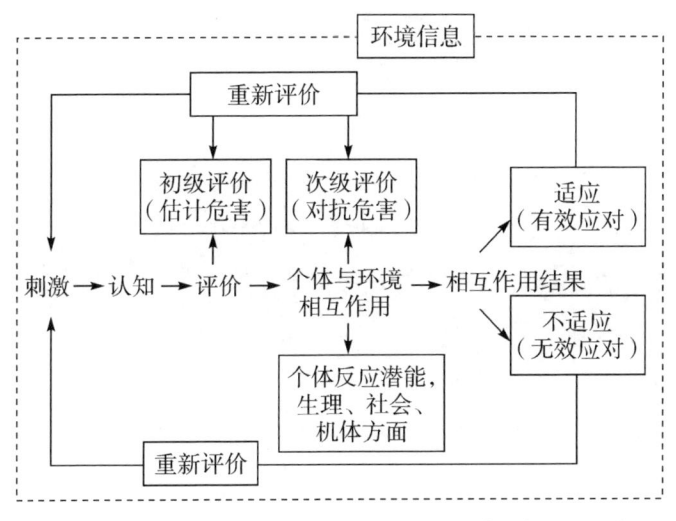

图 2-3　应激的 CPT 理论模型（陈锦秀 等，2015）

（四）应激多因素系统

随着应激研究的不断深入，一些研究者逐渐认识到心理应激实际上反映的不是简单的因与果的关系，也不是线性的刺激-反应过程，而是多因素相互作用的系统，例如，我国学者姜乾金（2004）就提出了应激多因素系统（如图 2-4），并称之为心理应激系统模型，他认为应激是由应激、应激反应和其他因素所构成的相互作用、相互反馈调节和控制的系统，有关因素包括生活事件、个性特征、认知评价、社会支持等心理、社会和生物学因素，其中个性特征是核心因素，认知评价是关键因素。

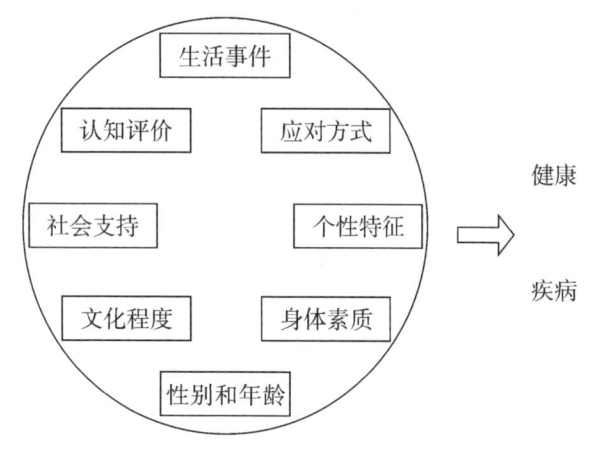

图 2-4　应激多因素系统（姜乾金，2004）

在系统科学视角下，应激多因素系统的不足主要体现在：

（1）不具备开放性。该模型是一个封闭式的系统，与外界不存在任何形式的交换，只存在输出不存在输入。

（2）没有建立要素之间的结构关系。任何系统都是以一定的结构形式存在的，系统功能和系统结构是不可分割的。而在该模型中，各因素彼此之间的结构关系并不清楚，只是进行了简单罗列，无法体现系统的功能性，也无法对其结构进行动态扩展或扩充。

（3）忽略了应激系统的过程性。系统的存在本身是一个动态的过程，而心理应激也是一个多因素相互作用的过程，但该模型并没有展示应激系统的过程性（姜智，2012）。

（五）**系统理论模型**

目前，系统理论模型（如图 2-5）正在不断发展和壮大。该模型认为，由生活事件引发的应激不仅可以直接导致应激反应，还可以通过中介因素作用于个体，从而引起适应或不适的生理、心理、行为方面的反应。因此，应激是一个应激源、应激反应和其他多因素相互作用、反馈协调和控制的整体系统。该模型把外部应激源视为信息输入系统的障碍，当这种障碍使机体偏离参照标准（理想状态或适度紧张），产生一种矛盾（如极度紧张）时，系统就会采取自我调节行为来恢复理想状态，即采取能够减少或消除压力源的应激行为，从而实现对内部平衡状态的控制。

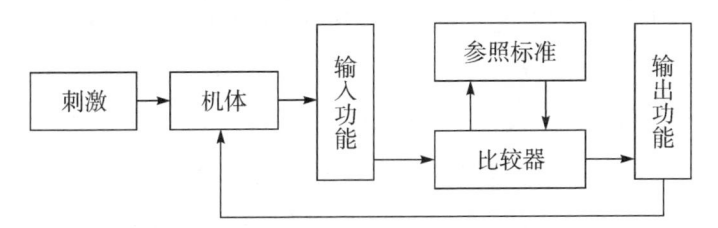

图 2-5　应激的系统理论模型（王明辉，张淑熙，2003）

第二节　创伤后应激障碍与创伤后成长理论

突发重大公共安全事件往往会给相关人员带来不良的心理影响，严重且长期的不良心理影响会导致应激障碍，创伤后应激障碍就是其中一类。但严重的创伤性事件带来的不全是精神伤害，很多个体也会在与创伤斗争的过程中进行积极的心理调适，并得到个人成长。

一、创伤后应激障碍

自20世纪以来，人们对精神疾病的认识不断更新。从最初模糊的意识到明确的诊断，再到现代的治疗方法，这一进程凝聚了无数学者的智慧与心血，学者们逐步揭示了精神疾病的本质，并开发出了有效的心理治疗和药物治疗方法。

（一）概念

当遇到战争、自然灾害、绑架等灾难性事件后，很多经历过这些事件的被害者都会感到巨大的痛苦、极度恐惧和无助，甚至产生

PTSD。PTSD是个体受到异乎寻常的威胁、经历严重身心创伤后延迟产生并长期持续的一种焦虑性疾病（秦虹云，季建林，2003）。在经历创伤性事件后，多数人在数天到半年内发病，病情一般会持续一个月到一年，少数患者可持续多年乃至终生。

在第二次世界大战期间，人们就已经认识到"炮弹休克（Shell Shock）"神经症的存在。但由于当时研究水平有限，研究者难以区分PTSD、一般应激反应以及其他精神类疾病，因此它们被统称为"总体应激反应"。随着研究的深入和发展，1980年美国精神病协会（APA）在其制定的《精神疾病诊断和统计手册（第三版）》（DSM-Ⅲ）中首次提出了PTSD的概念，自此PTSD被正式确立为一种可独立诊断的疾病。在该手册中，PTSD被定义为由突发性、威胁性事件所导致的延迟出现、长期存在的精神障碍，主要表现为创伤性体验的反复重现、持续的回避刺激及持续的警觉增高三大症状群（张冬梅 等，2022）。2013年发布的《精神疾病诊断和统计手册（第五版）》（DSM-Ⅴ）将PTSD的特征确定为，经历一次或多次创伤后产生创伤记忆侵入、躲避创伤相关刺激、认知和情绪发生消极改变、唤醒增强和行为过激等表现，并将它从原来的"焦虑障碍"分类中移出，划分到新的"创伤与应激相关性精神障碍"中，增加了"创伤性事件相关的认知和心境方面的消极改变"症状群。2001年《中国精神障碍分类与诊断标准（第三版）》（CCMD-3）首次使用"创伤后应激障碍"这一名称，并把它纳入应激障碍中。

并非所有创伤性事件都会使个体发展出PTSD症状，是否产生PTSD的因素之一是事件本身的严重程度。虽然在日常生活中许多预料之外的事件都被称为"创伤性事件"，如离婚或考试失利，但是大约只有0.4%的创伤性事件会给个体带来创伤性体验。所谓创伤性体验具备两个特点：第一，对未来的情绪体验具有创伤性影响；第二，该事件对躯体或生命产生极大的伤害或威胁，例如，重大车祸幸存者在未来的出行中可能会反复出现应激反应。此外，环境因素（如创伤性事件类型、社会支持水平）和个体因素（如人格特征、个人经历、认知评价、躯体健康水平）均会对PTSD症状的产生和发展造成影响。

（二）临床表现

依据DSM-V的诊断标准，PTSD的主要临床表现包括创伤性体验的反复重现、持续性回避、认知和心境的消极改变以及过度警觉四组症状。

1. 创伤性体验的反复重现

创伤性体验的反复重现是指患者的思维和记忆中反复地、侵入性地涌现与创伤相关的情景，如创伤体验的闪回、片段幻觉症状，持续时间可以从数秒到几天。在此期间，患者精神恍惚，被完全带回到创伤性事件发生的情境中，与现实环境脱离，所经历的痛苦、恐惧等负性情绪也随之重现。当患者遇到与创伤性事件相关的事物或线索时，也会产生强烈的心理和生理反应。

2. 持续性回避

持续性回避症状是PTSD的核心特征。创伤性事件发生后，患者会持续回避与创伤相关的各种因素，如与创伤相关的具体场景及思绪等。患者对相关刺激的过度回避会导致分离症状，即隔断个体意识和记忆的联结，从而保持对创伤经历的无意识，是个体试图远离创伤并进行自我保护的表现。有些患者还可能出现选择性遗忘，无法回忆起与创伤有关的事件经历或细节。

3. 认知和心境的消极改变

许多患者在遭遇创伤性事件后都出现了认知和心境的消极改变。他们无法对任何事情提起兴趣、对于他人的爱和关心无动于衷、对未来感到无望，严重时甚至会出现自杀倾向。

4. 过度警觉

很多PTSD患者都会出现持续性过度警觉症状，如易受惊吓、易发怒、入睡困难、注意力难以集中等，通常还会伴有心慌、气短等自主神经症状。这种症状在经历创伤性事件后一个月内最为典型。需要注意的是，儿童PTSD的临床表现与成人不尽相同。尤尔（Yule）（2001）认为，儿童会出现解离式的重现经验，如出现睡眠困扰、易生气、对特定事物害怕、语言表达困难、注意力涣散与记忆困难。与此同时，受到大脑功能发育不成熟、语言表达能力不足等制约因素的影响，儿童很难清晰地描述自己的创伤体验。因此，需要通过儿童的某些与经历创伤性事件之前不同的表现来评估PTSD，如时常在噩梦中尖叫或惊醒、经常出现头痛或胃肠不适等躯体症状、重复玩某种游戏（闪回或闯入性回忆的表现）等。

（三）生理异常

研究表明，PTSD患者通常在记忆、注意力以及智力方面具有与常人不同的表现（胡婷，刘伟志，2017）。

1. 记忆异常

PTSD患者的记忆、再学习能力会受到一定程度的损害，自传体记忆（有关创伤性事件的记忆）组织提取困难，拥有比常人更多的"旁观者体验"，即相较于普通人，PTSD患者更难检索自己所经历的创伤性事件。与正常人相比，PTSD患者在组织提取自传体记忆时表现得更加混乱，但对非自传体记忆的组织与前者并无明显差异。此外，有研究发现，PTSD患者对创伤性事件记忆的表述与普通人存在差异。经历创伤性事件一段时间后，迅速恢复的正常被试在表述时能自我保护式地创造一些关于创伤的良性记忆，而患有慢性PTSD的被试未对记忆进行任何主观修改，反而增加了关于"死亡"这类词语的叙述。

2. 注意力异常

在注意力方面，PTSD患者表现出对创伤性刺激的注意偏向，认知过程易受到相关刺激干扰，忽视分散注意力信息的困难程度与闯入性创伤回忆的自我报告严重程度呈正相关。例如在完成Stroop任务（颜色命名任务）时，PTSD患者更容易注意涉及创伤的词语，与无PTSD的创伤暴露个体相比，他们表述与创伤刺激有关的颜色词的用时更长。同时，由于注意功能受抑制，患者在追踪与创伤不相关的刺激时也存在困难。此外，PTSD水平影响个体注意偏向，表现出高程度PTSD的个体，无论是对正面还是负面的情绪词汇，都展现出注意偏向；而低程度PTSD的个体，其注意力则投向了正面的情绪词汇。高程度PTSD的个体对不同情绪效价词汇的注意偏好的产生原因存在显著差异：对负面情绪词汇的偏好可以解释为注意的警觉性增强——即他们可以更迅速地注意到这些词汇；相反，对正面情绪词汇的关注则可以理解为注意的滞留——即他们发现自己难以将注意力从这些词汇上移开。

3. 智力异常

患有PTSD的个体，在言语智力的表现上往往存在着异常，他们可能在执行任务与言语表达的流畅度方面遭遇困难。一项针对有地震经历的儿童的智力测评发现，该群体在言语智力上得分偏低（Tatsuta et al., 2015）。同时，有研究还揭示了创伤时的智力发育水平与受害者的后期生活适应性存在显著相关。暴露于创伤性事件可能会中断发育个体当时的自我调控发展过程，从而引发一系列负面反应，包括情绪失控、产生破坏性行为，甚至是对自我和他人的概念产生歪曲等异常心理和行为表现（Dilsaver et al., 2007）。研究还表明，在创伤性事件发生时年龄较小的患者，后期更可能出现自伤行为（Kinzie et al., 2006）。

（四）PTSD的认知理论

PTSD的认知理论假设，每个人都在其思维深处构建了一套对整体世界和社会的信念模型，包括自身在社会中的稳定地位，对死亡和疾病的远离感，以及对达成生活目标的自信等观念。然而，创伤性的经历可能提供了一些与已有信念不符的信息，这会驱动个体去尝试加工这些新的信息。当新的信息能够有效地融入已存在的信念体系时，我们可以说该信息同化成功了。反之，如果整合未能成功，那么可能会导致像PTSD这样的病理性反应。该视角下的具体理论模型主要包括：

1. 应激反应综合征理论/社会认知理论

霍洛维茨（Horowitz，1973）主张，人们同化新信息的主要驱动力源自完形倾向，也就是倾向于将新的信息同化到现有的认知模型或图式中。当个体经历某种创伤时，信息过载的情况就会发生，关于创伤经历的记忆和信息就不能顺利地融入已有的图式之中。这种情况会激起人们的自我防御机制，从而将新的、与创伤相关的信息压制到无意识的深处，导致个体在一段时间里处于一种麻木和否认事实的状态。然而，人们的完形倾向会设法激活这些与创伤相关的信息，并试图将其整合到现有的模型中，此时自我防御机制可能会崩溃，与创伤有关的信息再次浮出意识表层。这种崩溃可能表现为创伤后反复的闪回、做噩梦等症状，代表着一部分创伤信息并未完全融入已有的模型中，并导致PTSD的出现。

2. 破碎世界假设

贾诺夫-布尔曼（Janoff-Bulman）（1989）提出了破碎世界假设，他认为人类通常对现实世界持有一种稳定的假设，并基于此进行日常事件的处理。这种假设主要包括他人是友善的、世界是有意义的、自我是有价值的三个方面内容。但当个体突然遭遇出乎意料的威胁或攻击（如意外地陷入一场重大车祸）时，其世界观可能会遭到冲击。创伤性事件会摧毁人们的基本观念和假设，使人们对既有信念产生怀疑或否定，从而导致个体感受到不安全、无法适应环境、无法用现有的认知框架来理解和处理创伤性事件。这种创伤引发的信念体系冲突可能会促使个体对世界产生负面的假设，使个体反复消极地回忆和理解创伤性事件，从而导致包括PTSD在内的一系列负面生理和心理反应。

3. 双重表征理论

布鲁因等人（Brewin et al., 1996）提出的双重表征理论认为，创伤性事件在记忆中创建了两种特定的表征：一种是有意识加工的结果，这种加工是缓慢的、系列的，其信息负载有限，该类记忆表征被称为言语通达性记忆（VAM）。另一种则是无意识加工的，其处理方式是快速的、并行的，并且其信息容量大，被命名为情境通达性记忆（SAM）。当个体身处与创伤性事件相关的相似环境中时（包括物理的和意义上的），他们会无意识地自动激活这两种记忆表征，并相应地产生两种不同类型的情绪反应：一种反应与SAM相关，是与创伤性事件一起出现的条件性反应；另一种反应则是需要经过认知加工处理并与VAM一起出现的次级情绪反应。在这两种记忆表征建立之后，个体会开始有意识地对SAM和VAM进行情绪加工，此过程旨在减少对创伤性事件的关注度、记忆偏差，以及消极的次级情绪反应。

4. 认知模型

还有学者主要关注了创伤后的认知能力和创伤记忆在PTSD症状持续上的作用，并暗示了创伤记忆的破碎和整合不充分在PTSD持续性中的重要角色（Ehlers & Clark, 2000）。这一理论模型强调，症状的持续性并非源自创伤性事件本身，而是源于创伤性事件对当前情境产生的威胁。个体对创伤性事件及其后续结果的评价将极大地影响其能否适应创伤。此外，对个体自身和世界的消极评价，可能会放大其对创伤性事件和消极反应的感知。经历创伤暴露的个体会以一种产生当前威胁感的信息加工方式去处理已经发生的创伤性事件，并自认为仍处于危险环境下。在这一过程中，其负性注意偏向、评估偏向和记忆偏向发挥着重要作用。

（五）治疗方法

心理治疗与药物治疗都是治疗 PTSD 的有效方法，但目前暂无统一的治疗方案。比较肯定的是，联合使用心理治疗和药物治疗对于治疗 PTSD 是更好的选择。此外，来自家庭和社会各界的支持和关心对于创伤者而言，比任何药物都更加有效。对于受灾者来说，政府开展的灾后重建等措施也能有效增强其抗击灾难的希望和信念，缓解 PTSD 症状（郑裕鸿 等，2011）。除药物治疗外，适用于成人和儿童的心理治疗方法不一，所以此处将成人创伤后应激障碍的心理治疗和儿童创伤后应激障碍的心理治疗分列两条。

1. 成人创伤后应激障碍的心理治疗

针对成人 PTSD 的心理治疗方法主要包括应激免疫训练（SIT）、暴露疗法、认知行为疗法（CBT）、音乐治疗以及眼动脱敏与再加工（EMDR）。

（1）应激免疫训练。SIT 是 1974 年由梅肯鲍姆（Meichenbaum）提出的一种灾后预防 PTSD 的认知行为治疗技术，能够有效缓解 PTSD 的再现和回避症状。应激免疫训练分为三个阶段，分别是概念阶段、技能获得和复述阶段、应用及完成阶段。其目的是通过教会患者一些应对负性事件的技巧，帮助其控制恐惧。训练具体包括信息给予、苏格拉底式讨论、认知重组、问题解决、放松训练、行为复述、自我监控、自我指导、自我强化和改变环境情境等一系列技术和过程的组合（林建，2015）。

（2）暴露疗法。暴露疗法，又被称为满灌疗法（Flooding Therapy），是将个体暴露于其害怕或恐惧的情境或是创伤性记忆中，并通过放松方法缓解患者的恐惧，使其逐渐适应该情境。福阿（Foa）和罗斯堡姆（Rothbaum）（1998）对此解释道，暴露矫正了错误的刺激-反应关联（去条件化）和评价，能帮助患者认识到他们的错误认知，继而个体可以通过情绪加工矫正歪曲的认知观念。在暴露疗法前期，治疗师重点聚焦于获得患者的相关信息，并在此基础上进行准确的诊断。治疗师与来访患者共同确定治疗方案，确保患者对治疗的科学根据有透彻的理解。在暴露疗法后期，主要利用视觉和想象暴露的手段，引导患者重复体验创伤场景，同时采用放松呼吸的练习降低焦虑水平。在治疗全过程中，治疗师应密切注意患者的情感变化，并适时给出指导和支持，以期有效缓解患者的症状。

（3）认知行为疗法。认知行为疗法是一种能够有效治疗PTSD的心理疗法。该方法通过行为矫正技术改变患者的不合理认知信念，从而影响人的情绪与行为，使其获得良好心理状态（宗昆仑等，2016）。CBT的核心前提是PTSD的产生源自创伤性信息与已有的认知模式的冲突。因此，CBT的关键在于揭示并调整这些冲突。在整个疗程中，患者被引导回忆创伤经历以及自创伤发生以来的行为、想法和感受。治疗师通过剖析患者的非理性认知，帮助他们察觉到这些错误的信念，并使其知晓这些非理性认知或错误的信念是引发PTSD的主要原因。在治疗师的引导下，患者开始改变他们的错误信念，这能进一步缓解患者的自责、愤怒等症状，同时减少回避行为和闯入性记忆的出现频次（Shapiro & Maxfield，2002）。一些学者明确指出，消除PTSD患者的情绪反应需要遵循三个步骤：①通过系统的暴露让患者面对刺激，此过程一定要在安全的环境下进行，以便更好地评估刺激并帮助患者形成习惯化的反应；②处理错误的归因和不合理的信念，认清并调整新旧认知模式之间的冲突，建立合乎逻辑的思维模式；③再次评估和重新理解创伤性事件的价值意义，寻找对未来的期许（Foa & Kozak，1986）。

（4）音乐治疗。音乐治疗，又称音乐同步脱敏再加工（MEDR），是以各类形式的音乐活动作为治疗手段，引导患者调整情绪和认知，帮助患者恢复心理和躯体功能的治疗方法，对于促进PTSD患者康复具有重要临床意义（杜宁等，2019）。音乐治疗的理论基础在于，音乐可以影响甚至改变个体特定记忆内的视觉象征所对应的情绪体验。该治疗方法共分为三个阶段：稳定化阶段、创伤处理及悼念阶段、重构/整合阶段。首先，在建立良好的咨询关系后，治疗师需要与患者共同选出创伤情景中最能引起痛苦的特定视觉情境。其次，治疗师会选用一段与之相符的音乐作为背景。以音乐为陪伴，患者开始对这个画面进行想象，随时可以描述画面细节，重新体验痛苦的情绪。通过改变音乐，治疗师可以引导患者充分感受和表达自己的情绪。最后，随着音乐的变化，患者也会从恐惧和悲痛状态逐渐转变为平静与松弛状态，甚至有可能转化为愉快的情绪（高天，2011b）。目前，这一方法在治疗精神分裂症、脑瘫儿童等方面得到广泛应用并取得了一定成果。

（5）眼动脱敏与再加工。眼动脱敏与再加工是一种适用于任何年龄段人群的心理疗法，可用于治疗创伤相关的应激症状。许多研究证实，EMDR可有效缓解PTSD患者的痛苦、焦虑和抑郁。在EMDR治疗中，首先需要患者回忆创伤性事件中最令人不安的创伤性记忆、负面观念、消极情绪，并感受相应的身体反应；接着要求患者在回忆这些创伤性事件的同时，用眼睛跟踪治疗师的手指进行快速运动。在每组30秒的眼睛运动后，治疗师会要求患者立即分享他们在视觉刺激中注意到的任何唤起情绪和躯体感觉的变化。重复多次治疗流程，直至在治疗师指导下，患者在移动眼球时能产生与创伤性事件联系起来的积极信念，警觉反应减轻，不良情绪及躯体反应消失。目前大量研究证明，EMDR治疗能有效缓解多种应激源（如身体疾病、战争及性侵犯）所导致的PTSD症状，提高患者生活质量，已被许多国际机构临床指南推荐使用。

2. 儿童创伤后应激障碍的心理治疗

儿童PTSD的症状与成人存在差异，不同年龄段的儿童表现也不尽相同。经历创伤性事件后，儿童往往会有做噩梦、怕黑、睡眠障碍、黏人、注意力下降甚至自残自伤等表现。儿童的PTSD症状包括反复重现创伤性的体验，回避与创伤性事件有关的活动，持续的警觉性增高，但很少受到视觉闪回的冲击，而是在绘画、游戏和看电视等放松状态下重复体验灾难发生的过程（毛颖梅，2009）。由于儿童的心理发展尚未成熟，针对成人的治疗方法未必对其有效，因而应采用不同的治疗方法。

（1）游戏疗法。做游戏是儿童的天性，且有利于其身心发展。游戏可以满足儿童的愿望，宣泄儿童内心压抑的敌意和恐慌，暴露儿童的创伤记忆、体验等信息。常用的儿童游戏有自然媒介游戏（如玩水、沙子等）、象征性游戏（玩偶）、规则游戏（下棋）、艺术游戏（绘画）、必须使用言语的游戏（讲故事）等（扶长青，张大均，2008）。例如，在绘画游戏中，儿童会重复地画出某一主题的画，反映出内在的焦虑和恐惧。绘画可以表达受创伤儿童的内心世界，宣泄他们心中的负面情绪，从而达到治疗效果。在玩偶游戏中，儿童可以通过玩玩偶来演绎他们的创伤经历，并将压抑的情感和压力转移到玩偶身上（毛颖梅，2009）。

（2）团体治疗。团体治疗使儿童有机会与有相同或类似经历的同伴一起分担创伤性体验，消除儿童对创伤经历的疑虑，从而帮助其减轻症状，并为儿童从助人过程中获得满足提供了机会。此外，团体治疗也有利于治疗者识别出需要个别强化帮助的个体。李磊琼（2007）选取经历过地震的儿童进行团体心理干预，结果显示为期一个半月的治疗显著缓解了儿童的抑郁和焦虑。在团体治疗的过程中，应避免儿童因再次体验相似的经历而再度陷入创伤情境中。

3. 药物治疗

药物治疗对各个时期的PTSD都有较明显的效果。药物治疗能够减轻焦虑、抑郁症状，提高睡眠质量，增加患者对心理治疗的依从性。由于PTSD患者常有抑郁、焦虑等情感症状，根据患者症状特点，选用的药物包括：抗抑郁药物、抗焦虑药物、抗惊厥药物等，一般首选的是抗抑郁药物。例如，选择性5-羟色胺再摄取抑制剂（SSRIs）类抗抑郁药物能有效地缓解PTSD的某些症状，且不良反应较轻。需要注意的是，除非患者有过度兴奋或暴力行为，一般不主张使用抗精神病药物。药物治疗对 PTSD 起效较慢，通常用药 4~6 周时出现症状减轻，在 8 周或更长的疗程中才更能体现药物的真正疗效。

此外，我国学者还创新性地应用中医进行 PTSD 的治疗。中医将 PTSD 划入情志病类型，认为主要的病因是惊与恐，主要发病机制可以总结为肝失疏泄、脑神失调及惊恐伤肾。目前治疗 PTSD 的中成药中，有关四逆散和金匮肾气丸的研究与临床应用较多，针灸和艾灸在 PTSD 治疗中也有所研究和使用。

二、创伤后成长（PTG）

作为创伤性事件后的另一种可能，创伤后成长是个体潜能和力量的体现，个体被与生俱来的内部成长动力所驱动，展现出许多积极变化。

（一）概念

对大多数人来说，一场严重的疾病或应激事件意味着巨大的心理和身体压力，通常给人们带来巨大的创伤体验，同时会出现焦虑、抑郁以及其他严重的精神症状。有研究表明，严重的疾病会给病人带来巨大的创伤，可使病人产生严重的 PTSD。然而，也有相关报道发现，许多病人还会出现一些积极变化，这些变化可能没有引起医护人员的注意，但却是病人在与创伤性事件抗争过程中积极地进行心理调适并获得个人成长的结果，反映出一种人类与生俱来的内部成长动力和倾向。这种个人在经历生活压力或挑战性事件后产生的重大积极变化被定义为创伤后成长（Levi-Belz et al., 2021）。PTG 强调个体自我恢复和自我更新的能力，它的提出改变了一直关注缺陷的研究视角，能够促使研究者在临床上更加关注如何恢复和提升病人的身心机能，如何更有效地激发个体创伤后的积极发展与成长。

一些研究者很早就注意到了个体在经受巨大创伤后会获得成长这一现象，并在对该现象的测量中使用了"创伤后成长（Post-traumatic Growth）"一词（Tedeschi & Calhoun, 1996）。他们将创伤后成长定义为个体对抗创伤性事件和情境后所体验到的积极心理变化。不同的研究者因为关注点存在差异，会采用不同的词指代这一现象，比如压力相关成长（stress-related growth）、正性心理改变（positive psychology change）、益处寻求（benefit search）、感知到的益处（perceived benefit）、心理兴盛（psychological thriving）等（涂阳军，郭永玉，2010）。1996年，泰代斯基（Tedeschi）和卡尔霍恩（Calhoun）应用因素分析的方法将促进PTG的因素分为个人力量、新的可能性、与他人联系、对生命的欣赏和精神改变五点，代指自我知觉、人际关系、哲学观等方面的变化。

（二）PTSD与PTG的关系

PTSD和PTG都属于个体创伤后的心理反应，前者属于不利于个体生活适应的消极创伤后心理反应，后者属于能促进个体心理社会适应的积极创伤后心理反应。然而，PTSD和PTG并非互不相容的关系，它们往往共存于具有创伤经历的人群之中，既可能负相关，也可能正相关，需要分情况来看待。当PTG被看作创伤后个体的一种应对方式时，二者呈负相关；当PTG被看作创伤后的结果时，PTSD可能促进PTG，二者呈正相关。PTSD可能激发人们的认知加工，促使个体重新积极思考自我、他人和世界，有助于PTG的形成。但只有中等水平的心理应激才有助于促进个体的成长，过低的心理应激不足以诱发个体进行思考，过高的心理应激又会给个体带来太大的压力，而PTG属于哪一种，关键在于个体经历创伤性事件的时长。也就是说，只有完成对创伤性事件的认知加工才能实现作为结果的PTG。因此，短时间内表现出的PTG可能仅是一种创伤性事件的应对策略，用于缓解创伤后的消极结果，只有经过长时间加工后的PTG才是一种"化悲痛为力量"的心理变化结果（伍新春 等，2018）。

（三）影响因素

根据前人的研究结果，PTG 的影响因素主要分为以下几类。

1. 人口社会学变量

PTG 与年龄、性别、受教育程度和宗教信仰等人口社会学变量相关。研究发现，低龄和女性群体会体验到更多的创伤后成长（涂阳军，郭永玉，2010）。一项针对同一患病群体，分别运用益处寻求评定量表和创伤后成长评定量表进行测量的研究显示，受教育程度越高，益处寻求和 PTG 得分就越低（Jansen et al., 2011）。此外，有些人因为宗教信仰，会重新看待这些负性生活事件，可能会出现积极的个人改变（Park，1998）。

2. 疾病特征

有研究者曾指出，PTG 是一个动态变化的过程，且身体健康程度的变化可能会给患者带来新的压力，而疾病特征中与 PTG 有关的变量主要为患病时间和疾病严重程度，但目前所得出的研究结果并不一致（Tedeschi & Calhoun，2004）。一项主要针对脑卒中病人的研究表明，病人在患病 7 个月和患病 10 年时均报告有不同程度的 PTG，且其与损伤的严重程度无关（Collicutt McGrath & Linley，2006）。但另外有研究显示，患者得病时间的长短与成长效应呈负相关，对于肺结核患者，病程可以负向预测 PTG，且肺结核患者的 PTG 得分要高于肺癌患者（Milam，2004；陈晓凤 等，2022）。

3. 人格特征

不少研究探索了人格特征与 PTG 之间的关系。有研究发现乐观人格与 PTG 呈正相关（Llewellyn et al., 2013），但也有研究结果显示两者之间无关联（Tomich & Helgeson，2006）。开放性人格、情绪性人格均可以正向预测 PTG（安媛媛 等，2013；安媛媛 等，2017）。这些人格特质使得个体更容易获得社会支持，增强了个体积极应对问题的技能。个体能通过对疾病的积极再评估，使用问题聚焦型的应对策略（靳宇倡 等，2014）。

4. 社会支持

社会支持是患者创伤后心理适应的重要影响因素。研究者们认为，支持性的社会环境可为个体提供必需的应对资源和安全的环境氛围，鼓励个体积极看待创伤性事件，从而使个体整合事件意义，有助于降低创伤性事件的消极影响，促进创伤后成长（Schaefer & Moos，1992）。社会支持通常分为感知到总体社会支持、工具社会支持、情感支持以及个体的社会工作网络等。有研究曾明确指出，社会支持与PTG之间有相关性（Tedeschi & Calhoun，2004）。一项横向研究也显示，对患者的情感支持与PTG显著相关（Cordova et al.，2001）。有纵向研究结果发现，基线时的高社会支持和6个月后的PTG得分呈正相关（Scrignaro et al.，2011）。一项质性访谈结果显示，社会支持可以促进病人的积极改变，这可能跟朋友、家人（尤其是配偶）可以帮助患者重新认识生命中什么才是最重要的，并发生认知的重构有关，同时社会支持可以加强患者的自我效能感，从而实现对自我健康的管理（Llewellyn et al.，2013）。

5. 应对方式

同社会支持一样，对压力的应对方式在很大程度上会影响PTG和身心健康，并且积极的应对方式与积极寻求社会支持本身存在相关。患者在面对疾病时可能会重新思考自己的现状和过去，从而采取积极的应对方式，促进身心健康发展。目前，国外研究中所涉及的应对方式主要有情绪应对、问题应对、宗教应对等，它们均能使病人发生不同程度的积极改变，并最终促进PTG的发生。一项针对40例癌症患者的纵向研究显示，采取合理正确的问题应对方式对病人的长期PTG具有预测作用（Scrignaro et al.，2011）。另一项针对患者所做的随访研究也证实了这一结论（Llewellyn et al.，2013）。有研究者运用创伤后成长评定量表研究了148例心肌梗死患者的PTG后发现，患者的PTG与其情绪应对显著相关，且具有较大的性别差异，总体上男性得分低于女性得分（Senol-Durak & Ayvasik, 2010）。有研究认为，积极的宗教应对与患者的PTG存在相关（Rand et al., 2012），但由于国内外在信仰方面的差异较大，故该结论有待进一步验证。

6. 健康的生活行为

研究者关注到了健康的生活行为和PTG的关系，但研究结果并不一致。一项针对853例艾滋病病人的研究结果显示，PTG与健康的饮食呈正相关，但与良好的运动锻炼间的联系却不明显（Milam, 2004）。访谈研究发现，PTG在不同领域都有所表现，并不局限在传统的成长领域，还表现为健康行为的改变。有研究者采用量性和质性相结合的方法进行了一项研究，结果显示癌症患者的PTG中最重要的改变发生在对生活的欣赏态度方面（Morris et al., 2012）。

（四）理论模型

国内外的研究者已经提出了一些比较有效的PTG理论及模型，如认知理论、整合模型、认知适应模型。

1. 认知理论

认知理论建立在破碎世界假设的基础上，认为PTG并非单一静态的产物，反而是一个动态演变的过程，这一演变会伴随着创伤性事件发生之后的时间推移而不断调整或改变（Tedeschi & Calhoun, 2004）。进一步来看，PTG的形成并不取决于创伤性事件本身，关键在于创伤性事件对个体核心信念体系形成的挑战。这一挑战驱使个体通过反复思考以恢复世界观的稳定性，即认知反刍（Cognitive Rumination）。这类反刍分为两种：侵入性反刍和主动反刍。由于创伤性事件对个体的信念系统形成了挑战，因此，在不受控制的情况下会首先经历侵入性反刍，即创伤性事件渗透到个体的认知世界内部，促使创伤后的个体思考事件的负面部分。重复消极思考会强化对事件的消极评估和认识，从而造成个体的焦虑、紧张和无助感，最终加重 PTSD 的症状，并降低 PTG 发生的可能性。

然而，认知反刍也可能加深个体对创伤性事件的思考，并促使事件在其意识层面上反复出现，为积极应对相关事件提供线索，从而形成个体的主动反刍，也就是个体积极、主动地思考事件的意义。这将有助于揭示和塑造创伤后世界的意义，并推动创伤后个体的成长。此外，社会支持也可对侵入性反刍到主动反刍的转变产生影响，高水平的社会支持可能会驱动个体进行反复的积极思考，从而进一步推动 PTG。

2. 整合模型

该模型的意义可以分为普遍意义和情境意义两类，前者为个体的一般定向系统（如信念和目标），后者为具体情境下的意义。创伤性事件发生后，普遍意义和情境意义可能会产生分离，从而促进个体在压力情境下重新建构意义，最终表现为 PTG 和积极的生活改变。这一模型不仅解释了个体在重大创伤性事件后的成长，还解释了其在一般压力性事件后的积极改变。

3. 认知适应模型

认知理论和整合模型都聚焦于认知的处理，如对创伤性事件的评估与沉思。但这两者有一个共同的前提，即将成长看作个体实际的成长（通过他人评价得到）而不只是个体主观感知到的。也就是说，这两者没有区分个体实际的成长和自我报告的成长。对此，认知适应模型认为，个体在面临困境时是适应性、自我保护性和功能性的有机体。因此，自我报告的成长不等同于个体实际的成长，创伤性事件后的积极心理改变可能是一种暂时性的现象，自我报告的成长可能只是源于个体的幻想。这种暂时自我增强的幻想可以缓解个体的压力，有益于个体适应创伤性事件并对抗未来潜在的挫折。此外，该模型还认为，个体形成和保持认知幻想的能力有助于个体寻求意义、获得自我控制感和实现自我增强。

第三节 心理危机干预理论及模型

心理危机是一种常见而复杂的现象，它可能由多种因素触发，如意外事件、重大生活变故或社会环境的剧烈变化，并在不同时期有着不一样的表现。本节我们将深入了解心理危机的本质以及相关理论，并接触不同视角下心理危机干预的多种理论模型。

一、心理危机

在进行心理危机干预之前，研究者们需要对心理危机的本质与表现有更深入的了解，才能在此基础上开发干预方法。

（一）心理危机的概念、发展进程与表现

心理危机是指由于个体或群体先前的应对方式不足以应对应激事件带来的影响或挑战，导致其内心处于高度紧张、迷惑的失衡状态。"现代危机干预之父"卡普兰（Caplan）认为，危机产生于个人在一段时间内无法用常规的问题解决方式来应对困境的情况下，在这段时间内个体会尝试各种解决方法（Hong et al., 2009）。

从发展进程来看，面对危机时人们通常会经历四个不同的心理反应阶段（李权超，王应立，2006）。第一阶段为冲击期或休克期。危机事件发生后的数小时之内，个体会处于一种"类休克状态"，主要表现为焦虑和惊恐，严重者会感到眩晕，无法理性思考。第二阶段为危机期或防御退缩期。由于个体没有能力解决所面临的危机，会采用退缩、逃避、否认、合理化或不适当投射等自我防御机制。第三阶段为解决期或适应期。在这一阶段，个体开始正视现实，接受现实，将自己的注意力转向产生压力的危机，并努力找到处理危机的方法，争取亲人与朋友的支持或帮助，积极调整策略，最后解决困扰。如果危机被成功解决，个体的焦虑和恐慌会逐渐减轻，自

我评价也会提升，之前受损的认知和社会功能会慢慢恢复。第四阶段为危机后期。通过应对危机，大多数个体获得了一定的积极应对危机的技巧，在心理和行为上变得更为成熟。然而，少数采取逃避行为的个体无法获得成长，反而可能会在人格方面出现改变，出现抑郁、滥用酒精、依赖药物、神经症等现象。

从表现来看，面临危机时个体通常会在4到8周内出现一系列反应，主要体现在生理、认知、情绪和行为这四个方面，一般6周内的反应会更为剧烈（樊富珉，2003）：

（1）生理方面。出现心跳加快、食欲下降、身体不适、睡眠障碍、呼吸困难或窒息等躯体反应。

（2）认知方面。常出现记忆、注意力异常，对危机存在注意偏向和注意滞留等。

（3）情绪方面。常出现焦虑、抑郁、自责、无助、过分敏感或警觉等。

（4）行为方面。出现社交逃避、情绪失控、强迫等行为，严重时甚至可能出现自杀倾向。

（二）心理危机理论

2012年，詹姆斯（James）和吉利兰（Gilliland）在《危机干预策略》（*Crisis Intervention Strategies*）一书中把心理危机理论分为三个不同的层次：基本危机理论、扩展危机理论及应用危机理论。

1. 基本危机理论

林德曼（Lindemann）（1944）提出，任何人在丧亲危机中都会经历如下阶段：

（1）接受丧亲之痛。

（2）回顾与死者的关系，学会改变自己的情感释放方式。

（3）找到与死者未来关系的可接受的表述。

（4）表达自己的悲伤、失落和内疚，并在周围寻找可以帮助自己获取情感平衡的人。这一过程中感到的悲哀是正常且暂时的，可通过精神分析和短期危机干预技术进行缓解，干预的重点是即时消除悲哀反应。卡普兰（Caplan）（1964）将该理论从丧亲危机扩展到了所有发展性和情境性危机领域，并将危机干预的应用范围扩展到了消除创伤性事件带来的负性情感、行为以及暂时性的认知扭曲方面。

2. 扩展危机理论

人们逐渐意识到在环境因素的作用下，任何人都可能出现暂时的心理危机症状，因此，人格并非产生心理危机的唯一或主要的因素。由于仅靠精神分析的方法不能充分解决诱发危机的环境因素，危机理论不仅从精神分析理论，而且从系统理论、适应理论、人际关系理论、混沌理论、发展理论等相关理论中不断汲取有用成分，逐步得以扩展。

（1）精神分析理论。应用于扩展危机理论的精神分析理论秉持这样一种观点：个体的潜意识内容和过往生活经历可用来理解伴随危机产生的不平衡心理状态。精神分析理论假设，某些儿童早期的固着（指一种对刺激的保持程度，或不断重复的一种心理模式和思维特征）是创伤性事件发展成危机的主要原因。这一理论可以帮助求助者深入了解危机下其行为的深层动力和原因。

（2）系统理论。传统理论只关注求助者内部因素在危机产生中的作用，而系统理论则基于不同人之间、人与事件之间的相互关系和相互影响，并不特别强调个体在危机中的内部反应。该理论认为一个生态系统中所有的要素都相互关联，且任何水平上的变化都会导致整个系统的改变，即在这个系统中的所有成员都能对他人产生影响，同时也受到他人的影响。

（3）适应理论。该理论认为，导致个体危机的主要因素是其适应不良行为、消极思想和损害性的防御机制。适应不良行为到适应性行为的转变可促使个体产生积极思维并建立防御机制，帮助求助者克服危机造成的停滞，转向积极的功能模式，从而使个体的危机消退。正如适应不良行为是可以习得的，适应性行为也是能够习得的。求助者可在危机干预工作者的帮助下，学会用新的、自我增强的行为取代旧的、懦弱的行为。这种新的行为可直接应用于个体危机处理，最终使求助者成功克服危机。

（4）人际关系理论。人际关系理论强调，如果人们相信自己和他人，并且具有战胜危机与自我实现的信心，那么其个人危机就不会持续很长时间。不过，如果人们把评价自己的权利交给他人，就不得不依赖于他人评价。因此，若一个人保持外部评价而非内部评价，危机就会持续存在。消除危机的最终目标是将评价的权利收归于己，这样能使个体拥有控制自己命运的能力，并重新采取行动应对危机。

（5）混沌理论。混沌理论实际上是一种进化理论。人类应对危机的行为具有进化适应意义，因为其本质上是一个开放、不断变化和"自组织"的系统，因此危机干预过程可能出现新的系统。每当人们意识到已知的备选方案无法解决当前的困境时，这种"紧急复杂混乱"的危机情况就会演变成一种"自组织"模式，人们就会诉诸自发的试错机制来尝试应对危机。因此，危机的"混乱"不是真正的混乱，其本质是一种未知的、不可预测的、自发的秩序，一种由数百万独立因素驱动的不断变化的模式。人们通过各种实验来尝试"进化"，实验可能导致错误的开端、暂时失败、死胡同、自发的创新、创造力、即兴创作、头脑风暴、合作等。卡特里娜（Katrina）飓风过后的危机干预尝试生动体现了混沌理论的价值，其既有积极的一面，又有消极的一面。

（6）发展理论。发展理论持有者明确指出，许多危机潜伏于人类所经历的发展阶段中。在特定生命阶段没有完成的发展任务往往会堆积起来并引发问题。当个人的需求和愿望与社会的要求和期望相冲突时，潜在的危机就会出现，个人常常难以进入下一个人生发展阶段。被忽视、虐待和欺负的儿童，被疏远和孤立的滥用药物的青少年，受教育水平不高、职业满意度低或不成功的人士，遭受家庭暴力、离婚和出现其他问题的人，都可能无法有效地度过人生的各个阶段。当外部的、环境的或情境的危机加剧先前存在的发展危机时，个人内心困扰和人际问题都可能会达到爆发点。

3. 应用危机理论

在应用危机理论解决实际问题时需要保持一定的灵活性。由于人与人之间、危机与危机之间存在差异，因此进行危机干预需要把每个人和每个危机事件都看作独特的存在。危机理论的应用涵盖了四个领域：情境性危机、发展性危机、存在性危机以及生态系统危机。

情境性危机是指随着不寻常的、突然发生且无法掌控的事件的发生而出现的心理危机，如恐怖袭击、入室抢劫等。发展性危机是指在特定人生发展阶段出现的危机，在人类生长和进化的正常进程中发生的巨大变化或转变，及其产生的异常反应，如青春期行为问题、升学心理危机等。存在性危机是指围绕人类的目标、责任、独立、自由和承诺等重要问题所产生的内在冲突和焦虑，潜意识中某个心理问题爆发，如当个体开始探索和思考存在的问题时，可能会突然感到生活没有意义和价值，此时便出现了存在性危机（时美英，2008）。从生态系统理论的角度来看，生态系统危机可被视为情境性危机的延伸。当某些自然或人为灾难危害到个体或群体，且灾难可能会毁坏、淹没或影响他们居住地时，这种情况就称为生态系统危机。这样的危机可能是由台风、洪水、地震等自然灾害，或是战争、传染病、严重的经济萧条等非自然灾害引起的。

二、心理危机干预

心理危机干预可以有效帮助人们尽快度过心理危机，更快恢复心理健康。目前，心理危机干预的理论和技术较多，下面从其概念出发，列举一些常见的模型、干预步骤与干预技术。

（一）心理危机干预的概念

心理危机干预通常是指针对处于心理危机状态的个人或群体及

时给予适当且明确的心理援助，使之尽快摆脱困难、战胜危机、适应生活。很多研究和实例证明，在发生灾难性突发事件时，心理危机干预可起到缓解痛苦、避免个体自伤、恢复个体心理平衡和动力的作用。

（二）心理危机干预的模型

主流的危机干预模型具有不同的视角，目前没有哪个理论或思想流派能涵盖心理危机的所有观点、模型或干预系统。

1. 基本危机干预模型

基本危机干预模型可以分为：平衡模型、认知模型和心理社会过渡模型。

（1）平衡模型。平衡模型实际上是一个平衡/不平衡模型。人们由于原有的应对机制不能满足当前解除危机的需求，此时会处于一种心理上的不平衡状态。因此该模型的目标是帮助人们恢复危机前的平衡状态。此模型最适合应用于当个体失去控制、茫然且无法做出适当选择时的早期干预，干预目标主要集中在稳定个体的心理和情绪，直至个体获得应对危机的能力。

（2）认知模型。该模型的前提是，危机源于个体对于危机事件或情境的错误思维，而不是事件本身。通过改变个体认知思维方式，能帮助人们认识其非理性认知和自我否定部分，可改变其对危机事件的看法和信念，获得理性和自强思维，从而达到控制危机的目的。该模式最适合应用于已从心理危机早期的冲击期稳定下来，接近危机前平衡状态的个体。主要干预方法为理性情绪疗法。

（3）心理社会过渡模型。该模型假设人是遗传和社会环境共同作用的产物，认为危机与内部（心理）和外部（社会）因素有关。因此，干预目标是与求助者合作，发现与危机有关的内部和外部困难，并结合个体的内部和外部资源，帮助他们拥有更多解决问题的选择方案，以获得对生活的自主控制。

2. 阶段模型

阶段模型将危机干预视为一个线性发展过程，按照危机事件发展的时间进程来构建干预措施，如先建立良好的咨访关系，然后确定问题，最后重建个体认知功能（Kanel，2011）。一些学者指出，干预可遵循六个步骤进行：确定问题、保证安全、给予支持、提出应对方式、制订计划、获得承诺（James & Gilliland，2017）（具体内容见"心理危机干预的步骤与技术"部分）。

危机事件应激管理（CISM）是一种团体危机干预技术，针对危机前、危机中、危机后三个不同阶段提出不同的干预策略。危机前强调对相关心理工作人员进行相关危机干预心理卫生知识的培训；危机中则采用多种危机干预方法缓解当事人和相关人员的痛苦，如在危机发生后的一到三天内采用团体晤谈方式进行干预；之后则针对重点人群进行长期跟踪和干预，尤其是产生PTSD和自杀念头的人群。在儿童的心理干预方面要根据不同年龄阶段的特征采取不同的干预方式，有学者将儿童心理干预分成四个阶段，分别是前影响阶段、影响阶段、后影响阶段和恢复与重建阶段。

3. 任务模型

虽然现有的危机干预模型大多属于阶段模型，但对拥有一定实践经验的干预人员来说，心理危机干预的实施过程并非都遵循理想化的线性发展路径，例如，当事人在干预后可能会出现症状反复（Vernberg et al., 2008），干预无法完全按固定顺序执行，这就需要干预人员根据实际情况灵活地调整干预措施。研究者们结合实际对多个代表性模型进行分析后，将各种心理危机干预归纳为三个连续任务（评估状况、保障安全和提供支持）和四个焦点任务（建立联系、重建控制、问题解决和后续追踪）（Myer et al., 2013）。该模型重视干预的灵活性，有助于实施操作标准化心理危机干预，有效指导心理危机干预人员的培训与督导。

（1）连续任务。在复杂的心理危机干预系统中，评估状况、保障安全，以及提供支持被认为是连续任务的核心要素，需要持续不断或多次反复进行。其中，每一个任务都是独立且重要的，同时彼此密切关联，构成完整的干预过程。这些任务没有固定的执行顺序，可根据危机情况的发展和需要，在干预的任何阶段进行。这种灵活性和不确定性使心理危机干预能够更有效地适应每一种独特的危机情况，并提醒治疗师应根据危机当事人的心理状况和危机的发展阶段来调整干预策略。

①评估状况。大多数心理危机干预模型都指出，需要尽可能全面、深入地评估危机当事人的反应，包括评估他们的认知能力、所处发展阶段与社会生态情况、应对技巧、安全和自杀风险（Roberts & Ottens, 2005），以及对周遭环境、潜在积极或消极变化的反应。这有助于干预人员理解危机个体的处境，更好地分析危机的来源和后果。

②保障安全。心理危机干预始终要关注的关键任务就是保障当事人的安全，并非仅限于避免生命危险，而应在更广泛的层面上维护当事人稳定的心理状态。因此，保障安全的任务不局限于确保相关人员的生命安全，而是需要确保当事人不会处于孤立无援的状态，防止他们因无法自我控制而尝试自伤。

③提供支持。在心理危机干预过程中，必要的社会支持可为危机当事人的情绪释放和心理稳定提供空间，对于当事人的心理康复具有重大意义。很多情况下，危机都源于社会支持的匮乏，因此心理援助的主要目标便是第一时间提供必要的支持，特别是对于那些反应强烈的当事人。

（2）焦点任务。心理危机干预主要涉及四个需要在某阶段集中实施的焦点任务：建立联系、重建控制、问题解决和后续追踪。这些任务可依照一定顺序进行，但特定情况下可能需要同时或重复进行，以适应危机当事人的心理状态和具体情况。例如，在面对癔症发作的危机当事人时，可能无法直接建立联系，此时重建控制可能就需要优先进行，然后在危机当事人逐渐恢复自我控制后，再尝试建立信任关系，进一步帮助他们解决问题。此外，当危机当事人重新变得心烦意乱时，也需要阶段性地重复这些焦点任务。

①建立联系。在心理危机干预过程中，建立联系是一项基础且必要的任务。有研究者认为，与建立和谐、融洽的咨访关系相似，建立联系是开展危机干预工作的基础，它要求干预人员站在危机当事人的角度以真诚的态度去理解和认同他们（Kanel，2011）。这一任务的实施效果可能会受到当事人的社会人口学特性、当前状态和干预人员的反应等因素的影响。

②重建控制。重建控制强调帮助危机中的个体调整他们对危机的反应，从而有助于其更好地面对和处理危机。也有些模型将其理解为帮助危机当事人调整危机反应，使其理解危机是可解决的，相信能突破当前危机，重塑平衡状态。重建控制可能涉及制订现实可行的、与危机有关的短期干预计划。

③问题解决。定义危机是问题解决任务的首要成分。要有效地帮助个体应对问题，就必须充分理解和识别这些问题涉及的具体危机内容。这要求干预人员能从危机当事人的角度理解问题，并给出对于危机的定义或解释，帮助当事人对他们所面临的危机有更清晰、更实质性的理解。

④后续追踪。在许多心理危机干预模型中，后续追踪或随访是一项必要的标准化任务。在某些情况（如对地震灾民的追踪）下，后续追踪的实施难度较大。但在特定情况（如校园）中，后续追踪或随访的实施则更具可行性和规范性。然而，不论哪种情况下，后续追踪的必要性是不言而喻的，因为有效的追踪或随访能够确保所提供的支持和服务与危机当事人的需求相匹配。

（三）心理危机干预的步骤与技术

尽管人类面对的危机复杂多样、种类繁多，但研究者以阶段模型为理论基础，描述和总结了一些通用的干预步骤与技术。

1. 干预步骤

心理危机干预并无固定步骤，但六步干预法是较为常见的干预步骤，可以在实际工作中对危机干预工作者提供一些指导。

第一步，确定问题。从求助者的角度探索和定义问题，积极倾听求助者对开放式和非开放式问题的回应，同时注意求助者的言语信息和非言语信息。

第二步，保证安全。评估求助者所面对的危机的致命性以及对其身心安全威胁的严重性。评估求助者的内部反应和周围情况，如有必要，确保求助者了解冲动、自我伤害行为的替代方法。

第三步，给予支持。危机干预工作者可通过言语、声音和肢体语言表现出一种接受、积极、非占有、非评判以及关心的态度，使求助者理解危机干预工作者是能够完全信任的，可以提供有效支持。

第四步，提出应对方式。协助求助者探索目前可以接受的其他选择或方案，促进其寻找即时的情境支持、应对机制和积极思维方式。

第五步，制订计划。协助求助者制订一个具有现实性的短期计划，确定可以获取的额外资源，并提供相应的应对机制。

第六步，获得承诺。帮助求助者明确自己能够做到或接受的行动步骤，并作出将按照计划实施这些步骤的承诺。

步骤一、二和三本质上虽然是理解活动，但不一定是完全被动或缺乏行动力的。总的来说，前三个步骤构成了危机干预中心理急救的主要内容，是至关重要的步骤。心理急救是一种用于帮助身处灾难或恐怖行为的直接后果中的个体和家庭的有着循证依据的模块式方法。步骤四、五和六则主要涉及行动策略。上述所有步骤最好是在求助者和危机干预工作者两相合作的情况下实施，若求助者存在合作困难，危机干预工作者可帮助和指导求助者调动应对技能。此外，共情、倾听和回应技能仍然是干预中最重要的技术，而检查评估则应贯穿于整个干预过程。

2. 干预技术

根据求助者的具体情况和危机干预工作者的专长，可采取多种心理干预治疗技术开展工作。一般来说，危机干预的实施大致包括下面两种技术。

（1）支持技术。危机初期，求助者的焦虑水平一般比较高，因此应通过疏泄、暗示、保证、改变环境等方法，尽可能减轻其焦虑，使当事人的情绪状态恢复到危机前水平。这种做法一方面可稳定求助者的情绪波动，另一方面也有助于建立良好的沟通与合作关系，为后续干预工作作好准备。需要注意的是，支持是指给予求助者情感上的支持，而非对其错误观点或行为给予支持。

（2）基本技术。作为心理咨询和治疗的一种特殊形式，可通过观察、倾听、提问、定义等心理咨询的基本技术开展危机干预。通过这些技术鼓励来访者宣泄情绪，保持乐观积极的态度，帮助当事人度过当前危机，并学会面对未来的困难和挫折。危机干预的目标不仅在于解决当下的问题，还在于培养个人的应对机制，鼓励其积极融入社会。从具体操作层面来看，可采用之前提到的多种干预模型与技术。

第四节 公共危机管理理论及模型

突发重大公共安全事件与公共危机的定义相似，两者都是可能危及公共安全和正常秩序的事件，只不过突发重大公共安全事件更强调突发性。为了应对普遍存在于各个领域的公共危机，学者总结出了多种管理模型，提出要重视事件前后危机管理的全程覆盖性。而在公共危机管理中加入心理危机干预，能够缓解事件发生后民众的精神压力，更有效地进行管理。

一、公共危机管理的内涵

公共危机发生后，民众容易产生非理性想法和行为，影响公共危机事件的发展和走向，因此有必要加入心理危机干预，缓解民众的精神压力。但对于公共危机管理的内涵和管理主体，学者们有着不同的看法。

(一) 公共危机与公共危机管理

公共危机是由自然灾害、社会运行机制失灵而引发的，可能危及公共安全和正常秩序的危机事件（任静，袁聚录，2016）。公共危机最显著的特征是公共性，因此公共危机的危害性一般比较大，会影响公众的生命和财产安全，由此可能引发公众情绪的集聚和爆发，扰乱正常的社会秩序，这对政府的应急能力构成了极大挑战。从近年来国内外发生的突发重大公共安全事件中可以看出，公共危机普遍存在于自然环境、食品安全等日常生活涉及的各个领域。

我国学者对公共危机管理的内涵界定存在两种不同的观点：一种观点是把重点放在对突发事件的处理上，认为公共危机管理是政府针对突发重大公共安全事件的管理和处理（杜宝贵，张韬，2003），以及危机发生后政府采取的应对措施（唐钧，2003）。按照这种观点，公共危机管理是一个被动反应的过程，主要的任务是通过对危机的管理，尽可能地减少危机所带来的损害。另一种观点则不仅关注危机发生后的反应和处理，还覆盖了从危机发生前的预防和预备，到危机发生后的应对和修复，强调公共危机管理是一个动态的全程管理的过程，构成预防、筹备、应对、修复这样一个循环。例如，张成福（2003）认为，政府的公共危机管理应该包括预防、处理到消弭危机的完整流程。

关于公共危机管理主体，学者也提出了三种不同的观点。第一种观点把政府视为公共危机管理的主体，政府能够调动丰富的公共资源，设置和执行各种公共政策，更有效地管理公共危机；第二种观点视公共危机管理主体为一个涵盖广阔的群体，包括政府、非政府组织、企业和社会公众；第三种观点则认为公共危机管理主体包括政府和行使公共管理职能的其他公共机构，如非政府组织、第三部门等。这种观点承认政府的主导角色，但也强调了其他具有公共管理职能的公共机构的作用（赵平，2013）。

（二）公共危机管理中的心理危机干预

从"非典"病毒流行期间开始，心理危机干预在公共危机中越来越频繁地出现，管理者们逐渐开始重视在公共危机管理中加入心理危机干预，至新冠病毒流行期间心理危机干预已形成规模效应。

1. 公共危机管理中的心理危机干预的重要性

公共危机一般具有突发性、破坏性、无序性、信息有限性、结果不确定性和传播与环境的公开性，而危机情境中的人们往往不能冷静、理智地应对环境的变化，会出现意识范围变窄，自我控制、自我效能感、独立判断能力降低等现象（叶国平，2009）；同时在群体压力下，人们也会出现强烈的从众与情绪感染，因而公共危机中社会心理问题往往具有强烈的非理性色彩。

公共危机对社会公众的影响主要表现在两个层面：一是有形的物质层面，如危机使人们的生命和物质财富受到损害；二是无形的精神层面，如人们的心理、精神承受巨大的压力并可能受到伤害（戴健林，2006）。在危机情境下，人们的认知、情感、行为都会发生很大的变化，一些严重的非理性行为又反过来会影响公共危机事件的发展和走向。也就是说，如果危机带来的一系列社会心理问题得不到及时解决，就会加剧危机的影响程度，扩大影响范围，进一步扰乱公众正常的生活秩序，甚至造成社会动荡。因此，公众心理上的变化或伤害既是危机造成的结果，又可能是危机进一步加剧的原因。

具体来看，公共危机状态下的社会心理问题主要表现为三种类型：

（1）焦虑与恐慌等社会情绪。焦虑与恐慌是公共危机状态下最常见的社会情绪。焦虑源于人们对未知环境的紧张感和不安全感，属于一种没有明确原因的紧张状态。因为在危机情境下，正常的社会秩序和规范遭到冲击，人们因信息不畅通、不充分而无法很好地掌控环境和自身，从而产生强烈的焦虑体验。恐慌则是人们在面对现实或想象中的威胁时作出的过度反应。在威胁人们的生命财产安全的公共危机中，焦虑情绪和恐慌心理可能导致冲动、混乱和非理性行为。

（2）流言与谣言的广泛传播。流言与谣言是匿名传播的、无根据的言论。谣言以舆论的形式出现，谣言的传播是一种信息传播过程，实际上也是一种心理作用的过程。著名社会心理学家奥尔波特（Allport）提出一个公式，即"谣言的强度=事情的重要性×情况的模糊程度"。该公式明确揭示了谣言与事件的重要性和情况的模糊程度具有直接联系（Allport & Postman, 1947）。也就是说，在一个威胁人们生命财产安全的危机事件中，由于它对社会和个人极为重要，使得人们会极度关注相关信息，并倾向于互相传递信息。与此同时，因为事态发展过于迅速或相关信息的获取和分析较为困难，危机事件的发生往往伴随着信息的模糊，从而进一步推动了谣言的产生和传播。此外，人们在危机环境中通常会经受高强度的心理压力，如焦虑与恐慌，使得他们更易接受和传播非官方或未经确认的信息，如流言与谣言等。对信息的急迫需求和对控制环境的欲望，加之对危机事件的共同关注强化了人们之间的相互影响，极大地加剧了流言与谣言在危机情境下的传播。

（3）骚乱与暴乱等反社会行为。骚乱与暴乱是社会危机状态下常见的集体行为，通常表现为受当下情绪驱使的暴力和破坏性行为。骚乱与暴乱在本质上都是由高强度的环境刺激以及人们的重大需求愿望受挫所引发，而骚乱与暴乱往往在社会危机状态中会大幅增强。骚乱通常发生在公共危机爆发的最初阶段，如果环境刺激持续加强，或者个人愿望严重受阻，骚乱可能会进一步发展为暴乱。相比骚乱的随机性和瞬间性，暴乱的行为往往更具有结构性、目标性和统一性。

由于公共危机具有突发性和破坏性，所以其很容易给公众造成巨大的身心创伤，因此，对人们进行心理干预便成了公共危机管理的重要内容（毛龙，2015）。一方面，心理危机干预有利于消除人们的心理恐慌，维护其心理健康。一般而言，人为的暴恐活动或非人为的自然灾害等公共危机都会对正常工作和生活秩序形成冲击，而人们在经历冲击之后容易陷入极度的恐慌和不安，个别当事人甚至会出现精神分裂、人格障碍等严重的心理问题，此时实施心理危机干预是恢复人们心理健康水平、消除心理损伤的最为有效的措施。另一方面，心理危机干预是消除公共危机弥散性影响的必要举措。公共危机发生后，对于危机的发生原因及其严重性，人们会进行不切实际的猜测，一旦处理不当极易形成传导性的过激反应。而有效的社会心理疏导，有利于人们缓解痛苦、调节情绪、塑造社会认知、矫正社会行为，进而避免不必要的社会恐慌，保持良好的秩序。因此，在公共危机管理中建立健全心理危机干预机制，及时对公众进行心理疏导，是社会进步和人文关怀的体现，有利于政府帮助公众恢复正常生活，维护社会的稳定。

公共危机事件往往会带来深远的心理影响，然而，人们对危机事件的反应却各不相同，约70%的人具备自我恢复能力，过段时间后可调整回到正常心理状态，剩下的人则需要通过心理危机干预从根本上改善不良心理状态（李辉 等，2009）。此时干预的主要目标是：稳定情绪，阻止负面情绪的进一步扩大和蔓延；面向应激人群进行干预，缓解急性应激症状；重建个体的心理和社会功能，恢复其生活适应能力。

2. 公共危机管理中的心理危机干预存在的问题及对策

在公共危机管理中，人们一直对公共危机管理的法制建设、预警系统建设等关注较多，而对其中的心理危机干预不够重视（温淑春，2010）。在我国的公共危机管理实践中，心理危机干预方面的工作相对薄弱一些，面临着诸多问题，如心理危机干预机制不健全、缺乏心理危机干预专业人才、危机时期信息不够公开、缺乏法律制度保障等。由此，可以从以下几个方面加强心理危机干预，以减少公共危机对人们造成的损害，提高公共危机管理的效率：建立健全心理危机干预机制并纳入应急预案；完善相关法律法规，提供制度保障；组建心理危机干预团队，加强专业技术人员队伍建设；完善信息公开制度，建立良好的沟通对话机制；加强政府重视，强调政府在心理危机干预中的主导作用；动员民间力量，建立社会支持系统；提高民众的危机意识与危机应对能力；规范媒体行为，发挥媒体积极的心理引导作用。

二、公共危机管理模型

目前被较为广泛接受和认可的公共危机管理模型包括4R模型和PPRR模型，它们都强调在事件前、中、后期做好预防和应对，各环节之间相互依赖、密不可分。

（一）4R模型

4R模型是罗伯特·希斯（Robert Heath）在《危机管理》（*Crisis Management*）一书中提出的一种用于组织危机管理的模型，包括缩减（Reduction）、预备（Readiness）、反应（Response）及恢复（Recovery）四个阶段（见表2-1）。该模型强调危机管理的全程覆盖性，强调各个阶段的相互依赖和衔接，构成一个完整的危机管理体系。具体来看：缩减阶段是危机管理的核心和目的，即通过其他三个阶段的完善，降低危机发生的可能性。预备阶段是危机管理的关键，重在对危机的预警和预防。这一阶段的成功执行，有助于减小危机发生的可能性。反应阶段是危机管理的重点，在危机发生后，需要快速地作出决策，动员组织资源，以防止危机的进一步扩大。在面对危机时，要立即调动所有可用的资源，迅速采取行动以尽可能降低危机的冲击。恢复阶段侧重于危机消除后的恢复和科学总结，这一阶段为缩减提供理论和经验，预防未来类似危机的再次发生。

4R模型强调每一阶段的重要性，且后一阶段的顺利推进有赖于前一阶段的有效完成。这种环环相扣、前后衔接、互相依赖的设计，强调了危机管理的全程参与和连续性。在处理具体的危机事件时，根据危机的实际情况以及所在地区、领域的特点，既要从宏观层面运用4R模型，也要从微观执行层面设计具体的4R执行步骤，形成动态循环的危机解决过程。

4R模型不仅适用于组织危机管理，也广泛适用于其他领域的危机管理。其通用结构涵盖了危机发生、应对和恢复的全流程，包括横向体制运作和纵向机制运作，使得该模型在公共危机管理上同样有效。在公共危机管理中引入4R模型具有三个方面的优势：4R模型为公共危机管理提供了一种结构化、全流程的管理框架，可以预测危机、快速应对危机，并从危机中恢复、总结经验教训；4R模型使每个阶段都有明确的目标和任务，易于统筹安排，这种具体、明晰的分步操作，能帮助政府部门明确自己的角色和职责，并更好地协调资源，形成合力；4R模型的预备和反应阶段可以提升政府对危机的敏感性，缩短从危机发现到危机应对的时间，加快政府应对公共危机的反应速度，以提高社会治理能力。

然而，需要注意的是，公共危机与组织危机因其自身特点不同，依然存在差异：前者种类较多，如自然灾害、公共安全、暴力事件等，复杂多变，后者一般仅限于经济类型，遵循经济规律；前者波及范围广，从市、省到全国乃至全球，后者则集中于企业内部；前者影响涉及经济、政治、政府公信力等不同领域，后者多限于经济损失；前者需要多方主体共同应对，后者一般靠组织内部解决。因此，在公共危机管理中，尤其要重视缩减阶段和预备阶段，以期避免或至少减少危机的发生，减小其影响，否则即使应对成功也会对社会造成深层次危害且恢复缓慢。尽管反应阶段和恢复阶段也很重要，但是更关键的是在前两个阶段尽可能做好预防和预备工作。在缩减阶段，要做好可控性高的高危领域的预防工作（如矿产、食品等），注重增强管理人员的组织领导能力和决策能力。在预备阶段，要重视多层次团队的组建与系统预警系统的建立，提前发现可能的危机，实现早预警、早应对的目标。在反应阶段，需要第一时间确认危机的性质并采取相应措施，减小危机对社会、经济及群众价值系统的影响。恢复阶段的重点在于以政府为主，协调各方参与，逐步进行经济社会乃至于大众心理的恢复。同时，该阶段也是执行行政改革的有利时机，可以发现危机管理流程的问题并进行改革（周扬明，赵连荣，2009）。

表2-1　4R模型应用的比较列表（周扬明，赵连荣，2009）

阶段	要素	公共危机管理	组织危机管理
缩减	风险评估	矿产、食品等高危领域	经济风险
	风险管理	社会综合信息	组织信息
	组织素质	政治素质、决策素质	组织管理能力
预备	危机管理团队	多层级团队	高管层
	危机预警系统	社会综合领域	经济指标、市场占有率等
	危机管理计划	系统性、灵活性	/
	培训和演习	/	/
反应	确认危机	确认自然灾害、卫生安全等	质量、服务等
	隔离危机	社会群体内、不同领域间隔离	/
	处理危机	运用综合手段	运用经济手段
	消除危机	消除社会、政治、价值影响	消除组织形象影响
恢复	危机影响分析	社会整体影响	经济影响
	危机恢复计划	经济、心理等恢复	经济恢复
	危机恢复行动	多方参与的公共行为	组织行为
	化危机为机遇	行政改革	捕捉商机

（二）PPRR模型

PPRR模型与4R模型相类似，主张在灾害发生前后依次开展四个阶段工作，即灾害前的预防（Prevention）阶段、灾害前的准备（Preparation）阶段、灾害暴发期的反应（Response）阶段和灾害结束期的恢复（Recovery）阶段。预防阶段的目标是尽可能地减小灾害发生的可能性。为此，应全面审查和评估城市内的各种条件，如政治环境、社会状况、经济形势和自然资源等，并识别可能导致灾害的因素。准备阶段应策划并制订详尽的应急计划，预测灾害可能的暴发形式及规模，并准备多个备用预案。此外，还要建立综合的指标系统和预警机制，通过定期检查和监管来提前预测和预防灾害。反应阶段的重点在于对灾害的快速反应和控制。管理部门要加强信息流动，给予决策者及时、准确的信息，为其在困难情况下作出有效决策与快速应对灾害提供有利条件；应注意隔离灾害，避免其进一步蔓延，同时管理媒体信息，防止谣言的传播。恢复阶段是指灾害后的城市的恢复以及重建，包括经济损失的补偿以及对民众的心理层面的恢复。同时，也应该总结经验教训，以避免同类灾害再次发生。该模型同样强调，在公共危机管理中，危机预防和准备阶段的作用更为关键，决策者在灾害面前往往处于被动和惊慌的状态，因此在危机发生时准备充分，可以降低混乱，提高应对效率（秦波，焦永利，2011）。

突发重大公共安全事件的应急管理体系建设举足轻重，它应立足于国家层面进行顶层设计，将应急管理体系的建设融入国家治理体系的现代化进程中，并向下触及城乡社会运行的每一个环节。应急管理体系的中心原则是"早发现、早报告、早控制和早解决"；实现途径是通过高新技术更早地发现问题，提前进行控制和解决；最终目标是打造出"预防为主，平时和战时相结合，全民参与"的应急体系，形成联防联控、群防群控的系统防线。同时，随着时代的发展和科技的进步，应急管理体系也需要进行适时的更新和升级。一方面要借助新技术，如人工智能、云计算等，提高管理体系的效率和准确性；另一方面也要增强公众的风险意识，通过教育和培训，提高人们的应急能力和风险应对能力（李艳杰 等，2021）。

第三章
心理援助的组织架构与实施体系

各国在面对突发重大公共安全事件时，往往会在短时间内动员有关部门和机构迅速开展心理援助，这既依赖于相关的组织制度保障，又离不开专业人员的选拔、培养与储备，更需要政府与社会各界人员的协同配合。本章将详细介绍我国开展心理援助的组织框架与实施体系，主要分为四节，分别是国家政策与制度保障、政府机构与社会组织、专业人才选拔与培训、实施体系与联动机制。切实的政策支持、明确的分工体系与专业的服务机制，是实施有效心理援助的根本保障，对于保障公众的生命财产安全、维护个体和群体的心理适应水平、恢复社会生产生活具有重要价值。

第一节　国家政策与制度保障

2003年5月，我国颁布《突发公共卫生事件应急条例》，标志着公共安全管理进入制度化和规范化的时期。2007年8月，我国通过《中华人民共和国突发事件应对法》，开始建立以"统一领导、综合协调、分类管理、分级负责、属地管理为主"为特征的应急管理体制。2008年，我国国家应急管理体系基本建立，自此以"一案三制"（预案、体制、机制和法制）为核心、具有中国特色的应急管理体制，成为我国社会公共安全事件中心理援助的基础框架和保障（杨林凯，2019）。2012年6月，国家减灾委员会颁布《关于加强自然灾害社会心理援助工作的指导意见》，该意见对探索适合中国国情的心理援助工作机制、在突发重大公共安全事件中及时恰当地开展心理援助提出了更具体的要求与指导。随着《中华人民共和国突发事件应对法》和《中华人民共和国精神卫生法》相继落地，我国在制度上也不断完善对突发重大公共安全事件中心理援助的保障。2020年抗击新冠疫情期间，党和政府根据我国疫情状况，颁布了一系列的心理援助政策，为开展心理援助工作提供了保障与指引。

一、政策保障

为应对突发重大公共安全事件，国家相继出台了一系列政策，越发重视心理援助的作用，为保护公民生命财产安全、提高社会稳定性提供了重要保障。

（一）《突发公共卫生事件应急条例》

2003年，国务院为有效预防、及时控制并消除突发公共卫生事件的危害，发布并实施了《突发公共卫生事件应急条例》，该条例为保护公民的身体健康、生命安全，维护正常的社会秩序提供了根本保障。该条例规定了在面对突发公共卫生事件时各相关部门的职责，包括预防与应急准备、报告与信息发布、应急处理、法律责任等各个方面，指出国务院卫生行政主管部门和其他有关部门应当遵循预防为主、常备不懈的方针，贯彻统一领导、分级负责、反应及时、措施果断、依靠科学、加强合作的原则，在各自的职责范围内，切实履行突发事件应急处理的相关工作。其颁布与实施标志着我国突发公共卫生事件应急处理法制化，是我国公共卫生事业发展史上的一个里程碑。

（二）我国地方政府突发事件应急预案

《国家突发公共事件总体应急预案》中提出"分类管理、分级负责"的原则，为我国应对各类突发公共事件提供了基本框架和指导原则。"分类管理、分级负责"原则强调了地方政府的责任，要求地方政府在省级政府领导下负责制定和实施突发公共事件的应急预案。各个地区由于地理、气候、社会结构等因素不同，所呈现出来的事件发生特征也不尽相同，地方政府作为最先获悉信息和最终落实举措的主体，在突发公共事件中扮演了关键角色。因此，各级地方政府和相关组织需确立完备的应急体系，以适应当地情况，并依赖应急预案来为各类突发公共事件作出充分准备。近年来，国内众多政府机构陆续制定了应对突发公共事件的应急预案，这反映了各级政府对应对突发公共事件的高度重视。

（三）《关于加强自然灾害社会心理援助工作的指导意见》

2012年，国家减灾委员会颁发《关于加强自然灾害社会心理援助工作的指导意见》，包括要建立完善的指挥和协调机制，确保在灾后社会心理援助方面能进行有力的配合和协同工作；遵循"政府主导、部门协作、专业支撑、社会参与"的原则，将社会心理援助纳入自然灾害救援和灾后重建的重要组成部分，以便更好地满足社会心理需求；制定科学、规范的预案和技术方案，组建多元化的灾后心理援助团队，包括平战结合、专兼结合、学科结合的团队，以确保应对自然灾害的社会心理援助工作的有效开展；建立以人文关怀与心灵抚慰为基础的社会心理服务网络，逐步形成适应中国国情的自然灾害社会心理援助模式，以更好地应对未来的挑战。

（四）新冠疫情期间的心理援助政策

2020年年初，国务院应对新型冠状病毒感染的肺炎疫情联防联控工作组分别下发了《关于印发新型冠状病毒感染的肺炎疫情紧急心理危机干预指导原则的通知》《关于设立应对疫情心理援助热线的通知》《关于印发新型冠状病毒肺炎疫情防控期间心理援助热线工作指南的通知》等文件，用以指导各地有序开展疫情期间的社会心理服务工作。新冠疫情期间的心理援助服务的成效印证了国家及地方政府有关突发公共卫生事件政策的有效性，无疑是一次在突发重大公共安全事件时进行心理援助的正确尝试，其速度、力度和广度自中华人民共和国成立以来前所未有。

二、制度保障

应对突发重大公共安全事件离不开各部门的相互配合，《中华人民共和国突发事件应对法》和《中华人民共和国精神卫生法》对各部门如何应对突发事件、规范精神卫生服务提出了具体要求，提供了必要的制度保障。

（一）《中华人民共和国突发事件应对法》

《中华人民共和国突发事件应对法》是一部规范突发事件应对活动的法律，其目的在于预防突发事件的发生，控制、减轻和消除突发事件可能引发的重大社会风险，以确保人民的生命和财产安全，同时维护国家安全、公共安全、环境安全和社会秩序。该法于2007年11月开始生效，适用于各种突发事件，包括但不限于预防与应急准备、监测与预警、应急处置与救援、事后恢复与重建等应对活动。这一法律为各部门应对突发事件提供了必要的制度保障。对于突发重大公共安全事件中的心理援助，该法也对各级部门应采取的具体举措进行了规范，例如，新闻媒体应无偿进行突发事件应急知识的传播工作；各级各类学校应将应急知识教育纳入教学计划，培养学生的安全意识以及自救与互救的能力等。

自该法成立后，国家开始建立"统一领导、综合协调、分类管理、分级负责、属地管理为主"的应急管理体制，保障社会及人民安全。

（二）《中华人民共和国精神卫生法》

《中华人民共和国精神卫生法》是为了促进精神卫生事业的发展、规范精神卫生服务、保护精神障碍患者的合法权益而制定的法律。该法律对精神卫生工作的总体原则、精神疾病的预防、心理咨询与治疗的规范、精神疾病的诊断治疗与康复以及精神卫生工作的保障服务等方面作出了详细规定。该法指出国家要将"预防为主"作为方针，实施精神卫生工作，坚持预防、治疗和康复相结合的原则，建立政府组织领导、部门各负其责、全社会共同参与的机制，实行综合管理。2012年10月26日，《中华人民共和国精神卫生法》正式颁布，结束了我国在精神卫生领域没有全国性立法的历史，规范了我国精神卫生服务的发展，保障了心理精神障碍患者从家庭、社会、政府等方面获得救治服务的权利，使他们能够通过正规、安全、有保障的渠道获得心理援助服务（姜红燕，2013）。

第二节　政府机构与社会组织

突发重大公共安全事件中的心理援助主要由政府机构和社会组织协同开展。

首先，政府机构是心理援助的主导者。中央政府负责统筹、指导和协同各政府机关部门，为援助工作做好顶层设计，而地方政府则负责领导地方部门和社会力量，落实心理援助工作。其次，社会组织是心理援助的主体。由于开展心理援助需要大量的心理援助工作者和相应的援助物资，且突发重大公共安全事件一般影响范围广而深，民间组织和企业单位等社会力量能够自发聚集经验丰富的人员和筹备相应的援助物资，为心理援助工作提供大量帮助，因而突发重大公共安全事件中的心理援助离不开自发的社会力量。

一、政府机构

突发重大公共安全事件中心理援助的政府机构主要包括中央政府机关和地方政府机关。中央政府机关主要负责统筹领导和统一指挥，地方政府机关则主要负责本行政区域内的具体工作的开展实施。

（一）中央政府机关

根据我国现行的《国家突发公共事件总体应急预案》，为了最大程度地减少突发重大公共安全事件的发生及其造成的损害，保障公众生命财产安全，维护国家安全和社会稳定，在应对突发重大公共安全事件时，中央政府机关负责统筹和指挥，可根据实际救援需要开展工作。

1. 国务院

国务院是突发重大公共安全事件应急管理工作的最高行政领导机构。在国务院总理的领导下，国务院常务会议和国家相关突发重大公共安全事件应急指挥机构负责应急管理工作。在必要时，国务院可以派出国务院工作组指导有关工作。

2. 办事机构

国务院办公厅设国务院应急管理办公室，其职责包括值守应急、信息汇总和综合协调，主要负责组织编制国家应急总体预案和规划，确保在应对突发重大公共安全事件时有清晰的指导和计划；与相关部门和地方明确各自职责分工，以确保协调一致的应急响应；指导各地区各部门应对突发事件工作，提供必要的支持；推动应急预案体系建设和预案演练，建立协调配合机制，发挥运转枢纽作用。

3. 工作机构

各工作机构应依据相关法律、行政法规履行各自职责，负责相关类别突发重大公共安全事件的应急管理工作。具体负责突发重大公共安全事件专项和部门应急预案的起草与实施，贯彻落实国务院有关决定事项。

4. 专家组

国务院和各应急管理机构建立各类专业人才库，可以根据实际需要聘请有关专家组成专家组，为应急管理提供决策建议，必要时参加突发重大公共安全事件的应急处置工作。

（二）地方政府机关

地方各级人民政府是本行政区域突发重大公共安全事件应急管理工作的行政领导机构，负责本行政区域各类突发重大公共安全事件的应对工作。其中行政机关主要包括政府办公室、民政厅、卫生厅、教育厅等；而事业单位主要有高校、医院、心理研究所等部门。地方政府遵循中央政府的指导，负责调动各机关部门、引导社会力量开展国家突发重大公共安全事件中的救援工作。其组织架构如图3-1所示。

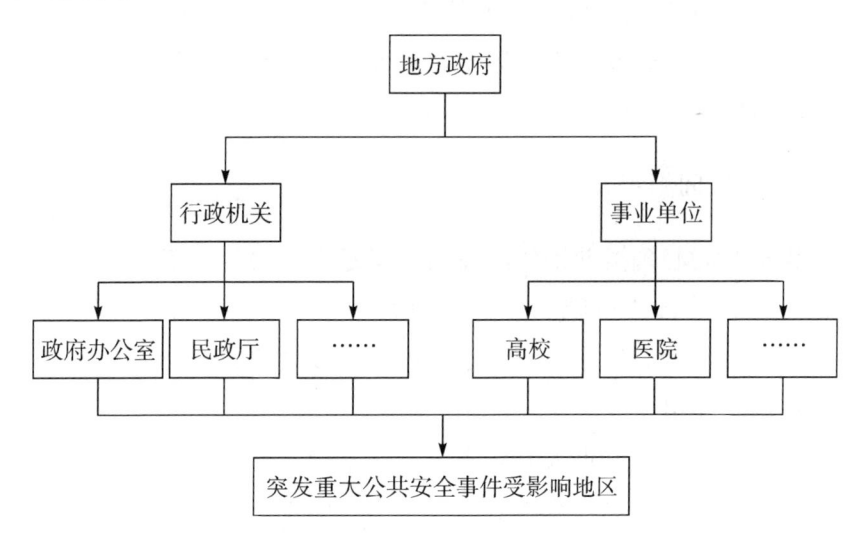

图3-1 地方政府开展突发重大公共安全事件中的心理援助的组织架构

1. 行政机关

地方政府在突发重大公共安全事件发生后可迅速介入灾区统一指挥主导，协调救灾的各部门，为突发重大公共安全事件中的心理援助提供客观的支持条件。

2. 事业单位

事业单位是我国特有的一种组织形式。《事业单位登记管理暂行条例实施细则》指出事业单位是"国家为了社会公益目的，由国家机关举办或者其他组织利用国有资产举办的，从事教育、科研、文化、卫生……活动的社会服务组织"。由此可知，事业单位是为了我国全体人民的总体利益而设立的，因此在突发重大公共安全事件发生后，事业单位也要积极响应参与包括心理援助在内的灾害救援行动。高校、医院、心理研究所等组织都是在突发重大公共安全事件中提供一线援助服务的主体。

二、社会组织

社会组织是突发重大公共安全事件中不可忽视的重要力量，民间组织和企业单位在政府的监管下，通过自发组织心理援助工作组、筹备物资、普及心理健康知识等方式，为心理援助工作提供了大量的帮助。

（一）民间组织

我国开展心理援助工作的民间组织是在政府的监管和扶持下建立的，由民政部进行统一登记管理。民间参与心理援助的组织很多，如红十字会、国家心理学会、健康与发展研究会等都有相应的心理援助工作组。

民间组织在突发重大公共安全事件心理援助中发挥了至关重要的作用。但是由于突发重大公共安全事件的发生是难以预料的，且发生速度快、影响范围大，部分临时成立的民间组织由于各种原因无法进行正规登记，不受民政部的统一管理。即使这些临时民间组织有能力进行心理援助工作，但如果没有遵循地方政府的指导，也有可能造成无序的心理援助状况，影响总体心理援助的质量和效率。

（二）企业单位

企业单位是以营利为目的独立核算的法人或非法人单位。企业单位所施行的员工心理援助项目（EAP），是企业为员工设置的一套长期的福利和身心健康支持计划，其职责是协助员工解决社会、心理、经济和健康等方面的问题。在突发重大公共安全事件发生时，EAP通过协调专业人员给组织提供诊断、建议和给员工及其直属亲人提供专业指导、培训、咨询等方式，为员工设置一套系统化的、长期的援助与福利项目，帮助解决员工及其家庭成员的各种心理和行为问题，为心理援助工作提供重要的支持。

第三节　专业人才选拔与培训

在开展心理援助之前，最重要的是筛选合格的心理援助工作者并开展援助技术培训。

首先，筛选合格的心理援助工作者是对援助者与受助者双方的保障，若心理援助工作者无法在技术上胜任或无法应对紧急情况下的援助工作中的预期压力，那么他们可能只会加剧受影响人群的困扰，甚至也会对自身身心造成不必要的伤害，而建设心理援助人才库，不仅可以提前筛选合格的心理援助工作者，而且能根据实际需要和援助工作者的水平进行合理分配。其次，针对突发重大公共安全事件的不同类型，心理援助有不同的援助特点，因此，对心理援助工作者进行恰当的技能、行为准则与伦理规范的培训，以及要求心理援助工作者进行自身的精神健康管理是十分必要的。

一、人才选拔与管理

心理援助工作者的选拔与管理应当遵循相应的原则与规范，综合考虑申请者和受助群体的特点来选拔从业者，同时建立心理援助人才库，对人员进行专业化管理。

（一）人员选拔原则

首先，应当考虑心理援助工作者的条件标准，如是否符合国际上通行的原则规范、申请者的自身素质等基本要求；其次，可在条件允许的情况下适当考虑受助群体的特点和需要，适当增加补充要求，从而更好地开展心理援助工作。总之，各单位应当结合世界卫生组织、人道主义核心标准联盟、我国有关心理援助的相关文件指南，从人道主义原则、伦理道德规范、学识能力和身心素质四个维度提出心理援助人员选拔的基本原则，并且结合受助群体潜在的需求提出补充原则。

1. 基本原则

（1）自愿进行心理援助服务，具有良好的专业素养、敬业精神和职业操守。

（2）有基本的人道主义精神和道德伦理规范意识，无虐待儿童、妇女史，无严重犯罪史。

（3）语言表达清楚，沟通、交流的意愿和能力强。

（4）具备心理援助相关专业背景，或取得相关资格证书并从事心理援助相关工作达2年。

（5）具备专业能力，了解心理援助的基本理论、技能和基本处理流程。

（6）掌握特定技能，能够合理评估受助群体的状态，且具备处理心理应激问题的技巧与能力。

（7）身体健康，心态积极，心理弹性高，无潜在病史。

2. 补充原则

（1）在招募心理援助工作者时，平衡性别比例，适当兼顾年龄分布。为了评估社区中男性和女性的不同需求，通常会由与他们性别相同的工作者分别访谈，这种做法有助于使有关性别和个人化问题的讨论更加坦诚和开放。此外，不同年龄段之间也存在类似的差异，可以考虑拓宽援助工作者的年龄分布，以更好地满足不同年龄群体的需求。

（2）选用对当地文化和行为模式有了解的心理援助工作者。临床或其他与人际社会心理支持相关的任务应主要由当地工作人员执行。他们通常精通当地方言，对紧急情况下的社会和文化反应有更深入的了解。

（二）心理援助人才库建设

心理援助是一项非常专业的工作，要求援助人员掌握一定的心理咨询与治疗的理论知识和心理援助专业技能，而相关的知识技能不可能在短时间内掌握。若心理援助工作者储备不足，不仅不能帮助受影响群体，还可能会再次给他们造成伤害。因此，心理援助人才库需要将心理援助队伍分级划分，包括高水平的专家队伍、有资质的心理咨询师队伍、掌握心理援助知识的医务人员和志愿者，并做好培训和督导工作（梁乾琳 等，2020）。此外，对于不同的社会公共安全事件，需要开展具有不同广度和深度的心理援助工作，通过建设心理援助人才库实行分级管理，实现在社会公共安全事件中高效利用心理援助人才资源的目的。与此同时，建设心理援助人才库也响应了十九大以来党和国家开展建设社会心理服务体系、实现心理援助常态化的号召。国家卫生健康委、中央政法委、中宣部等10部门联合发布的《关于印发全国社会心理服务体系建设试点工作方案的通知》，对心理援助人才库建设提出了以下要求：

1. 发展心理健康领域社会工作专业队伍

发展心理健康领域社会工作专业队伍，首先需要制定相关政策，增设相关社会工作岗位，鼓励和支持相关专业人员从事心理健康服务。按照《中共中央国务院关于加强和完善城乡社区治理的意见》，应建立社区、社会组织、社会工作者的协作机制，使社会工作专业人员能够更好地发挥自身优势，为社区居民提供有针对性的心理疏导、精神慰藉、人际关系调适等服务，为特殊人群（如孤独症儿童等）提供心理支持和社会融入等服务。

2. 培育心理咨询人员队伍

为吸引心理学专业背景的人员和经过培训的心理咨询师参与心理健康服务工作，应对心理咨询人员进行包括实践操作和定期督导在内的咨询教育和专业培训，这有助于提升社会工作专业人员在心理健康领域的专业素质和水平，从而为有心理问题的人群提供更多有力的支持和资源，提高社会大众的心理健康意识和知识水平。

3. 发展医疗机构心理健康服务队伍

试点地区卫生健康部门应通过精神科专业住院医师培训、医师转岗培训等规范化培训，增加精神科医师的数量并提高其服务水平，以提供更高质量的服务。综合医院（包括中医院）应通过培训和继续教育，为全体医务人员提供临床心理知识培训，使他们能够识别患者常见的心理行为问题和精神障碍，并对难以治疗的人员进行转诊。

4. 组建心理健康服务志愿者队伍

政法委、卫生健康委、民政部等部门应积极在社会范围内招募心理健康服务志愿者，特别是鼓励和引导高校心理教师、医务人员以及心理专业学生等加入心理健康服务志愿者队伍，并为志愿者提供相关的心理健康培训，建立完善的奖励和表彰制度，鼓励他们积极参与科普宣传、心理支持、心理疏导等志愿服务活动。

5. 健全行业组织并加强管理

试点地区的相关部门应协同整合社会心理服务资源，指导心理服务行业组织提升专业能力，完善组织结构，并充分发挥其协调作用。其中包括有序开展心理服务机构和从业人员的调查，制定服务规范，提供专业培训，并对相关工作进行监督。这些措施有助于提高社会心理服务的质量和可及性。

通过多维的心理服务人才队伍建设，相关部门不仅能够有效提供日常的社会心理服务，还能够根据社会公共安全事件的严重程度和性质，启动和调配不同等级的心理援助人才队伍开展心理援助工作，并借助当地的人才储备队伍，开展长效心理援助，实现心理援助工作常态化。

二、专业培训

针对涉及不同类型、不同地点、不同群体的突发重大公共安全事件的援助活动有不同的援助特点，这就对心理援助工作者的专业素养提出了更高的标准和更高的要求，同时心理援助工作者往往会承受或分担来自受助群体的心理压力，因此，对心理援助工作者进行相应的专业培训十分必要。

（一）行为准则与伦理规范

突发重大公共安全事件发生时，许多受影响的群体极度依赖心理援助来缓解压力，但由于自身的保护体系受到破坏或摧毁，导致心理援助的服务方和接受方之间存在内在的不平等关系，心理援助工作者很可能因为操作不当无意或有意地对受助人造成进一步的伤害。因此，必须明确地认识、考虑和解决心理援助工作者可能带来伤害的潜在危险，心理援助工作者应当且必须经过专业培训并遵守行为准则与伦理规范。

各部门应在开展援助前对相关工作要求进行清晰阐述，并在援助期间严格执行各项行为准则和伦理规范。所有援助工作者应知悉各项标准，理解其内在关联性和适用性，尤其是在对处于危险境地的人群进行援助工作时，要懂得如何不提高期望值，如何将伤害降到最低，如何取得知情同意等。同时，因为行为准则和伦理规范本身并不能完全阻止上述情况的发生，各部门还可以通过建立合适的问责制度，支持和保护投诉者，使得受到不当对待的受助群体能够倾诉困扰，保障权益。以下是国内较通行的心理援助工作者行为准则与伦理规范。

1.《中国心理学会临床与咨询心理学工作伦理守则（第二版）》

《中国心理学会临床与咨询心理学工作伦理守则（第二版）》是由中国心理学会在2018年基于2007年版的《中国心理学会临床与咨询心理学工作伦理守则》和《中国心理学会临床与咨询心理学专业机构和专业人员注册标准》修订而成的，是我国有关心理咨询工作的权威守则。该守则同时也是中国心理学会处理有关临床与咨询心理学专业伦理投诉的主要依据和工作基础。该守则遵循善行、责任、诚信、公正和尊重五大总则，分别从专业关系、知情同意、隐私权和保密性等十个方面进行阐述：

（1）专业关系。心理援助工作者应当按照行为准则与伦理规范开展心理服务工作，建立良好的专业工作关系，促进受援群体的问题解决，帮助他们成长与发展。

（2）知情同意。受援群体提前知悉并可以自由选择是否开始或维持一段专业关系，且能够获知关于心理援助过程和心理援助工作者资质的相关信息。

（3）隐私权和保密性。心理援助工作者有责任保护受援群体的隐私权，并在国家法律和专业伦理规范的许可范围内对心理援助过程保密。

（4）专业胜任力和专业责任。心理援助工作者应遵守法律法规和专业伦理规范，合理评估自身能力和受援群体需求，在专业领域和个人能力内以负责任的态度开展心理援助系列工作。

（5）心理测量与评估。心理援助工作者应了解心理测量与评估手段，并结合受援群体的个人特征和文化背景，恰当使用测量与评估工具开展心理援助工作。

（6）教学、培训和督导。从事教学、培训和督导工作的心理援助工作者应秉持认真对待、真诚负责的态度开展相关的工作。

（7）研究和发表。心理援助工作者应在遵守相应的研究规范和伦理准则的情况下，增进了解专业领域的相关现象，以科学的态度开展研究与发表研究结果。

（8）远程专业工作（网络/电话咨询）。心理援助工作者应提前告知受助者远程专业工作的局限性，并让受助者自愿选择在接受专业服务时是否使用网络/电话咨询。

（9）媒体沟通与合作。心理援助工作者借助公众媒体和自媒体从事专业活动，或以专业身份开展心理服务，与媒体相关人员合作和沟通需要额外遵循相关的伦理规范。

（10）伦理问题处理。心理援助工作者应在工作中秉持专业行为准则和伦理规范，严格遵守相关法律法规。在必要的情况下，向相关的专业机构、督导或同行咨询以获得建议或帮助。中国心理学会临床心理学注册工作委员会设有伦理工作组，负责解释与伦理守则相关的问题，接受伦理投诉，并处理涉及违反伦理守则的案例。

2. 《人道主义质量与责信核心标准》

《人道主义质量与责信核心标准》整合了国际上三个有关开展人道救援的原则以及有关机构内部管理的标准，是在突发重大公共安全事件中开展援助工作的一个通用的行为准则。该标准由多个国际民间组织制定而成，旨在提升参与人道主义行动的机构或个人的工作质量，以更好地对受灾人群负责。人道主义原则包括人道、公正、独立和中立四个核心原则，在该核心标准中，这四项原则均融入承诺、质量标准、关键行动和机构职责中。以下是九项承诺和相应的质量标准：

（1）受危机影响的社区及人群获得适当且与其需求相关的救助。质量标准：人道主义响应是适当且与需求相关的。

（2）受危机影响的社区及人群能够在适当时间获取需要的人道主义援助。质量标准：人道主义响应是有效且及时的。

（3）受危机影响的社区及人群能够从人道主义援助中获得切实

帮助，提高社区复原力并降低灾害风险，且会为预防日后灾害做出更加充分的准备。质量标准：人道主义响应可加强本地能力，避免负面影响。

（4）受危机影响的社区及人群知晓他们的权利及权益、获得信息并参与影响他们的决策制定。质量标准：人道主义响应是建立在沟通、参与及反馈的基础上的。

（5）受危机影响的社区及人群能够通过安全、有反馈的机制使他们的意见得到处理。质量标准：意见受到欢迎并得到处理。

（6）受危机影响的社区及人群得到协调和互补的救助。质量标准：人道主义响应是得到协调和互补的。

（7）受危机影响的社区及人群可预期救助机构所提供的人道援助，会从经验和反思中不断完善。质量标准：人道主义行动者持续地学习和改进。

（8）受危机影响的社区及人群从能力充分且管理有素的工作人员及志愿者处获得他们所需的救助。质量标准：工作人员得到支持，能有效开展工作，获得公正、平等的待遇。

（9）受危机影响的社区及人群可预期救助他们的机构会有效、高效、符合道德地管理资源。质量标准：资源得到良好管理，且被负责地用于预期用途。

（二）精神卫生与心理支持技能

需要注意的是，突发重大公共安全事件中心理援助的对象绝大多数是正常人，与平常工作中遇到的心理问题严重的来访者或者精神科患者不同。心理援助的目的是让受灾群众的心理状态尽快恢复到灾前水平，防止恐慌和焦虑情绪的大面积蔓延，因此，要重新对从事心理援助的工作者进行援助技能培训，让心理援助工作者提前认识到心理援助工作与平常工作的不同之处，并对工作重心进行调整。

在培训心理援助工作者时，应根据具体紧急情境和心理援助工作者的能力水平来确定培训的模式、内容和方法。虽然不同紧急情境的培训内容可能存在相似之处，但必须根据每种情境中的文化、需求和能力做出相应的调整，不宜机械套用相同的培训内容。对于缺乏正确态度和积极性的工作人员，如果引导和培训不足，将可能会对他们所要援助的人群产生负面影响。

精神卫生与心理支持技能培训主要通过短期介绍与培训研讨会，以及后续不间断的支持与督导来组织和完成重要的教学活动。在研讨会中，参与人员既扮演学习者的角色，又充当教育者的角色。研讨会应结合当地文化和社会环境，注重实践指导，重点关注应对紧急情况所需的基本技能、知识、伦理准则和指导原则，并采用特定的学习模式。

1. 短期介绍型研讨会

在紧急情况发生时，短期介绍型研讨会可以及时地向各个层面的工作人员普及与社会心理需求、现有资源和现存问题相关的基础性、关键性和实用性的知识与技能。一般在工作人员开始执行任务之前会举办引导型研讨会，为工作人员提供必要的培训和准备，以应对紧急突发情况。

2. 培训型研讨会

培训型研讨会应为从事精神卫生和社会心理支持专业的工作者提供更全面的知识和技能培训，其持续时间和内容应根据参与者的需求和能力而定，缺乏经验的工作人员可能需要接受更长时间的培训以提升技能。

该类型的研讨会通常使用简短和连贯的累积式学习模式，这种学习模式可以让工作人员在不用长时间远离工作岗位的情况下进行技能操练。每一培训模块根据具体情况而定，一般仅需几小时或几天，之后在督导下开展实地练习，几天或几周后再继续进行下一个新的模块的培训。

(三）心理援助工作者的精神健康管理

心理援助工作者通常在高压环境下工作，会面临自我管理失序、缺乏足够支持的问题。此外，面对受助人群倾诉的恐怖、危险和使人困扰的经历，心理援助工作者需要投入大量的情感，这也潜在影响了他们的精神健康。对在危机环境中工作的心理援助工作者提供支持，可使心理援助的工作效能最大化。

1. 确保针对特定紧急情况有一套保护和改善工作人员健康的具体方案

尽管大多数机构都有一套紧急情况下的工作人员保障政策，但针对每种特定的紧急情况，也需要有一套具体的工作人员支持计划。计划中列明的活动事项的支出应包含在紧急情况总预算内。

2. 帮助工作人员做好工作和应对紧急情况的准备

确保心理援助工作者知悉以下信息：工作内容、工作环境和安全现状，以及这些状况未来可能的变化，有关当地文化态度、习俗的基本知识（尤其是有关哪些行为可能会冒犯当地文化的基本信息），确保所有工作人员接受足够的安全及保障方面的培训，确保向所有工作人员简要介绍不同压力的识别、压力管理技巧和已有的心理援助工作者获得支持和帮助的途径。

3. 对亲身经历或目击过极端事件的工作人员提供支持

在突发重大公共安全事件中进行心理援助的工作人员，有可能继续遇到危险，成为危机事件的幸存者或目击者，此时应立即对其进行基础心理急救，评估并满足他们的基本需求，缓解其忧虑。需要注意的是，在这种情况下，绝不可强迫他们详细描述事件过程或强迫他们分享、聆听其他幸存者或目击者的经历，而应讨论可以实行的有效应对方法，以确保因援助工作成为幸存者或目击者的工作人员受到的伤害最小化。

第四节 实施体系与联动机制

突发重大公共安全事件中的心理援助的开展离不开立体清晰的实施体系和多方协同的联动机制，立体清晰的实施体系是顺利开展心理援助工作的必要条件，多方协同的联动机制是心理援助工作高效开展的前提。本节介绍国外现有的心理援助体系，如部分发达国家与地区在突发重大公共安全事件中如何系统开展心理援助，并回顾我国心理援助实施体系与联动机制的发展历程，总结国内外的共性经验，展望进一步完善实施体系与联动机制的空间，探讨心理援助常态响应机制。

一、美国、日本、以色列心理援助体系的建立

从20世纪中叶始，一些国家便逐步开展了心理危机干预的相关研究，并逐步完善了心理援助体系。据考察，美国、日本、以色列等国家已相继制定了相关的法律法规，明确了在突发重大公共安全事件中各组织机构的服务内容与管理体系，并建立了相对规范和完整的心理援助系统（张侃，2008）。

（一）美国心理援助体系

美国的心理援助起步时间早，在长期的理论发展以及实践中总结出了一套符合美国社会现状的心理援助体系。该体系不仅依靠政府的力量，还倡导全社会加入心理援助过程当中，通过政府与非政府组织的多方联动，在国家层面上构建应对重大灾难和危机的心理卫生服务系统。

1. **心理援助中的政府组织**

美国政府在联邦和州级层面建立了心理援助体系，涵盖了联邦

部门和卫生与公共服务部、国防部、退伍军人事务部以及联邦应急管理署，构成了国家灾难医疗系统的主要医疗中心，提供政府层面的心理援助服务。同时，各个州级政府也通过政府管理部门、心理卫生主管部门和心理卫生服务机构来提供心理援助服务。卫生与公共服务部主要为求助者提供短期心理危机咨询和情绪恢复等服务；退伍军人事务部设有紧急卫生保健署、美国国家创伤后应激障碍中心以及心理恢复咨询署，用以提供心理健康咨询、专业人员培训和心理干预网络建立等服务；联邦应急管理署也提供心理危机咨询服务（张华威，彭琨，2017）。

2. 心理援助中的非政府组织

在美国的心理援助服务组织结构中，许多非营利社会团体、学术机构、宗教组织和高等教育机构等非政府组织也积极参与到了突发紧急事件后的心理援助工作当中。其中，宗教组织发挥了重要作用。在经历重大危机事件后，民众很容易出现心理认知偏差，这时，神职人员的特殊身份可以使得民众在与之交谈的过程中获得心理安慰，从而获取安全感，平复焦虑情绪。同时，教堂举办的宗教活动、仪式和典礼等也成为一种集体负面情绪宣泄的群体性仪式（韩运荣，于印珠，2021）。

（二）日本心理援助体系

日本是一个地震、台风、海啸等自然灾害频发的国家，为应对这些灾害，日本总结了许多经验教训。1995年阪神大地震后，日本心理学家更加重视心理援助，并积极参与灾后的心理危机干预，将日本的心理援助经验正式推向世界舞台（张华威，彭琨，2017）。

1. 政府立法保障心理援助运行

1947年，日本政府颁布了《灾害救助法》；1961年，日本出台了《灾害对策基本法》（災害対策基本法）；1995年又对《灾害对策基本法》作了修订，其间陆续出台各种法律法规，建立心理创伤治疗中心，设置心理创伤治疗研究所，积极开展心理危机干预研究，建立了较完备的现代化防灾减灾及灾后心理重建体制。

2. 全民提升心理危机防范意识

日本心理危机干预体系的特点是具有全民性和普遍性，该体系不单纯依靠政府的行政力量，而是广泛联合各个领域、发动民间团体实行"共救"。例如在学校开展有关地震等自然灾害、危机事件防灾救灾的专题教育，建立医疗和福利部门，倡导救灾志愿者联合救助等。同时，积极组织国民在学校开展地震演习，并将心理创伤、心理危机干预教育贯穿其中，不但提升了全民在面对突发紧急事件时的安全意识，而且增强了大众接受心理援助的意愿。

3. 注重心理干预在应急管理中的作用

日本认为危机发生后约3周左右的时间段是心理干预的关键时期，并将心理危机干预纳入紧急管理的前线工作。通常，在灾后的2~3天内，心理危机干预人员就会介入救援行动，以当地的心理危机干预救助站为基础，为受灾群众提供心理支持。此外，日本的心理危机干预也特别关注特殊人群（如失去双亲或遭受心理创伤的儿童）的需求。

（三）以色列心理援助体系

以色列政府十分重视民众的心理健康问题，逐步建立起了以平民化、社区化为特点的心理援助体系，当紧急情况突发时，这种自主心理援助系统建设可以使地方及时反馈危机状况，迅速开展心理咨询服务，从而极大地提高时效性。正是以色列这种符合国情的心理援助体系的存在，从20世纪80年代开始，以色列平民在紧急状态下的心理困扰问题就得到了广泛解决（秦邦辉 等，2020）。

1. 建立精神健康支持中心（MHSC）系统

MHSC系统是由以色列政府主导的心理援助系统，早期被称为医院心理急症室（ERSS），其主要任务是进行临床干预，并负责监督和管理当地团队的即时现场干预工作，同时还承担一部分日常宣传责任，旨在提高公众对突发公共卫生事件的心理准备水平。总的来说，MHSC 系统履行着政府监督和管理心理援助的职能，能够有效预防和减轻公众潜在的心理创伤。

2. 建立社区压力与焦虑治疗中心（CSAC）系统

CSAC 系统是一项成熟的社区心理干预系统，主要作用是在公共环境或患者住宅附近提供心理及精神护理，从而减少患者在求助过程中所花费的时间。该系统的存在不仅可以为患者提供便利的就诊环境，减少患者因精神困扰或治疗环境陌生而遭受的内心不适感，而且可以减少医院心理急诊室的工作量，提高心理干预的连续性和黏性，保障有心理援助需求的人群及时得到帮助。

3. 建立心理适应中心（RC）系统

RC 系统是一种增强的心理干预系统，该系统作为社区和医院间的调度枢纽，其建立目的是增强公众在突发公共卫生事件中所有阶段的心理复原力，同时保证有足够的专业心理援助人员进行服务，确保心理援助"供大于求"。该系统所采取的主要措施有：①集中培训专业的心理援助人员和志愿者，广泛宣传预防知识，尽早发现心理弱势人群；②积极响应社区干预系统，由适应中心的专业人员在紧急情况下接收 CSAC 系统的患者，及时提供紧急心理援助；③在危机环境中为重症患者提供持续治疗；④协调扩展呼叫中心的覆盖范围，扩大心理热线求助服务范围。

二、我国心理援助实施体系与联动机制的建立

我国心理援助实施体系与联动机制的发展历程可分为四个阶段，分别是初步尝试阶段、积极实践阶段、大力发展阶段和新发展阶段。同时我国政府也在一次次实践中不断建立、发展、完善着适合我国国情的心理援助服务工作机制，使得心理援助服务越发专业

化和常态化。

（一）我国心理援助实施体系与联动机制的发展历程

重大灾难心理危机干预工作在我国起步较晚，长期以来我国较为重视灾难发生后经济和物质上的救援，相对忽视对受灾群众和救灾人员心理上的援助和疏导（孙宏伟 等，2018）。近年来，我国政府认识到没有心理危机干预的救灾是不完整的救灾行动，因此对心理危机干预也开始重视起来。其中，我国心理援助实施体系与联动机制的发展历程大致可分为四个阶段。

1. 初步尝试阶段

1994年，新疆克拉玛依发生重大火灾。在这次事件中，进行了我国心理危机干预的早期尝试。当地医生注意到大量的幸存者和受难家属出现了心理问题，受到包括焦虑、恐惧和悲伤等情绪困扰。鉴于此，当地医生向上级政府报告，请求专业的心理医生前来提供心理治疗和援助。之后，北京大学精神卫生研究所进行了我国首次心理危机干预的实践。尽管这次尝试没有在灾后24小时内进行，但心理危机干预持续进行了三周，后续还进行了为期两周的心理援助工作。这次事件积累了我国首次心理危机干预的宝贵经验，为后续的理论研究和实践提供了重要的参考和启示。2002年，在大连"5·7"空难后，我国首次实现了灾后24小时内心理专家赶到现场进行心理危机干预。2002年4月，国家发布了《中国精神卫生工作规划（2002—2010年）》，将精神卫生救援工作纳入救灾防病和灾后重建工作，并建立试点。该工作规划计划在2010年前，实现在重大灾难后至少50%受灾人群能够获得心理救助服务的目标。

这个阶段的心理危机干预工作，缺乏理论基础和实践经验，主要是针对灾后心理问题进行心理援助，没有对心理危机干预进行系统的研究，只是零散的活动；心理危机干预活动以精神科医生为主力，缺乏民间组织和社会系统的参与，政府直到2002年才将重大灾难中的心理危机干预纳入政府职责。政府的参与度逐渐增加，标志着我国重大灾难心理危机干预已经从民间自发组织演变成政府主导。

2. 积极实践阶段

2003年，"非典"的暴发引起整个社会的担忧和恐慌，政府、民间组织、精神科医生和心理学家积极参与了应对"非典"疫情的心理危机干预活动，这是我国首次大范围和全方位的心理危机干预活动。全国各省市纷纷设立了心理危机干预的热线电话，为公众提供有关"非典"的知识性和信息性的支持，并对"非典"患者、隔离人员、医务工作者等特殊群体进行心理疏导和支持。经过"非典"事件，一些发达城市政府开始组织建立心理危机干预中心，许多民间组织和志愿者也积极参与进来，推动了我国灾难后心理危机干预事业的迅速发展。2004年5月，杭州设立"心理危机研究与干预中心"。2007年，浙江省政府颁布了《浙江省突发公共事件心理危机应急干预行动方案》。

该阶段是我国心理危机干预研究和实践的起飞阶段，其特点体现在以下几个方面：高等院校开始系统研究心理危机干预这一课题，并着手培养专业的心理危机干预工作者；政府成为主导力量，积极参与心理危机干预的实践，并协调民间组织和志愿者资源，共同为灾区人民提供心理帮助；干预范围扩大，不仅包括灾后幸存者，还包括救灾人员、一线医务工作者以及心理专家；干预内容从简单的安慰和疏导逐渐演变为专业的心理干预，更加注重干预效果的评估；不仅关注灾后心理危机干预，还积极开展心理危机相关的知识教育和预防工作。

3. 大力发展阶段

2008年5月12日，四川省汶川县发生大地震，心理危机干预被提升到了与抢救生命同样重要的地位。灾后短短24小时内，全国各地的政府机构、非政府组织、科研院所等迅速组成志愿者队伍，赶赴灾区为灾民提供心理援助。这次心理危机干预活动的规模之大、参与人数之多、影响力之广，使其成为中国历史上最重要的一次心理危机干预行动，为之后我国心理危机干预活动的实施积累了宝贵的实践经验。2013年7月22日，甘肃省岷县发生强烈地震。相对于汶川地震时的救援活动，此次紧急救援更加专业化：首先，开展紧急培训。在地震发生后的3天内对相关人员进行紧急培训。其次，援助对象广泛。不仅针对灾民进行心理援助，还对救灾人员和记者等群体提供心理支持和援助。最后，提供后续支持。政府重视心理危机干预的后续工作，确保援助对象在灾后也能够得到必要的心理支持。

2008年至2019年是我国心理危机干预理论和实践飞速发展的阶段。心理学家和工作人员研发了适合我国国情的心理危机干预模式，也在实践中不断完善了心理援助实施体系与联动机制，提升了突发重大公共安全事件中心理援助实施体系与联动机制的应对能力。

4. 新发展阶段

在全国开展抗击新冠疫情的历程中，我国应对突发重大公共安全事件的心理援助实施体系与联动机制也得到了发展和完善。与2008年的汶川地震不同的是，地震一般会在几天内结束且可观测，而新冠病毒伴有传染性高、潜伏期长等特性，更容易带来严重和持续性的心理调适问题。在此期间，国务院应对新型冠状病毒感染的肺炎疫情联防联控工作组分别下发了《关于印发新型冠状病毒感染的肺炎疫情紧急心理危机干预指导原则的通知》《关于设立应对疫情心理援助热线的通知》《关于印发新型冠状病毒肺炎疫情防控期间心理援助热线工作指南的通知》等文件，快速有序地指导各地开展疫情社会心理服务工作。

同时，我国心理学界也积极参与到本次抗击疫情的心理援助工作中。中国心理卫生协会、中国心理学会、中国社会心理学会等学术组织联合发布了《新型冠状病毒肺炎疫情防控期间网络心理援助服务指南》。中国心理学会临床心理学注册工作委员会发布了《疫情特殊时期网络心理咨询工作指南》《热线心理咨询伦理规范》《网络心理咨询伦理规范》等一系列专业指南。心理学科研和教学机构，以及相关学术组织和社会组织，积极响应政府和相关组织的号召，通过心理热线、在线心理咨询、网络讲座、科普短文或短视频等方式，为抗疫一线的工作人员和大众提供心理服务与支持，其服务速度、力度和广度是中华人民共和国成立以来前所未有的，自此我国心理援助实施体系与联动机制进入新发展阶段。

（二）建设社会心理服务体系与心理援助常态化机制

党的十九大以来，党和政府越来越重视社会心理服务体系的建设。2018年11月，国家卫生健康委、中央政法委、中宣部等10部门联合印发了《全国社会心理服务体系建设试点工作方案》（下称《试点方案》），其中就包括了心理援助内容，这标志着我国开始探索建立新的更加符合我国国情的社会心理服务体系。2020年4月，国家卫生健康委、中央政法委、教育部等9部门根据试点工作目标和2019年试点任务执行情况，结合应对新冠疫情防控需要，制定了《全国社会心理服务体系建设试点2020年重点工作任务及增设试点》，进一步将社会公共安全事件中的心理援助纳入社会新服务体系，逐步组建心理援助常态化机制。

《试点方案》指出，试点地区要逐步建立健全社会心理服务体系，建立健全党政领导、部门协同、社会参与的工作机制，搭建社会心理服务平台，将心理健康服务作为健康细胞工程（健康社区、健康学校、健康企业、健康家庭）的重要内容。其中，建立健全社会心理服务网络为构建突发重大公共安全事件中的心理援助常态化机制奠定了基础，具体包括：

1. 搭建基层心理服务平台

（1）设置心理咨询室或社会工作室。根据相关规范，在县、乡、村三级综治中心或城乡社区综合服务设施中设置心理咨询室或社会工作室，提供心理健康服务场所。

（2）提供服务场所。各乡镇卫生院（社区卫生服务中心）应设立符合心理健康服务要求的场所，为有需求的居民提供健康教育、答疑解惑、心理咨询等服务。

（3）畅通反映渠道。基层综治中心等应畅通群众诉求反映渠道，及时了解和掌握社会心理需求，有针对性地提供心理健康服务。

（4）建立社会心理服务电子档案。充分发挥综合治理信息系统平台优势，建立社会心理服务电子档案，开展社会心态预测和预警工作，及时发现有心理问题的高危人群及突发事件的苗头。

（5）组织多元化心理服务团队。组织心理服务工作者、社会工作者、志愿者等，及时疏导和化解居民各类矛盾问题。

（6）利用公共服务设施。利用老年活动中心、妇女之家、儿童之家、残疾人康复机构等公共服务设施，为不同群体提供心理辅导、情绪疏解、家庭关系调适等心理健康服务。

（7）制定个性化疏导方案。对于特殊人群，如流浪乞讨人员、服刑人员、社区矫正人员等，制定个性化疏导方案，确保覆盖率达到60%以上，以满足其心理健康需求。

（8）建立"三位一体"的帮扶体系。健全政府、社会、家庭的帮扶体系，提供全面支持和关怀，帮助有劳动能力的人员重返社会，并提供就业引导等服务。

2. 完善教育系统心理服务网络

（1）高等院校应完善心理健康教育与咨询中心（室）建设，按照师生比不低于1∶4000的比例配备心理专业教师，开设心理健康教育课程，开展心理辅导与咨询、危机干预等工作。

（2）中小学校应设立心理辅导室，配备专（兼）职心理健康教育教师，培养学生积极乐观、健康向上的心理品质，积极创建心理健康教育特色学校。

（3）学前教育领域应配备专（兼）职心理健康教育工作人员，

开展育儿心理健康教育，及时发现学前儿童心理健康问题。

（4）特殊教育机构要根据特殊学生的身心特点，开展心理健康教育，注重培养学生自尊、自信、自强、自立的心理品质。

（5）教育主管部门要将心理健康教育纳入当地教育事业发展规划和年度工作计划，统筹经费渠道，为教师和学生提供发展性心理辅导和心理支持。

（6）各级各类学校应建立以专职心理健康教育教师为核心，班主任为骨干，全体教职员工共同参与的心理健康教育工作机制，并将适合学生特点的心理健康教育内容融入日常教育教学活动中。

（7）学校应密切与村（社区）联动，并通过"校社合作"引入社会工作服务机构或心理服务机构，为师生提供专业化、个性化的心理健康服务。

3. 健全机关和企事业单位心理服务网络

（1）鼓励规模较大的党政机关、厂矿、企事业单位等在本单位设立心理辅导室，依托党团、工会、人力资源部门等资源，为员工提供心理健康服务。

（2）规模较小的企业和单位可以考虑通过购买专业机构的服务来为员工提供心理健康服务，以提供专业化的心理支持。

（3）组织开展职场人际关系、情绪调节等方面的心理健康科普宣传公益讲座，帮助员工掌握情绪管理、压力管理等自我心理调适方法，以及识别常见心理问题（如抑郁、焦虑等）的方法。

（4）通过员工心理测评、访谈等方式，及时识别有心理问题的员工，并为他们提供有针对性的心理干预。必要时联系专业医疗机构寻求治疗。

4. 规范发展社会心理服务机构

（1）政府相关部门，如政法委、民政部门、卫生健康部门等，应积极探索并制定政策措施，以支持、引导和培育社会心理服务机构参与心理健康服务。这包括提供财政资金支持、简化审批流程、提供场地设施等，以鼓励机构投入心理健康服务领域。

（2）制定管理、规范、监督和评估社会心理服务机构的相关政策和措施，以确保它们的服务质量和安全性。这包括机构的注册与认证、员工的资质要求、服务标准等方面的规定。

（3）通过购买服务等方式，逐步扩大服务覆盖范围，特别是为弱势群体提供公益性服务，以确保更多人受益于心理健康服务。

（4）社会心理服务机构应加强对员工的培训，提高其服务技能和伦理道德水平。培训内容可以包括心理咨询技巧、心理健康知识、常见精神障碍的识别和处理等，以提升机构的专业水平。

5. 提升医疗机构心理健康服务能力

（1）整合资源支持精神卫生医疗机构。支持省、市、县三级精神卫生医疗机构整合现有资源，推动综合医院广泛开设精神（心理）科，提升其心理健康服务能力。

（2）开设心理门诊。精神卫生医疗机构应当开设心理门诊，为患者提供药物治疗和心理治疗相结合的服务，以便更好地满足患者的心理健康需求。

（3）融入妇幼保健工作。妇幼保健机构应将心理健康服务融入孕前检查、孕产期保健、儿童保健、青春期保健、更年期保健等工作中，关注女性和儿童的心理健康。

（4）与基层医疗机构合作。基层医疗卫生机构应与精神卫生医疗机构合作，开展抑郁、焦虑等常见精神障碍和心理行为问题的科普宣传，为辖区居民提供心理健康评估。

（5）利用互联网技术。鼓励医疗卫生机构利用互联网等信息技术建立医疗联合体，提供在线心理健康服务，实现医疗资源的上下贯通，提供更便捷的预约诊疗、双向转诊和远程医疗服务，拓展精神卫生与心理健康服务的范围和内容。

（6）培育医务社会工作者队伍。各级各类医疗机构应培育医务社会工作者队伍，发挥其在医患沟通、心理疏导、社会支持等方面的优势，强化医疗服务中的人文关怀。

6. 建立健全心理援助服务平台

（1）建立心理援助平台。借助精神卫生医疗机构、社会服务机构、12320公共卫生公益热线等资源，建立心理援助平台，提供公益服务。

（2）广泛宣传。利用报纸、广播、电视、互联网等多种宣传渠道，扩大心理援助平台的社会影响力，提高公众对心理健康问题的认知，鼓励人们积极寻求心理援助。

（3）纳入应急预案。将心理危机干预和援助纳入各类突发事件的应急预案和技术方案中，确保在灾害和其他突发事件发生时，有专业团队和资源可以立即投入心理援助工作。

（4）专业化队伍建设。加强心理危机干预和援助队伍的专业化与系统化建设，培训心理援助人员，提高他们的心理危机干预能力和专业素养。

（5）个体和群体危机干预。在突发事件发生时，及时组织和开展个体危机干预与群体危机管理，为受影响的个人和社群提供心理援助服务，帮助他们处理急性应激反应，减少极端行为的发生。

（6）善后和恢复服务。在事件善后和恢复重建过程中，对高危人群持续开展心理援助服务，帮助他们应对心理健康问题，促进其康复和恢复。

7. 健全心理健康科普宣传网络

（1）多渠道宣传。建立全面的宣传网络，包括传统媒体（报纸、杂志、电台、电视台）和新媒体（社交媒体等互联网平台），广泛宣传心理健康相关信息。通过各种媒体发布文章、视频、博客等，向公众传递科普知识，培养公众的心理健康意识。

（2）开展线下活动。积极组织心理健康进校园、进企业、进村（社区）、进机关等活动，举办心理健康公益讲座，邀请专家和心理健康从业者进行讲解，提高公众对心理健康问题的认知和了解。

（3）设立公益广告。在公共场所，如车站、医院、学校、商场等，设立心理健康公益广告，传达重要信息，提醒人们关注心理健康问题，提供心理健康咨询热线和资源。

（4）分发科普宣传资料。各村（社区）健康教育活动室或社区卫生服务中心（站）可以向居民提供心理健康科普宣传资料，包括小册子、手册、宣传册等，使公众了解心理健康知识的渠道更方便。

（5）招募志愿者。组织志愿者团队，定期开展科普宣传活动、心理健康热线咨询等志愿服务，帮助传播心理健康信息，解答公众的疑问。

（6）设定目标。设立明确的宣传目标，例如城市和农村的普通人群心理健康核心知识知晓率达到50%以上，以便衡量宣传效果。

8. 完善严重精神障碍患者服务工作机制

（1）多部门联合。乡镇（街道）综治、卫生健康、公安、民政、残联等单位要建立健全精神卫生综合管理小组，多渠道开展严重精神障碍患者日常发现、登记报告、随访管理、危险性评估、服药指导、心理支持和疏导等服务。

（2）依法开展案（事）件处置。在册患者规范管理率、在册患者治疗率、精神分裂症治疗率均应达到80%以上，对病情不稳定的患者，要建立由村（社区）"两委"成员、网格员、精防医生、民警、民政专干、助残员、志愿者等基层人员组成的个案管理团队，对患者实施个案管理。

（3）做好医疗救助、疾病应急救助与基本医疗保险、城乡居民大病保险等制度的衔接，减轻贫困患者医疗费用负担。

（4）落实民政部、财政部等部门《关于加快精神障碍社区康复服务发展的意见》中的要求，开办多种形式的社区康复机构。

（5）提供知识教育。辖区所有精神卫生医疗机构建立家属学校（课堂），对患者家属开展护理教育等知识培训，对住院患者家属进行心理安慰、心理辅导。

（6）建立绿色通道。若患者在社区康复期间病情复发，可通过社区康复机构向医院快速转介。

通过上述8个方面，在突发重大公共安全事件中，心理援助服务可依托已建立的立体心理服务网络和常态化机制，为当地提供基础心理援助服务，同时结合当地的社会心理服务体系，在突发重大公共安全事件后持续提供心理支持服务，真正实现心理援助常态化。

第四章
突发重大公共安全事件的心理与行为效应

突发重大公共安全事件带来的心理与行为影响往往具有不同的维度特征，如在认知、情感等不同心理活动领域的特异性表现、随时空迁移的变化趋势，以及病理学观照下的正常异常之分等。本章将从四个方面分析和概括突发重大公共安全事件中复杂的心理与行为反应：一是认知-情感-行为维度，二是个体-群体维度，三是时间-空间维度，四是临床-非临床维度，以便全面、立体和深入地阐明突发重大公共安全事件的心理与行为效应。

第一节　认知-情感-行为维度下的心理与行为效应

心理学上将个体分析问题、反应问题、应对问题的过程划分为认知、情感和行为。突发重大公共安全事件之下，个体面对不同于往常的新异情境，首先会对当前状况产生认知处理，之后对认知结果产生情感反应，进而做出行为以应对新情境。本节将具体从认知、情感、行为三个维度阐述突发重大公共安全事件的心理与行为效应。

一、认知维度下的心理与行为效应

突发重大公共安全事件发生后，个体的认知系统会被激活，以便快速、及时地对当下境况进行解析并采取有效的应对措施。

1. 风险感知

在突发重大公共安全事件中，人们对事件的态度、媒体舆论的关注程度以及各种个体或群体的行为表现非理性程度等，都与突发重大公共安全事件的一个核心特征息息相关，即事件所引发的"风险"。社会学家贝克（Beck）认为，"风险"是由各种不确定性因素综合形成的，是人类社会所面临的一种独特威胁。其中既有自然风险，又包括人类自身行为和发展过程中产生的社会风险（Beck et al., 1979）。可以说，对风险事件的认知、决策与应对已经成为重大的时代挑战。

风险是一个复杂的概念，通常是指事件发生的可能性及其所导致的后果（Covello et al., 2001）。在突发重大公共安全事件中，风险可分为客观和主观两个层面：客观风险是指事件本身引发严重危害和损失的可能性，这种可能性主要取决于突发重大公共安全事件的性质、类型和影响程度等因素。换言之，客观风险独立于人们的态度和认知，是构成风险的核心要素。相对而言，主观风险是指公众对事件可能造成的危害和损失的主观评估与预测，通常被称为"风险认知"。综上，风险既包括事件本身的潜在危害，又包括人们对这种危害的认知和预期，从客观、主观这两个方面来理解风险的内涵，对于有效应对突发重大公共安全事件具有十分重要的意义。在过去的研究中，人们通常认为突发重大公共安全事件的影响和危害完全由事件的客观属性决定，即事件的类型决定了其产生的危害。然而，这种观点忽略了人类对事件的认识和应对策略对事件的重要作用。事实上，人们对事件的认知和反应可以在很大程度上改变事件的后果。但是随着研究的深入，越来越多的证据表明，除事件性质所决定的影响以外，民众的风险感知同样会在很大程度上影响民众的情绪、态度、行为（Nunnally, 1978; Turtle et al., 2015）。这种影响某种程度上甚至可能超过事件本身所带来的影响。风险感知就像突发重大公共安全事件的"辐射"效应，它既与事件的属性有关，又可以独立于事件属性之外。特别是在移动互联网和网络社交媒体的推动下，风险感知的影响力在不断增强。同样的突发事件，在不同的群体中，其认知判断可能存在差异，进而导致不同的危害、影响和结局。因此，当突发重大公共安全事件的发生无法被有效控制时，研究者自然而然地将控制影响的突破口集中到了风险感知方面。

风险感知的影响力在现代社会中日益凸显。一方面，它可以帮助人们更好地理解风险，提高对风险事件的应对能力；另一方面，它可以有效减少不必要的恐慌和误导，间接减少社会动荡。因此，对风险感知的研究和干预，是现代社会风险管理的重要组成部分。研究者已经开始关注风险感知在突发重大公共安全事件中的重要作用。他们希望通过深入研究风险感知的生成、传播和影响机制，找出有效的方法来引导和干预风险感知，从而降低风险事件对社会的影响。这无疑是一个具有挑战性的任务，也是我们必须面对的现实问题。

2. 公正世界信念

由于突发重大公共安全事件发生概率较低、难以预见，且可能造成严重的人员伤亡、财产损失和社会动荡，给人们带来的惊恐、担忧和痛苦往往在短时间内很难平复。在这种状况下，人们通常会努力寻找关于这些事件起因的信息，以及预防和应对这些事件的策略和方法，进而试图从认知角度理解事件发生的缘由、增强对世界的掌控感、减少情绪上的紧张不安。公正世界信念作为一种较为稳定的信念系统，折射出个体对社会公正合理、人们各得其所的整体感知（Dalbert & Donat, 2015; 吴佩君, 李晔, 2014）。由于公正是人类社会的基本伦理准则，而且人们往往难以接受突发事件带来的重大变故与巨大损失，如房屋损毁、医疗资源供给匮乏、亲人离世，所以人们对于自身和社会的不幸遭遇会产生强烈的内心抗拒与质疑。

在突发重大公共安全事件中，人们可能开始感到这个世界并不公正，他们的努力可能也不会得到应有的回报。这种对"世界公正性"的信念的动摇可能会导致人们的心理健康受到影响，如产生焦虑、抑郁或恐慌（胡伟 等，2021）。公正问题还多与权威者行为相联系，当人们认为社会不公正时，就会降低对权威者的信任程度，对权威者进行反抗（Gobena & Dijke，2016）。而从传播目的和功能上来看，有意的传谣行为是以宣泄个人负性情绪或者打击他人社会声望为目的的攻击性行为。研究表明，低公正世界信念的民众可能会出于报复或惩罚他人的目的，产生攻击行为或欺骗行为（Donat et al.，2014；Poon & Chen，2014）。

1995年，吉尔伯特（Gilbert）和马龙（Malone）经研究指出，公正世界信念是个体预设信念中的一种，它反映了人们对环境的感知和期待，并直接影响个体的归因过程（即如何解释已经发生或出现的事件和现象）。公正世界信念包括个人公正信念和一般公正信念。当个人公正信念较低时，人们会倾向于把不公正的责任归咎于外界，产生敌意归因偏向（指将自己的遭遇都归咎于外界的恶意对待），并通过传播不实信息来攻击或惩罚造成不公正的主体。同样，当一般公正信念较低时，人们可能会对社会的不公正感到无助沮丧，进而对那些在社会中占据资源、具有特权的群体产生敌意归因偏向。那些持有较低公正世界信念的个体或群体往往认为这个世界是无序的、不公正的，他们通常会将消极事件的结果归因于外部因素，并倾向于采用敌意的归因方式来解释这些事件。而敌意归因偏向恰恰可能是联结公正世界信念与传谣行为的具体认知过程。在面临风险情境时，交换信息是人们的一种本能反应。人们的敌意归因偏向越高，他们就越可能失去安全感，从而将不公正归因于他人，并夸大环境的威胁性。研究表明，在灾害发生后，有相当比例的谣言是以谴责富人和官员为主题的（孙嘉卿 等，2009）。这说明人们在经历突发重大公共安全事件之际，其不幸遭遇可能会动摇其公正世界信念，并会通过有意传播虚假信息将责任外化，进而产生攻击行为以宣泄自身的不良情绪。此外，这种敌意归因偏向不仅仅表现为个体或群体的社会心理反应，在形成规模后可能会助推社会极化现象，导致谣言的进一步扩散与传播，加剧社会情绪的对立和紧张。

3. 系统合理信念

系统合理信念是系统合理化理论的核心概念。根据凯（Kay）和乔斯特（Jost）（2014）的研究，系统合理信念是指个体相信社会系统的现状是合理和正当的，并积极支持和维护这种现状。要理解系统合理信念，首先要明确"系统"的含义。近年来，相关理论研究对"系统"的解释基本相似，系统既可指宏观层面的国家、执政政府或现行体制，如国家体制、政府政策等，也可指微观层面的组织机构，如家庭、学校、医院、公司等（Jost et al., 2004）。一般而言，这些宏观或微观的组织有其自身的规则和秩序，个体在这些组织中生活、学习和工作，其行为和态度也会受到这些组织的影响。

在面对突发重大公共安全事件时，人们的系统合理信念可能会受到挑战。许多研究者指出，突发事件常伴随人们控制感的降低，而较低的控制感又会进一步致使公众在社会认知上和社会动机上出现变化（Kay et al., 2009; Landau et al., 2015），大大削弱公众的系统合理信念。谢佳秋等人（2011）研究发现，经历突发重大公共安全事件的个体的系统公正性评价及其公正世界信念显著低于未经历事件的个体。奥托等人（Otto et al., 2006）证实了上述观点，他们的研究发现，在经历人为或非人为创伤性事件后，个体会表现出焦虑以及对社会公正性的质疑。此外，自然灾害等事故灾难的发生会影响公众对政府的信任度（Sullivan et al., 2010）。突发重大公共安全事件之下，人们可能对社会的公正性、公平性产生怀疑，从而有损其系统合理信念，进而影响其社会认知和行为。

也有研究表明，突发重大公共安全事件可能会对公众的系统合理信念及相应行为反应产生积极影响。胡迪等人（Huddy et al., 2002）研究发现，在"9·11"恐怖袭击事件发生后，美国民众对总统、国会的支持率明显提高。这可能是由于在面对危机时，人们更需要一个强大的领导者和政府。类似地，有学者在西班牙马德里恐怖袭击案发生后的几天对当地市民展开调查并发现，当地民众的系统合理信念显著上升（Ullrich & Cohrs，2007）。这说明在面对危机时，人们可能会更加坚定地相信和拥护他们的社会系统，以寻求心理上的安慰和安全感。此外，当人们感受到来自系统外部的威胁与阴谋时，也倾向于增强对于自身系统合理性的感知，通过增强对现有系统的信任来寻求心理上的稳定和安全感，降低不确定性和威胁感。

二、情感维度下的心理与行为效应

作为具有深刻内涵、持续变化且具有信号功能的一种心理状态，情绪对我们的行为和决策有着深远影响。突发重大公共安全事件之下，个体的情绪处于应激状态，极易产生不良反应，进而影响其生活决策甚至身心健康。

1. 情绪感染

情绪感染指个体通过"捕捉"他人的情绪来感知周边人的情感变化的交互过程，是一种普遍存在的现象（Hatfield et al.，1993）。突发重大公共安全事件具有高度不确定性和巨大的破坏力，个体的情绪极易受到他人或群体的感染，而负性情绪的感染尤为明显，且情绪的累加很可能导致"羊群效应"或盲从等行为。研究发现，在突发重大公共安全事件中，女性的情绪感染得分显著高于男性，这表明当突发重大公共安全事件发生后，女性群体的情绪较男性更易受到感染（Abel & Abel，2007；宋之杰 等，2017）。具体来说，女性群体对他人的情绪展现表现得更加敏感，更关注他人的行为，更善于解读非语言信息，更善于模仿他人的面部表情、声音和姿势，更善于情绪的表达和回应。

目前，我国正在逐步完善应急决策法律法规，已经初步建立了突发事件应急管理预案体系。然而，对公众应激情绪的了解和掌握仍较为薄弱。情绪感染是突发重大公共安全事件发生后公众应激情绪扩散的第一步，因此，在突发重大公共安全事件发生时，政府等相关部门应尽可能地了解公众情绪感染的特点、个体易感程度、个体或群体差异、情绪感染发展规律等，以针对不同类型的公众制定不同的应急管理方案，更好地应对突发重大公共安全事件。在突发重大公共安全事件发生后，政府部门应迅速启动应急预案，最大限度地减轻公众的应激情绪，降低其可能带来的消极影响。

2. 控制感

控制感是人类最主要的心理需求之一，是指个体对自己能够在多大程度上控制事件的发生和发展的感知。在面临突发重大公共安全事件时，人们常常会感到失控。失控感是指在突发事件中，人们觉得自己无法掌控局面，无法预知结果，也无法采取有效措施来应对事件。当面临威胁性情境，明显感到无法应对时，或者外部力量威胁其自由时，人们往往会体会到失控感。显然，突发重大公共安全事件通常具有突发性、不确定性和危害性等特点，这使人们很难预测和控制事件的发展。例如，新冠疫情暴发之初，许多人感到恐慌和无助，因为他们无法预知疫情的发展趋势，无法控制病毒的传播，也无法采取有效措施来阻止疫情的蔓延。在这种情况下，人们可能会承受更大的压力，产生更多的负面情绪，甚至可能演变为无助性抑郁症（员东婷，王英春，2022）。因此，在应对突发重大公共安全事件时，提高个体的控制感，如发布清晰明确的信息、提供安全便捷的防护措施、呈现及时有效的反馈等，能够帮助其更好地适应和应对事件带来的压力和挑战。

失控感对人们的心理健康具有显著的不良影响。长期的失控感会引发人们的焦虑、抑郁和恐慌等负面情绪，在极端情况下甚至可能使人们濒临心理崩溃的边缘，使其无法完成正常的生活任务。此外，失控感还可能致使人们采取不理智的行为来应对危机。例如，在突发重大公共安全事件中，人们可能会过度囤积物资，盲目听信、传播谣言，或出现其他非理性的行为。这些行为不仅无助于解决问题，还可能进一步放大事件的消极影响，导致社会秩序的混乱和资源的浪费。因此，在面对突发重大公共安全事件时，需要关注人们的心理状态，尤其是帮助其减轻失控感，同时提高他们的应变能力和心理素质，以帮助其更好地应对生活中的挑战，保持心理健康。

3. 错失焦虑（FoMO）

当今社会，准确、及时的信息对于消除不确定性、帮助人们精确评估和及时规避潜在的健康安全威胁具有至关重要的作用。然而，信息也可能引发人们的恐慌和不安。错失焦虑是指个体在信息搜寻过程中感受到的一种恐慌和不安。尤其在面对突发公共卫生事件时，个体在信息搜索中因为可能错过关键的、与健康风险有关的重要信息，而体验到强烈的紧张焦虑情绪（陈明红，麦洁雯，2023）。这种焦虑心理的主要表现是渴望持续、及时地获取与事件相关的信息，以便从中筛选出有价值的内容从而作出正确决策。错失焦虑与健康风险信息搜寻行为密切相关，二者相互作用，相互影响。通常情况下，为缓解由个人、信息以及环境等多方面因素引发的错失焦虑，用户往往需要通过信息搜索和查询来确认事件是否真实、了解最新动向、寻找解决方法等。然而，实际情况并非如此简单，因为大量反复的信息搜寻反而可能加剧焦虑，进而诱发更多的搜寻行为，进一步强化个体的恐惧与不安全感。

在突发公共卫生事件中，公众大多倾向于使用搜索引擎、社交媒体平台以及政府和专业机构网站等网络渠道获取相关信息，搜寻的内容涵盖了突发公共卫生事件的防控动态、政策、应急措施、健康知识以及科普辟谣等多个方面，其中对于健康相关信息的需求尤为旺盛，而具有权威性和专业性的官方渠道更受公众喜爱（林振，2019）。此外，个人、信息和社会因素均会作用于包括错失焦虑在内的信息搜寻行为，如性别、年龄、教育程度、健康状况和健康信息素养等，都会影响公众对突发公共卫生事件信息的需求类型和搜寻渠道的选择。

4. 情绪耗竭

在突发重大公共安全事件中，人们常常需要面对极大的心理压力。这种压力可能表现为情绪耗竭，即在长时间的持续压力下，人们的情绪资源逐渐消耗殆尽，导致心理和生理健康受到不良影响。在突发重大公共安全事件中，情绪耗竭的特点表现为突发性、持续性和广泛性。首先，因为人们需要在短时间内应对大量的压力，情绪耗竭往往在突发事件发生后迅速出现；其次，突发重大公共安全事件通常会持续较长时间，因此，情绪耗竭也会长时间伴随着人们；最后，情绪耗竭不仅会影响直接经历事件的人群，还可能波及周围的人群，如救援人员和媒体工作者等从事应急工作的人员。

情绪耗竭的具体表现包括以下几个方面：

（1）情绪低落。人们常常会感到沮丧、无助和孤独，对生活和工作失去兴趣。

（2）焦虑和恐慌。突发事件会引发人们对自身安全和未来生活的担忧，导致焦虑和恐慌情绪的产生。

（3）疲劳和失眠。这会导致人们精力下降，容易感到疲劳，同时可能出现失眠等睡眠问题。

（4）易怒、敏感和缺乏耐心。这容易导致人际关系紧张，值得注意的是，人际关系指人与人之间通过直接交往形成的相互之间的情感联系，包括亲属关系、朋友关系、同学关系、师生关系、雇佣关系、同事关系，以及领导与被领导关系等。

情绪耗竭不仅会对个体的心理健康和生理健康造成严重影响，还可能波及个体的社会功能、社会关系和应对突发事件的能力等方面。因此，在应对突发重大公共安全事件时，关注人们的心理健康，提供必要的心理支持和帮助，对于减轻他们的压力和情绪耗竭症状具有重要意义。

5. 主观幸福感

主观幸福感是人们根据自身主观标准对生活品质的整体感知和判断，包括生活满意度和快乐感两个维度。生活满意度是个体对生活质量的总体认知和评估，而快乐感则是指个体在生活中的情感体验。人格与环境交互理论认为，相对稳定的人格特质可能与外部环境因素共同影响个体的主观幸福感。这一理论得到了迪纳等人（Diener et al.，1999）的支持，他们认为积极心理资本——即个体在成长过程中展现出的积极心理特质，是预测心理健康的关键因素。王建坤等人（2018）的研究也证实了这一点。此外，具有较高水平的心理资本的个体在面临疫情等压力情境时，其恐慌情绪往往较少（Mubarak et al.，2021）。在面对压力和挑战时，心理资本水平较高的个体拥有更为积极的心态和应对策略，使他们能够保持相对稳定的情绪状态。而根据压力易损假说（Stress-vulnerability Model；王建平 等，2010），个体的心理适应能力会受到情绪状态的影响，值得注意的是，面对疫情等压力情境，个体心理适应能力的差异可能会导致不同的主观幸福感体验，如焦虑、抑郁和压力等可能会降低公众的主观幸福感。

2022年，吴君杰等学者采用网络分析法，对新冠疫情期间公众的主观幸福感进行了研究。结果显示，女性的主观幸福感显著高于男性的。一项于2020年1月至3月开展的追踪调查发现，民众的焦虑水平随时间的推移呈下降趋势（Xu et al.，2020）。由此可知，在突发重大公共安全事件中提升个体的积极心理品质是提高其压力应对能力、保持积极心态和提高生活质量的有效途径。

三、行为维度下的心理与行为效应

当个体在认知上对已发生的突发重大公共安全事件进行了分析并产生了情绪反馈时，个体往往会采取一系列行动以调适不良情绪、缓解认知冲突。

1. 恐慌性购买

恐慌性购买是一种消费者在面临未来可能发生的灾难时，购买大量物品以期规避风险的行为。研究表明，恐慌性购买是一种复杂现象，受多种因素影响，如神经心理障碍、焦虑以及供应短缺等情境因素（Frost et al., 2009; Grisham et al., 2007; Tsao et al., 2019）。恐慌性购买并非简单的消费行为，它反映出消费者对未来不确定性的担忧和对未知的恐惧。这种担忧和恐惧可能源于疫情、自然灾害等突发事件，也可能源于经济不稳定、社会动荡等长期社会问题。因此，恐慌性购买常常演变为个体或群体的一种应对策略，用以减轻潜在风险对其生活的影响与冲击，提供一定程度的心理安慰和安全感。然而，恐慌性购买并不总是有效的，甚至可能会引发更多的恐慌和混乱。例如，疫情期间的恐慌性购买可能导致物资短缺，进一步加剧恐慌情绪。因此，对恐慌性购买的研究，不仅有助于我们理解这种行为背后的心理机制，也有助于找到更有效的应对策略，降低突发事件的消极影响。

在新冠疫情初期，部分地区的人们涌向商店，抢购生活用品。一些学者通过系统的文献回顾，探讨了健康危机期间恐慌性购买的心理动因（Yuen et al., 2020）。根据文献资料分析，他们梳理出四类触发恐慌性购买的因素：首先是感知威胁，即对资源短缺的预判；其次是对未知的恐惧，表现为焦虑情绪的蔓延；再者是应对行为，恐慌性购买被视为一种心理补偿过程；最后是社会心理因素，即观察他人行为也会引发恐慌性购买。新冠疫情期间，人们对病毒的高风险感知可能导致个体出现囤积行为，如部分国家和地区的人们抢购医药用品，甚至是低价值的物品。尽管囤积者希望通过囤积物品来应对潜在风险，但疫情期间的这种行为可能扰乱社会资源的合理分配，造成资源浪费，而且过多的物品堆积可能使生活空间变得混乱，增加安全风险，甚至对个体正常的生活功能造成损害。

此外，从表面上看，囤积行为似乎是个体应对风险的一种策略，然而从深层次分析，这种行为反映出人们在面对不确定性情境时的群体性恐慌和无助。因此，在突发重大公共安全事件发生后，政府和企业应采取措施，确保物资供应充足、价格稳定，以消除公众的恐慌情绪，维护社会秩序。同时，通过加强公共卫生宣传和教育，提高公众对突发事件的认识，引导公众理性应对，从而减少恐慌性购买和囤积行为的发生。

2. 信息获取行为

突发重大公共安全事件为谣言的传播提供了温床，因此由这类事件引发的公共卫生危机也成为一场信息危机。在网络空间中，错误信息和虚假信息泛滥成灾，若用户对这类信息处理不当，不仅可能导致健康和财产方面的损失，还可能加剧信任危机与社会动荡。

突发公共卫生事件的爆发不仅让谣言充斥在公众视野中，还使社会结构变得不利于信息的自由流动。在此背景下，除了传统媒体，具有开放性等特点的社交媒体逐渐成为突发公共卫生事件中重要的信息传播渠道。有研究发现，自新冠疫情暴发以来，人们对社交媒体的使用率远超传统媒体，而经社交媒体传播的疫情相关信息对个体行为产生了显著影响（闫岩，温婧，2020）。

在当今信息爆炸的时代，信息的传播途径和速度呈现出前所未有的特点。错误和虚假的健康类信息在短时间内能够迅速传播，误导大量人群。因此，正确识别与应对错误和虚假的信息在危机中显得尤为重要。个体应提高信息素养以及对信息的鉴别、筛选和判断能力。同时，政府部门、媒体和社会组织应共同承担起监管和引导责任，加大对错误和虚假的健康类信息的打击力度，遏止其传播扩散。通过及时、准确地发布权威信息，满足公众对突发公共卫生事件的信息需求，维护社会稳定和人际信任。此外，还需要加强公共卫生宣传和教育，提高公众对健康问题的认识。通过权威渠道获取信息，公众可以了解正确的预防措施和应对方法，减少因误信谣言而导致的损失。

第二节 个体–群体维度下的心理与行为效应

个体处于群体之中时，外界环境的影响往往会在群体作用的叠加下产生不同的效应。同样，突发重大公共安全事件会从个体与群体两个层面对社会产生影响。

一、个体维度下的心理与行为效应

突发重大公共安全事件对个体身心的影响主要包括生理、情绪、认知和行为四个方面。

（一）生理方面

突发重大公共安全事件对个体的影响在生理方面常常表现出各种躯体症状，如肌肉紧张颤抖、筋疲力尽、疲惫不堪、头痛、胸闷、心悸、呼吸不畅、自我感觉发热、腹泻、尿频等。

（二）情绪方面

经历自然灾害或其他重大事件后，人们往往会面临心理和生理上的困扰。情绪方面的不适表现包括恐慌、恐惧、愤怒、无助等，若长期处于不良心境则会出现抑郁障碍、焦虑障碍等心理疾病。2020年，中国社会科学院社会学研究所的王俊秀研究员对上万人进行了一项名为"新型冠状病毒肺炎疫情下的社会心态"的网络调查。其中有关民众情绪状态的调查结果表明，大多数人在疫情期间主要表现出担忧，占比高达79.3%。这种担忧主要源于对病毒传播的恐惧、对亲人健康的忧虑以及对未来生活的不安。同时，40.1%的人表现出强烈的恐惧，担心疫情对个人和家庭造成严重影响。据《中国国民心理健康发展报告（2019—2020）》调查结果显示，我国不同年龄组个体的心理健康状况存在显著差异，其中18～25岁组的心理健康指数显著低于其他年龄组个体。此外，不同学历阶段群体的心理健康状况也存在差异，学历较高的人，心理健康水平相对较高。大学本科及以上群体中有13.6%的人存在抑郁高风险倾向。对大学生群体的情绪状况的调查数据显示，疫情暴发初期，焦虑情绪发生率为26.6%，其中轻度、中度和重度焦虑发生率分别为23.19%、2.71%、0.7%；抑郁情绪发生率是21.16%，其中轻度、中度及重度抑郁发生率分别为16.98%、3.17%、1.01%（昌敬惠 等，2020）。2022年，新冠疫情局部暴发期间，大学生抑郁的发生率上升至38.76%，轻度抑郁和中重度抑郁发生率分别为31.33%和7.43%；焦虑的发生率为16.36%，轻度焦虑和中重度焦虑发生率分别为13.33%和3.03%（闫春梅 等，2022）。

（三）认知方面

在认知方面，突发重大公共安全事件可能导致个体在知觉、表象、想象、记忆、思维等认知活动中出现错误，这些错误认知会导致精神分散、注意力不集中、记忆力减退和思维紊乱等现象。例如，在面对重大损失或精神痛苦时，人们可能会不断地思考事情发生的原因，歪曲或否认现实，具有拒绝接受现实、自我评价偏低、归因偏差等非理性认知表现，严重的认知问题可能会引发认知障碍。

（四）行为方面

受突发重大公共安全事件的影响，人们可能会遭受睡眠障碍、暴饮暴食等问题的困扰，甚至可能出现精神崩溃、攻击他人、自残、自杀等行为。以新冠疫情的影响为例，居家隔离改变了人们的生活常态，对疫情的担忧和焦虑使得许多人手机不离手，反复查看疫情的进展和相关信息，有些人还会反复测量体温、反复洗手、不敢出门，甚至出现失眠、自伤等行为。同时，在突发重大公共安全事件中，个体的人际关系和人际互动也会受到一定程度的影响，甚至发生改变。人际关系与突发重大公共安全事件之间的影响呈现双向互动的关系：一方面，良好的人际关系为个体提供社会支持，帮助应对突发重大公共安全事件带来的身心反应；另一方面，突发重大公共安全事件造成的心理压力可能导致人际关系敏感，引发人际矛盾。然而，这些挑战同时也会驱使个体寻求心理支持，促进人际关系的建立与重塑。因此，通过加强良性人际互动提升个体或群体在突发重大公共安全事件中的应对能力与适应水平，是开展心理援助的有效途径。

二、群体维度下的心理与行为效应

突发重大公共安全事件的影响常与群体中的种种效应产生交互作用，进而产生不同于个体维度的多种效应。

（一）群体心理特点

社会心理学主要奠基人之一——高尔顿·奥尔波特（Gordon Allport）对古斯塔夫·勒庞（Gustave Le Bon）有这样的评价：在社会心理学这个领域已经写出的著作当中，最有影响者，也许非勒庞的《乌合之众：大众心理研究》（*The Crowd：A Study of the Popular Mind*）莫属，这是因为勒庞研究了"具有乌合之众特点的暂时性集体"。勒庞认为，从心理学角度看，特定条件下一群人的行为和思维方式会展现出与个人截然不同的特点，他将这种群体心理现象称为"群体心理"。勒庞指出，群体成员的思想和感情会朝向同一方向，其个性会趋于消失，进而形成集体心理。群体心理的形成有其特定规律，这一规律被称为"群体精神统一性"。根据勒庞的理论，可将突发重大公共安全事件中群体心理的主要特征概括为如下几个方面：

1. 冲动和易变

在突发情境中，个体的行为易受无意识动机的支配，这种动机往往是在特定刺激下表现出的本能反应。无论是哪种刺激，都可能对个体产生控制作用，进而影响他们的心理行为反应。值得注意的是，尽管个体在应对不同刺激时的反应可能存在差异，表现出一定的灵活性，但群体的心理行为反应在大方向上具有一致性。此外，群体性情感带来的冲动有时会战胜个体维护自身利益的冲动，这也能解释为何有人在自身群体被贬损时能悍不畏死、挺身而出。而在特殊情况，如突发灾害情境下，群体情感可能呈现出冲动和易变的特点。此时，每个个体都会受到外界强大刺激的影响，继而引发本能的防御机制，表现出强烈的求生欲望。

2. 极端和盲目

在突发重大公共安全事件中，出于自我保护、寻求帮助、相互支持等目的，个体会临时组合，组建大大小小不同的群体，此时群体的形成大多具有暂时性。由于缺少相对稳定的组织架构、管理制度和运行机制，在这种情况下形成的群体在情绪情感表达时往往表现得极为多变和夸张，群体行为的控制与调节也具有盲目、非理性的特点。在某些情况下，甚至可能出现极端的群体行为，导致大规模的混乱与伤害，造成巨大的物质与精神损失。因此，了解群体行为的特点及其影响因素，有助于我们在实际中有效地应对和管理危机。

3. 易受暗示和轻信

在突发灾害或重大公共安全事件发生时，由于缺乏及时客观的事件信息，个体往往无法进行理性思考，对危害的评估和判断能力因此下降。在这种情况下，大多数个体容易盲目跟从他人，服从领袖和权威。这种现象可理解为从众心理的一种具体表现，即团体成员由于受到团体压力等因素的影响而在知觉、判断、信仰或行为上与多数人趋于一致。此时，群体中的个人容易轻信谣言和流言，其心理与行为逐渐受群体意识控制，陷入一种非理性和无意识状态，反而加重了心理上的恐慌。例如，李皖静（2006）对"非典"期间民众行为的调查结果显示（见表4-1），25.6%的人相信不科学的"燃放烟花爆竹、烧香拜佛可预防'非典'",35.8%的人承认"别人说什么药可以防治'非典'我就买什么药",这反映了突发灾害情境下民众典型的从众心理和行为倾向。

表4-1 "非典"期间民众行为调查结果（李皖静，2006）

问题	很符合	不一定	不符合
我不相信燃放烟花爆竹、烧香拜佛可预防"非典"	67.7%	6.7%	25.6%
我不相信喝绿豆汤、中药可预防"非典"	56.8%	13.0%	30.2%
我比以往更能抽烟	20.5%	15.0%	64.5%
别人说什么药可以防治"非典"我就买什么药	35.8%	23.1%	41.1%

从众行为通常伴随着个体逻辑思维能力的下降，推理能力也会受到影响，想象力会变得越发丰富且随意，有时甚至会出现幻觉。

（二）突发事件中不同群体的行为特点

由于在突发事件中所扮演的角色及受事件的影响程度不同，不同群体表现出的心理行为反应也各具特点。

1. 病人或幸存者

在新冠疫情期间，个体的初始心态较为复杂，包括麻木、否认、愤怒、恐惧、焦虑、抑郁、失望等。随着时间的推移，可能出现孤独、对疾病的恐惧、过度乐观和期望值过高等心态（昌敬惠 等，2020；闫春梅 等，2022）。在"非典"疫情流行期间，当个体得知自己可能患病时，首先会感到茫然无知，紧接着会出现否认、愤怒、恐惧、懊恼、抱怨、焦虑等一系列情绪反应；在最终确认患病后，个体又可能陷入沮丧、孤独、无助、绝望中，甚至出现抑郁情绪（王一牛，罗跃嘉，2003）。根据蒙德等人（Maunder et al., 2003）的研究，"非典"患者最突出的情绪表现是害怕、孤独感、厌倦和愤怒。同时，"非典"患者的焦虑、抑郁症状与时间呈负相关，但某些症状可能会伴随整个治疗过程，进而影响患者的愈后及生活质量。

需要注意的是，灾难事件对人的心理冲击不仅表现为急性的心理反应，还可能造成长期的心理影响。葛恩建等人（Goenjian et al., 2001）的研究结果显示，1998年尼加拉瓜飓风灾难中的幸存人群表现出严重且持久的创伤后应激及抑郁症状，其身心健康和生活遭到长期的不利影响。在极端情况下，由于心理不堪重负，幸存者可能会选择自杀来逃避现实。

2. 隔离人群

隔离人群是指在传染病或疫情流行期间，由于具有接触史而被要求进行隔离的人员。在这类人群中，有一些人尽管没有任何症状，却处于极度恐慌的状态。这种恐慌可能导致他们中途放弃隔离，甚至不愿意配合相关防疫措施。此外，还有一些人可能心存侥幸，认为自己不太可能感染病毒，因此在行为上表现出过度自信、无所畏惧，甚至不采取任何防护措施。一般而言，被隔离的人员往往容易产生较多的心身问题，这可能源于他们对突发事件的应激反应、对疾病相关知识了解不足，以及在隔离期间生活秩序和习惯的改变，等等。

3. 医务人员及救援人员

在新冠疫情期间，医务人员及救援人员普遍出现过度疲劳、紧张甚至情绪耗竭的心理行为现象。由于超负荷的工作压力，他们多具有焦虑、失眠、抑郁、悲伤、委屈、无助、压抑等心理困扰，同时容易体验由于患者死亡而产生的挫败感或自责。此外，这些人员不仅面临自己被感染的风险，还担心家人的健康，且不愿家人为自己过多担忧。多重压力可能使他们无法得到合理的休息，导致无法很好地保证自己的健康。

大量研究表明，在"非典"期间，医务人员最常见的反应是害怕、焦虑、愤怒、沮丧、挫败感等。张伟红等学者（2003）认为，低文化程度的医务人员心理问题相对较明显，因此应成为心理干预的重点对象。此外，职业责任与害怕被感染的矛盾心理也会增加一线人员的心理冲突与焦虑。研究表明，在突发事件的救援人员中，急性应激障碍、严重抑郁发作、创伤后应激障碍的发生率较高（Sperling et al., 2003）。

4. 其他公众

在新冠疫情期间，公众普遍感受到担忧、恐惧、愤怒、悲伤和恐慌等负面情绪，而积极情绪体验相对较少。这一现象在"非典"流行期间也有所体现。初期，由于公众对疾病严重性的认识不足，未能认真做好个人防护。然而，随着事态的发展，越来越多的人意识到"非典"的严重性，恐慌心理逐渐弥漫开来。人们不敢出门、盲目消毒，甚至产生易怒倾向、攻击行为或报复想法。一些学者研究发现，恐怖袭击及灾难事件容易引发公众焦虑和恐慌，少数人可能出现精神障碍（Klitzman & Freudenberg, 2003）。以"9·11"事件为例，事发后1到2个月，美国纽约曼哈顿区（下城）的1008名居民中，有9.7%的人出现抑郁症状，7.5%的人被诊断患有PTSD。随着时间推移，突发事件造成的心理伤害总体上会逐渐缓解，但某些症状可能长时间内无法消除。一些学者的研究结果也显示，在突发事件中失去亲人和朋友的群体，往往表现出较高水平的抑郁情绪，且与遇难者社会关系越近，症状越严重（Chen et al., 2003）。当公众的恐慌达到一定程度时可能威胁社会稳定，如2004年印度洋海啸后泰国出现抢掠之风，智利民众则因误信海啸谣言而大量出走，造成社会混乱。

第三节 时间-空间维度下的心理与行为效应

重大自然灾害，特别是突发性灾难具有不可预知性、不可抗拒性，且会造成毁灭性后果。本节将进一步从时间-空间维度深入分析突发重大公共安全事件的心理与行为效应。

一、时间维度下的心理与行为效应

在经历重大自然灾难或突发危机事件时，个体往往会处于应激状态。这种状态下，个体可能会出现反应异常、需求倾向异常、情绪异常、认知异常、行为异常、生理反应异常以及创伤后应激障碍等表现。以地震灾害为例，亲友的死亡和社会环境的破坏等不良社会心理因素都可能引发抑郁、悲伤、恐惧等情绪体验，进而导致多种疾病的发生（董慧娟 等，2007）。心理应激的发生和发展过程具有一定的时间性，从时间维度上可以划分为三个不同时期，分别对应着心理援助的三个阶段。了解这些阶段有助于迅速评估应激反应和心理需求，制定相应的心理援助措施，并提供及时有效的心理援助，对于缓解应激状态，降低心理问题的发生率，帮助个体尽快恢复正常生活具有重要意义。

（一）警戒期

初期的心理应激反应通常出现在灾难发生的一两周内，人们受到外界危险信号的刺激，身体的各种资源被迅速动员起来以应对压力。由于灾害的突发性，个体没有时间从理性层面思考心理上的巨大冲击，因此诸多心理问题会以潜在的方式存留，或表现为一些躯体化症状，如头疼、发烧、虚弱、肌肉酸痛、呼吸急促、腹泻、胃部难受、没有胃口和四肢无力等。灾难幸存者在这一时期也会有反应麻木、高警觉、内疚或自责、不相信灾难真实发生等表现。如不及时处理，这些心理与行为表现可能导致严重的心理疾患。同时，这一阶段也处于心理援助的应激阶段，最重要的任务是保障个体生存和尽可能地抢救财产。从社会心理来看，在应对灾难的初期，人们会为了共同的生存目标而更加团结互助，人际关系表现为社会亲和力增强、社会责任感明显增加（董慧娟 等，2007）。

（二）抵抗期

警戒期过后，身体的防御反应会逐渐稳定，警戒反应的症状也会逐步消失，此时心理应激进入抵抗期。这一阶段通常出现在灾后的数天到数周之内，此时身体已在生理上做好了应对压力的准备和调整工作。然而，为了达到这种"正常"状态，肌体付出了高昂代价。身体虽然能够很好地应对此应激源，但降低了对抗其他应激源的能力，从而易产生各种心身疾病或心理问题。突发重大公共安全事件发生后的一个月内，最为普遍的心理问题是ASD。灾难幸存者通常表现出分离症状、闪回或对灾难场景的反复体验和回避行为等。随着时间的推移，大多数幸存者能够自我恢复，ASD症状会逐渐消失。然而，有相当比例的人很难通过自身努力和社会支持系统的作用来缓解症状，一个月后若仍然表现出类似ASD的症状，可能会发展成PTSD，并表现出持续的闯入、回避、麻木、情绪痛苦和高警觉等症状。这一阶段对应着心理援助的冲击阶段，大多数民众能够逐渐恢复到事件发生前的状态，但仍有部分人恢复较为困难。对他们而言，在这一时期若能及时得到心理援助，将有助于减轻心理问题的恶化程度（Myers，2008）。

从社会心理角度来看，随着救援工作的结束，人们会突然发现自己的力量有限，并逐渐意识到自身遭遇的伤害比最初估计的要更为深远和严重。在这种情况下，人们会普遍地体验到挫折感，甚至是希望破灭的绝望。

（三）衰竭期

在压力持续存在的情况下，事件发生后的数个月到数年内心理应激会进入衰竭期。在这个阶段，受影响的民众会持续性地重现创伤体验，包括反复回忆痛苦经历、做噩梦、幻想以及相应的生理反应。此外，他们可能会经历持续性的回避和整体感情反应麻木，对周围环境变得麻木不仁。同时，他们也可能会出现如情绪烦躁、入睡困难等持续性的警觉性增高，导致个体明显的主观痛苦及社会功能受损（王玉玲，姜丽萍，2007）。这一阶段是心理援助的重建阶段，旨在帮助人们重新面对生活，恢复心理平衡。突发重大公共安全事件往往给人们造成长期的心理伤害，据估计，灾难后有5%的人会终生出现PTSD症状，如长期的慢性疲劳、失去生活兴趣和长期背负内疚感。

PTSD症状会经历一个从急性到慢性的过程，随着时间的变化发展出不同的症状。长期条件下，压力创伤容易发生变异，具体包括间歇性及再发生两种形式。勃拿诺（Bonanno）（2004）基于灾难事件后功能性破坏的发展模式和轨迹，提出了PTSD的四种发展轨迹：慢性、恢复性、后发性和具有抗逆力的。一些人在灾难事件后几年都会陷入精神上的不知所措和功能上的失衡状态，这属于慢性PTSD（chronic PTSD）；一些人的症状在经历几个月后恢复到较低水平，这属于恢复性PTSD（recovery PTSD）；一些人开始时可以忍受这些压力及状况，后来症状变得越来越严重，这属于后发性PTSD（delayed PTSD）；还有一些人在创伤性事件后一直保持着身体功能及心理的正常状况，这属于具有抗逆力的PTSD（resilience PTSD）（Bonanno，2004）。奥克特等人（Orcutt et al., 2004）验证了这一模式，并证实具有抗逆力的PTSD随着时间推移变化很少，而后发性PTSD则随着时间推移逐渐增多。这些研究表明，PTSD的发展过程是复杂多样的，需要针对个体的具体情况开展干预和治疗。

值得注意的是，PTSD发展过程中的几种形式并不互相排斥。例如，后发性PTSD可能在某些情况下发展成为慢性PTSD。一项研究表明，越南战争结束40年后，退役老兵中7.6%的人出现了PTSD症状的缓解，16%的人出现了症状的加剧，而三分之一的人出现了抑郁症状（Marmar et al., 2015）。因此，需要在突发重大公共安全事件发生后进行长期追踪，了解不同人群PTSD发展的特异性，从而进行有针对性的干预。

二、空间维度下的心理与行为效应

突发重大公共安全事件在空间维度上的影响尤其表现在自然灾害发生后，个体与灾害中心的地理距离影响着其心理反应。而在互联网高度发达的当下，突发重大公共安全事件的空间影响不止表现在地理空间中，在网络空间中，个体的行为也存在被凝视、被关注并产生特殊效应的现象。

（一）地理空间的影响

突发重大公共安全事件突然爆发后，其带来的巨大心理冲击或影响会通过人际传播以及现代媒介的迅速传播产生涟漪效应，对灾害发生区域以外的人群产生心理震荡。这种心理影响在空间上呈现出"心理台风眼"效应，即自中心向外灾害破坏程度逐级减小，但社会公众的风险认知和心理恐慌却呈现出类似气象学中的"台风眼"（Psychological Typhoon Eye）现象。2008年，梁哲等人通过"5·12"汶川地震发生后的研究发现，非灾区居民对灾难的风险知觉、恐慌程度以及对灾情严重程度的担忧反而高于灾区居民。而且，随着公众主观判断所在地区灾情严重程度的增加（从非受灾、轻度受灾、中度受灾到重度受灾），他们对健康（发生大规模传染病的可能性）和安全（需要采取避震措施的次数）的担忧反而随之减少。

2011年，"3·11"日本大地震后福岛的核泄漏事件经媒体传播，招致了民众的心理恐慌并直接引发了我国部分地区的抢购盐、醋风潮，再次表现出灾害的"心理台风眼"效应。在2020年新冠疫情期间，一项针对疫情不同风险地区（低风险区、中风险区、中高风险区和高风险区）人群的调查同样发现了"心理台风眼"现象。更值得注意的是，随着所处地区风险水平的升高（从低风险区到高风险区），民众对疫情的风险知觉反而降低。这意味着，在空间上越接近高风险区的民众心理越平静，而那些远离高风险区的民众反而更为恐慌（许明星 等，2020）。

根据"心理台风眼"效应，我们可从空间上将心理援助划分为三部分：首先是灾难中心。心理援助对象主要是直接受到灾难影响的个体，他们经受了生命和财产的威胁，许多人失去了亲人，财产严重损失，因此遭受的心理创伤最为严重。其次是灾难的周边地带。心理援助对象主要是次级受害者，他们虽然没有直接受到灾难的影响，但目睹了灾难对人们生命和财产的威胁，心理恐慌程度相对较高。最后是外围区，即非灾区。心理援助对象主要是社会大众。他们通过各种信息渠道，尤其是新闻媒体了解到灾区人民承受的巨大伤害。正因为担心同样的事情可能发生在自己身上，所以他们对灾难的风险知觉、恐慌和担忧程度都比较高。

（二）网络空间的影响

当今社会，互联网的普及和社交媒体的崛起无疑改变了突发重大公共安全事件的影响范围。公众不再仅仅依赖传统媒体获取信息，而是更多地借助互联网场域来了解风险知识和构建风险认知。互联网媒介不但扮演着风险信息的"搬运工"角色，而且不断地修饰、变化和自我生成，甚至可能定义出新的风险，从而形成一个被媒介化的风险社会。如今，利用网络媒介来了解突发重大公共安全事件、追踪事件进展以及表达个人观点等，已经成为普通民众参与社会活动和关注突发重大公共安全事件的重要途径，甚至成为日常生活中不可或缺的一部分。这种信息获取方式的变革使突发重大公共安全事件对民众的影响范围更广，相应的不确定性也更大，还有可能给国家安全稳定和社会运行秩序带来巨大威胁。

以新冠疫情为例，在封闭式管理期间，人们依赖微博、微信、抖音、新闻网站等网络媒介获取疫情信息。这些网络媒介使疫情信息得以迅速传播，形成"网络疫情"，其影响力波及全球。然而，新冠疫情的突发性使得网络上的信息量呈现指数级增长，尽管个体并未处于疫情中心或高风险区，但网络媒体制造出的信息茧房让人们难以分辨信息的真伪，很难作出正确合理的判断与决策。疫情与负面信息的叠加，进一步引发了民众的焦虑、悲观、抑郁、强迫等一系列心理和行为反应。新冠疫情初期，公众由于无法解释疫情的来源、无法预测疫情的发展，自我控制感下降，亟须通过获得相关权威信息来补偿自我控制感的"缺口"。因此，在应对突发公共卫生事件时，作为传递国家政策信号的核心途径，官方媒体具有至关重要的地位。根据姚琦等人（2020）的研究，公众对官方社交媒体的信任度与疫情防控密切相关。这种信任可以增强公众战胜疫情的信心，从而影响民众的辟谣行为。换言之，当公众对官方媒体充满信任时，他们更愿意接受并传播来自官方的权威信息，而不是被谣言左右。

在重大疫情面前，整个社会的心理状态往往容易出现失调与失衡。一方面，疫情通常是全球化的问题，极少有国家能完全置身事外。然而，总有部分国家和民众因为历史或意识形态的偏见，不断给全球抗疫带来负能量。另一方面，一些唯利是图的新闻媒体和自媒体利用互联网大肆传播各种信息，使民众长期处于造谣和辟谣、假象和真相、愤怒和感动的混乱之中。这种内外交织的混乱借助互联网，尤其是移动互联网在社会层面迅速蔓延，进一步加剧疫情时期社会心理的失序、失范和失调。而这种失序、失范和失调的社会心理又会反过来严重影响疫情防控举措的施行成效，为社会心理的进一步失调提供新的客观基础（肖铁岩，刘有斌，2020）。

当今社会，网络空间已经成为抗击突发重大公共安全事件的第二战场。各种新兴的信息传播方式使得危机治理所面临的信息流、态度流以及相伴的行动选择等都出现了与以往截然不同的新趋势和新特征（糜晶，2014）。信息传播的互动性与及时性、内容的海量性与多元化、形式的个体性与多媒体化等特点，使得传统的"问题情境-危机处置"模式在面对新的挑战时，似乎显得有些力不从心。因此，政府必须适应网络时代的新特点，调整和更新危机治理的方式和方法，更好地应对网络空间中的公共危机。

第四节 临床-非临床维度下的心理与行为效应

突发重大公共安全事件后的心理与行为表现可分为临床反应与非临床反应。临床反应即心理精神疾病，具体表象符合医学诊断标准，严重影响个体生命健康，需对其进行临床医学干预。非临床反应则以非常态的负面反应为主，非临床反应严重程度虽未致病，但也影响着个体的日常生活。忽视个体的非临床反应可能造成负面效应堆积，最终发展为临床反应。突发重大公共安全事件后个体的非临床反应，可通过开展心理咨询加以缓解。

一、临床维度下的心理与行为效应

在新冠疫情暴发期间，苏斌原等人（2020）利用心理援助热线平台，采用心理健康症状量表（SCL-90）对6278名被试的心理健康状态进行了评估。结果显示，疫情期间民众的心理症状各因子均分和阳性症状检出率均显著高于非疫情期的参照水平。此外，女性、所在社区有人感染、自身有疑似症状等群体的心理症状均值也显著高于其对照群体。冯正直等人于2020年2月17日至2020年3月10日对全国53427人进行调查发现，公众心理问题中焦虑、抑郁、失眠等发生率高，发生率由高到低依次为焦虑（97.75%）、抑郁（97.48%）、失眠（69.25%）、创伤后应激障碍（4.75%）、自杀意念（0.00%），说明突发重大公共安全事件后的心理行为反应已具有临床特征，根据DSM-V，可将突发重大公共安全事件后的心理与行为表现总结为以下四个方面。

（一）应激障碍

根据个体的症状、病因，应激障碍可分为急性应激障碍与创伤后应激障碍。

1. 急性应激障碍

ASD是一种由剧烈的、异乎寻常的精神刺激、生活事件或持续困境引发的精神障碍。多数情况下，这种障碍的发生与精神刺激的出现时间密切相关，同时受到精神刺激内容的影响。病程的长短和预后情况，与能否及早消除精神因素有着密切联系。需要明确的是，ASD并不包括癔症、神经症、由心理因素引起的生理障碍以及精神病性障碍。这种障碍可能发生于各类人群，但在青年及中年人群中更为常见，发病率并无显著性别差异。

严重应激障碍的发生、发展和临床表现受到多种因素的影响，包括生活事件和生活处境、社会文化背景、人格特征、教育程度和智力水平、生活态度和信念等。其中，强烈或持久的精神刺激因素是导致严重应激障碍发生的直接原因。这些精神刺激因素可能源于火灾、地震等自然灾害，可能源于疫情、亲人亡故等突发重大事件，以及交通事故等人为灾祸，也可能源于家庭不睦、邻里纠纷、工作严重挫折，或长期与外界隔离等持久的情感创伤。当精神刺激因素达到一定强度，超过个人的耐受阈值时，即可造成强烈的情感冲击，使个人失去自控能力，产生一系列精神症状。

ASD通常是由急剧、严重的精神打击所引发的，这种打击会直接影响患者的心理状态。受到这种打击，患者通常会在短短的一小时内发病。发病时，患者可能会体验到强烈的恐惧，并表现出精神运动性兴奋，行为可能变得盲目，或者是精神运动性抑制，甚至出现木僵状态。

强烈的或持续的心理创伤有时会导致精神病性障碍。这类障碍主要表现为妄想和情感症状，症状内容与应激源密切相关，因此较易被理解和感知。一般经过治疗，病人的症状可以得到缓解或消除，其精神状态可以恢复正常，且不会出现人格缺陷。

在经历强烈的精神刺激后，一些病人可能出现情绪低落、抑郁、愤怒、悔恨、沮丧、绝望、自责、自罪等症状，在极端情况下，还可能会产生自杀行为。除此之外，他们还可能出现失眠、噩梦多、疲乏、难以集中注意力，对生活缺乏兴趣，对未来失去信心等急性心因性抑郁状态；少数病人可能出现情绪兴奋、欣快、言语增多、夸大的特点，呈现非急性心因性躁狂状态（张跃兰 等，2008）。

2. 创伤后应激障碍

创伤后应激障碍又称延迟性心因性反应，是指由异乎寻常的威胁性或灾难性应激事件或情境导致的延迟出现和长期持续的精神障碍。既往有关PTSD的研究多集中于交通事故、失业、离婚、性侵、地震、战争和移民等重大事件对个体或群体的影响。早期关于PTSD的研究对象多集中于男性，主要是经历战争的士兵，所以被称为"炮弹休克"，后来又被称为"战争疲劳"。当前研究表明，每个人包括儿童都有发生PTSD的可能性，且女性发生率是男性的两倍。一般而言，约有30%的PTSD患者可以完全康复，40%的患者持续有轻微症状，20%的患者有较严重的症状，10%的患者症状持续未改善甚至进一步恶化（秦虹云，季建林，2003；Yule，2001）。

在过去的几十年里，PTSD的症状结构一直是心理学家和研究者争论的焦点。从DSM-Ⅲ-R（DSM-Ⅲ的修订版）的三个症状诊断标准（闯入、回避、高警觉），到《精神疾病诊断和统计手册（第四版）》的修订版（DSM-Ⅳ-TR）将ASD分了出来，关于PTSD症状的争论已经持续了20年，但至今仍未得出明确的结论。三因素模型认为PTSD包含闯入、回避和高警觉三个症状簇，但这一理论越来越受到挑战。现在出现了将回避症状进一步细分为回避和麻木的四因素麻木模型。此外，情绪痛苦模型将PTSD的症状分为麻木和情绪痛苦两个簇。另有一种四因素睡眠障碍模型认为，睡眠障碍是强烈情绪反应外的重要心理创伤的参考指标，是PTSD躯体化的一种重要表现。

2008年汶川地震后，吴坎坎等人（2009）采用事件冲击量表修订版（IES-R；Weiss & Marmar，1997）对956名地震幸存者进行了调查，发现82.6%的幸存者有可能会在一到两个月后发展为PTSD患者。与西方不同，中国人通常更注重"忍"，在精神和心理上遭受创伤时往往会压抑自己的情绪，这可能导致他们在躯体层面表现出更多的睡眠障碍。这次研究首次在非西方国家验证了PTSD的四因素睡眠障碍模型（Wang et al., 2010）。中国科学院心理研究所于2008年8月30日攀枝花6.1级地震后6到10天内对353名幸存者进行了ASD研究，首次在国内验证了ASD诊断标准的适用性，并发现攀枝花地震幸存者急性应激障碍的症状结构包括分离体验、再体验、回避和高警觉四个因素。这一结果为早期心理创伤诊断提供了重要的理论依据，有助于制定更适合中国人的灾后心理干预模式，同时，也为针对不同症状或PTSD亚型的干预方法提供了基础。

（二）精神障碍

精神障碍指的是大脑机能活动发生紊乱，导致认知、情感、行为和意志等精神活动不同程度障碍的总称，常表现为幻觉、妄想和意识障碍等。

1. 幻觉

幻觉是一种知觉障碍，指的是在没有受到客观刺激的情况下，人们依然能产生一种真实且生动的感知。需要注意的是，幻觉与错觉是不同的，错觉是在接触到真正的外部刺激时产生的认知错误。幻觉主要分为幻听、幻视、幻触等，其中最常见的是幻听和幻视。幻觉通常出现在精神病患者身上，但在紧张、疲劳、高烧等特殊情况下，正常人也可能出现幻觉。

2. 妄想

妄想是一种不理性的错误信念，患者会对其深信不疑，即使面对事实也无法动摇他们的信念，这种病态信念通常出现在精神分裂症等精神病状态下。在精神病学领域，妄想被认为是一种难以纠正的病态信念，因为它既与现实不符，也与个人的处境和文化中公认的信念相悖。原发性妄想，即那些无法通过患者的生活经历和人格来理解的妄想，通常出现在精神病患者身上；而继发性妄想则源于其他精神症状或障碍，如情感障碍或牵连观念。

3. 意识障碍

意识障碍是由多种原因导致的严重脑功能紊乱，是常见的临床症状之一。意识障碍有多种类型，如嗜睡、昏睡、昏迷、谵妄等。在嗜睡状态下，患者会持续处于睡眠状态，但能被言语或刺激唤醒。在昏睡状态下，患者对刺激的反应减弱，需要较强的刺激才能唤醒。昏迷状态是指患者的意识完全丧失，无法被任何刺激唤醒。谵妄状态则是一种急性、严重的意识障碍，患者会出现意识模糊、定向力障碍、幻觉等症状。

（三）抑郁障碍

抑郁障碍是一组以情感低落为主要临床表现的疾病的总称，其核心症状是患者与所处环境不相称的心境低落和兴趣丧失。灾后抑郁症是一种由灾难引起的心因性抑郁症。灾难中的应激因素，如亲人和财产的丧失、生命的威胁及灾难后果的不可预测等，都会加重患者的抑郁症状。在某些情况下，患者可能还会出现焦虑和激越等症状。此外，部分抑郁症患者在病程中可能出现幻觉、妄想等精神障碍症状，使病情更加复杂。

抑郁障碍的发病原因和机制较为复杂，目前尚未被完全揭示。一般来说，抑郁症的发病是生物因素、心理因素以及社会环境因素共同作用的结果。在心理因素方面，一些生活应激事件，如丧失亲人、人际关系不良、失业、严重躯体疾病等，都是抑郁症的诱发因素。此外，突发且重大的社会安全事件，如自然灾害、恐怖袭击等往往导致多种不良生活事件，失去家园、失去亲人、失业等因素协同作用可能会诱发抑郁症（高贵元 等，2021）。

抑郁障碍的核心症状有心境低落、兴趣减退以及快感缺失等，并伴随着一系列心理症状，包括思维迟缓、认知功能损害、陷入负性认知模式、自责自罪、出现自杀观念和行为、精神运动性迟滞或激越、焦虑、产生精神病性症状以及自知力缺乏等。此外，还会导致一系列躯体症状，如睡眠障碍、与自主神经功能紊乱相关的症状、进食紊乱、精力下降以及性功能障碍等。这些症状会影响患者的生活质量、工作效能，甚至是社会功能。

（四）自杀危机

自杀是指故意采取各种手段结束自己生命的行为。根据自杀发生的情况，一般将其分为自杀观念、自杀未遂和自杀死亡三种形式，三者呈现出一个阶段性、递进性的逐步发展过程。自杀危机通常是最普遍且最严重的心理危机，尽早发现自杀倾向，有利于帮助个体及时进行心理危机调适和干预。

1. 自杀观念

自杀观念又称自杀意念，是指一个人产生想要结束生命的念头，但尚未付诸实践。这种观念是预测自杀行为的重要指标，因此，及时发现和处理自杀观念至关重要，是挽救生命的第一步。当一个人表达自杀观念时，他们可能是在寻求帮助，或向周围人发出求救信号。因此，许多学者认为，询问自杀观念是预防自杀的有效手段之一。然而，自杀观念并不总是明显的。有些人可能会用隐晦的方式表达他们的想法，或者隐藏他们的真实意图。由此，需要保持警惕，及时发现任何可能暗示自杀观念的线索。例如，一个人突然开始谈论死亡，或者表现出明显的情绪低落和兴趣减弱，这些都可能是他们内心挣扎的迹象。

2. 自杀未遂

自杀未遂指的是一个人有意图地采取行动毁灭自我，但最终并未导致死亡。在这类行为中，非自杀性自伤（NSSI）行为尤为值得关注。NSSI指的是在没有明确自杀意图的情况下，个体故意、重复地伤害自己身体组织的行为。NSSI被认为是一种宣泄途径，可帮助个体减轻负性情绪，甚至诱发愉快或放松的状态。尽管如此，非自杀性自伤行为仍具有高检出率、高危险性、高重复性等特点。研究表明，NSSI与多种心理问题有关，可能会增加自杀风险（韦臻 等，2021）。唐记华等人（2017）的研究发现，有自伤行为的个体的情绪障碍（如焦虑、抑郁、双相情感障碍及相关障碍）发生率、总应激水平等均显著高于对照组。这进一步说明，非自杀性自伤行为可能是心理健康的一个重要风险因素，需要引起广泛关注和及时干预。

3. 自杀行为

（1）自杀的类型。一般把自杀分为情绪型自杀和理智型自杀两种类型。情绪型自杀通常是由委屈、悔恨、内疚、羞惭、激愤、烦躁或赌气等强烈的情绪波动引发的，这类自杀行为往往发展迅速，可能在短时间内演变成实际的冲动行为。在这种情况下，当务之急是寻求专业的心理援助，以平息个体强烈的情绪波动，阻止自杀行为。

与情绪型自杀不同，理智型自杀并非源于短暂的情绪波动，而是个体经过长期思考和体验后，对自身状况做出的判断和选择。这种类型的自杀行为往往经过深思熟虑，具有明确的目的性和计划性。面对理智型自杀，我们需要更深入地了解个体所面临的困境，并积极提供支持和帮助，以期改变他们的观念，重拾对生活的信心。

（2）自杀前的心理特征。在自杀行为发生前，个体通常会有一些特定的心理表现。首先，多数自杀者当时都处于一种矛盾的心理状态，他们渴望尽快摆脱生活的痛苦，但本质上并不是真的想要结束生命。这种矛盾心理常常体现在他们频繁提及与自杀、死亡有关的话题上。其次，自杀行为往往具有冲动性，多由日常生活中的负性生活事件所触发。这种自杀冲动可能持续几分钟到几小时不等，因此，及时发现和处理这种冲动至关重要。最后，自杀者在进行自杀时可能会表现出思维狭窄、情感行为僵化的特征。他们常常以悲观态度看待问题，对生活持消极的看法，并且拒绝使用理性方式解决问题。

想自杀的人可能会在自杀前数天、数星期、数月甚至数年有以下表现：表示自己一事无成、没有希望或感到绝望；感到极度挫败、羞耻或内疚；曾经写出或说出想自杀；谈及"死亡""离开"及在不寻常情况下说"再见"；将至爱的物品送走；避开朋友或亲人，不想和人沟通或希望独处；性格或仪容剧变；做出一些失去理性或怪异的行为；情绪反复不定，由沮丧或低落变得异常平静或开心。

（3）自杀的心理和社会原因。在自杀死亡中，心理和社会因素具有重要意义，但在自杀未遂中，社会因素相对更为重要。研究发现，三分之一的自杀死亡者和三分之二的自杀未遂者没有精神疾病。这一结果对长久以来的一种假设提出挑战，即几乎所有的有自杀行为的人都有精神障碍。该研究结果还显示出，预防自杀计划需要避免或减少剧烈的人际矛盾。自杀是多因素综合造成的，因此，针对自杀的研究工作不应集中于寻找独立的危险因素，而要着重探索各个危险因素之间的协同作用机制；应更重视抑郁的严重程度，抑郁的伴生疾病及行为（如精神分裂症、物质滥用等）与自杀直接相关；应着重于降低负性生活事件导致的心理累加效应，而不仅仅是致力于处理某个具体的生活事件。自杀的远端（如早年创伤、器质性病变等）和近端（如近期生活事件等）因素相互作用影响着个体的自杀行为，需要综合考虑两种诱因并针对不同的危险因素制定不同的防御措施。

二、非临床维度下的心理与行为效应

在突发重大公共安全事件中，个体的心理健康状况常常会在一定程度上偏离正常水平。1944年，林德曼基于对美国波士顿火灾遇难者家属及幸存者的心理调查指出：经历危机后的人们需要时间去宣泄悲伤和痛苦，这段时间可以通过危机干预的方法和技术进行治疗，帮助其调整个体心态，宣泄负面悲伤情绪。总的来说，从非临床角度来看，突发重大公共安全事件发生后，个体的心理行为反应主要表现在以下三方面：

（一）焦虑情绪

焦虑是一种常见的消极心理情绪现象，它使人们在没有任何明显客观原因的情况下感到内心不安或恐惧。这种情绪体验包括担忧、紧张、不安、恐惧以及不愉快等多种感受。焦虑不仅影响人们的心理，还会导致明显的生理变化，例如，心悸、血压升高、呼吸加深加快、肌张力降低等。在焦虑状态下，人们可能出现口干、胸闷、出冷汗、双手震颤等症状，甚至还会影响睡眠、食欲，导致尿频、便秘、腹泻等问题。焦虑时人们往往会有不合理的思维存在。这些不合理的思维使得人们的精神持续紧张，身体反应也变得不正常。可以说，不合理的思维是焦虑的本质。

在面临突如其来的危机事件，尤其是生命安全受到威胁时，人们会变得紧张不安、焦急、忧虑、多疑等，多种消极复杂情绪会交织在一起。这种反应从某种程度上讲，是一种正常的自我保护心理状态。然而，如果这种状态持续时间较长，程度强烈，甚至发展到严重的焦虑状态，或者形成弥漫性的广泛性焦虑障碍，那么它对个体的影响将会非常深远。轻微的焦虑状态可能会对个人的身心健康产生影响，而严重的焦虑状态则可能导致正常生活和工作等方面的社会功能受损（张改叶 等，2012）。

（二）抑郁心境

抑郁是以情感低落、哭泣、悲伤、失望、活动能力减退，以及思维、认知功能迟缓等为主要特征的一类情绪体验。抑郁常见的表现是闷闷不乐或悲痛欲绝。心理健康症状量表将苦闷的情绪和心境、生活兴趣减退、动力缺乏、活力丧失、悲观失望作为抑郁维度的主要特征。另外还有下述生活表现：

（1）对日常生活丧失兴趣，无愉快感。

（2）精力明显减退，无原因的持续疲乏感。

（3）自信心下降或自卑，或有内疚感。

（4）失眠、早醒或睡眠过多。

（5）食欲不振，体重明显减轻。

（6）自杀，有自杀的观念或行为。

（7）性欲明显减退。

（8）注意力集中困难或下降。

（9）联想困难，自觉思考能力显著下降。抑郁心境在一天中有较大波动，常以早上最重，然后逐渐减轻，到晚上最轻。

（三）强迫症状

强迫症状是指一些无意义但却无法摆脱的想法、冲动和行为。在重大突发事件后，个体可能会产生一些强迫行为，但这种行为与强迫症（OCD）有所不同。根据临床表现，强迫症状可以分为强迫观念和强迫行为，二者都有一个重要特点，即强迫症状的属我性，也就是说，这些症状并非由外部力量引起，而是患者自身产生的，他们会觉得这些症状"非我所愿"，并采取相应的对抗性行动。在突发重大公共安全事件中，个体可能会受到严酷的生存环境或创伤经历等外部环境的影响，从而产生一些以防御和生存为根本目的的行为。新冠疫情期间，部分民众的强迫行为主要表现为担心病毒传染而反复洗手、频繁测量体温，害怕直接触摸门把手、电梯按键、自动扶梯扶手等常见生活场所用品，反复清洁或消毒物品，反复查看与疫情相关的新闻信息而无法停止。这些行为虽然看起来有些反常，但却是个体在面对威胁时的一种自我保护和应对方式。理解和接纳这些行为，并采取适当的措施，对于增进突发重大公共安全事件中个体的心理健康和社会适应能力具有重要意义。

第五章
突发重大公共安全事件中心理援助的模式与途径

汶川地震后,突发重大公共安全事件中的心理援助开始受到社会各界的强烈关注。为处于心理危机状态的当事人提供及时、恰当、有效的专业心理援助,能够帮助其在短期内较快度过重大打击后的危险期,并最终朝向长期的良好适应状态不断迈进。"救人要救心"的理念逐步深入人心,目前已成为全社会的基本共识。现实生活中,根据突发重大公共安全事件的性质与特点、影响范围与程度、资源可得性与易得性等方面因素,可采用不同方式开展心理援助。本章将主要围绕个体心理援助、团体心理援助、社区心理援助和远程心理援助,对常用的心理援助模式与途径进行分析和讨论。

第一节　心理援助方案的制定与实施流程

自2008年我国卫生部发布《紧急心理危机干预指导原则》以来,该文件便成了突发危机事件发生后开展科学、规范心理援助的主要依据。根据该文件对干预方案制定的要求,同时参考2020年新冠疫情期间部分地区与专业心理机构的心理援助工作体系,心理援助方案的制定有了标准化的参考,随后在此基础上展开的正式实施流程也变得有据可依。

一、心理援助方案的制定

由于不同地区、组织的自身特征或突发事件的性质等方面存在差异，干预方案的制定会略有不同，但大体方向与基本流程是具有共性的。根据《紧急心理危机干预指导原则》，心理援助工作方案的大致流程可分为下述几个部分。

（一）服务背景

主要对制定心理援助方案的背景，即对所发生的突发重大公共安全事件进行简要介绍，并列举突发重大公共安全事件下民众与救援人员心理与情绪的基本反应。

（二）服务目标

心理援助的主要目标是，积极预防突发重大公共安全事件，在事件出现后有效管控事态的影响范围，并降低事件带来的心理社会冲击，维护社会稳定，维持公民的心理健康和推动心理重建。一旦实施心理危机干预活动，就要保证能最大程度、完整地执行部署的计划，并避免民众再次受到伤害。同时，对于受影响人员要实施分类干预，为受创伤的人群提供必要且多元的危机干预与心理服务。

在实施心理援助的过程中，要积极调配援助机构或单位所拥有的心理健康服务资源，在保护受灾者隐私的同时，科学理智对待心理危机干预与心理援助的关系和作用。

（三）组织架构

该部分主要介绍发起单位、负责人以及小组成员。

心理援助的发起单位通常是受影响地区的救灾或抗疫指挥部，由指挥部协调成立各心理救援队，统一安排心理救援队，将工作分至各组负责人。心理救援队的人员主要由精神科医生构成，包含临床心理治疗师、精神科护士等。心理救援队在实施救援时至少以2

人为一小组行动，每一小组配备有援助经验的队长1名，以及联络员1名。

心理救援组织运作的基本流程如下：首先，心理救援队到达受灾地后，应先联系现场指挥部，并协助配合指挥部建立心理救援协调小组。其次，在实施所有工作前，心理救援协调小组应先与当地精神卫生专业机构进行深入沟通，然后在当地卫生行政部门的指导下进行救援行动。最后，心理救援协调小组作为救灾第一单位，应灵活整合后期陆续抵达的心理救援队成员，通过干预促进形成灾后个体心理、团体心理、社区心理等方面的互助网络。

（四）服务对象

依据《紧急心理危机干预指导原则》中四级干预人群的划分标准，将心理援助对象分为四级：第一级人群为灾难的亲历者，如死难者家属、伤员、幸存者；第二级人群为灾难现场的目击者，如医护人员、救援人员等；第三级人群为与第一级、第二级人群相关的人群，如幸存者和目击者的亲友等；第四级人群为受影响的普通民众、后期在受灾现场服务的志愿者人员和后方救援人员等。

（五）干预原则

第一，心理危机干预构成医疗救援工作的一部分，它应该与整体救灾工作结合起来，根据整体救灾工作的部署，及时调整心理危机干预工作的重点，达到促进社会稳定的目的。

第二，心理危机干预活动一旦开始进行，就应该保证干预活动顺利、完整、完善地开展，避免受灾人群在干预中受到来自外界的二次创伤。

第三，实施分类干预，根据受灾人群的不同需要应用综合的干预技术，针对问题向受灾人员提供个性化、个体化的帮助。援助人员应对受灾人员的隐私严格保密，不随便向第三者透露受灾人员的个人信息。

第四，援助人员应以科学的态度对待心理危机干预，即心理危机干预不是医疗救援工作的"万能钥匙"，不能"药到病除"，而是作为坚实的一环和其他部分支撑着医疗救援工作的开展。

IASC下设组织——紧急情况下精神卫生和社会心理支持咨询团在2007年出版了《机构间常设委员会紧急情况下精神卫生和社会心理支持指南》，提出心理救援的八项原则：应急计划；全面评估；重视长期发展；各机构之间的合作；把心理救援融入医疗基础；所提供的服务无条件地面向所有受灾人群；深入系统的培训和督导；利用重要指标进行监督。通过落实这八项原则，降低突发重大公共安全事件对人们的冲击和影响，帮助人们从受灾的创伤中恢复，并重新适应新的生活。

（六）工作内容

心理援助的具体工作内容主要包括以下三个方面：

第一，了解受灾人员的普遍心理反应，通过宣传基本的心理教育和实施心理危机干预技术给受灾人员提供心理救援服务。

第二，了解受灾人员的社会心理状况，根据掌握的信息将受灾人员划分为不同等级，筛选可能出现严重应激障碍或其他心理障碍的人群，通过个体或团体的形式重点评估目标人群的心理健康状况；采用线索调查和跟随各科医生查房的方法在医院里发现心理创伤较重的人员；采用线索调查和现场巡查的方法在灾民转移集中安置点发现需要进行心理危机干预的对象；在灾难发生的现场抢救生命时，随时干预心理创伤较重的人员。同时，在各个现场随时准备发放心理救援宣传资料，提高心理救援在受灾人员间的普及程度。

第三，通过实施心理援助的干预，促进社会心理层面的灾后互助网络的构建。心理救援队在接到任务后准时到达指定救援地点，在当地救灾指挥部的指挥下，进一步熟悉灾情，确定工作目标人群和场所。在心理危机干预方案已确定的场所，救援队继续按照原方案开展干预；在还没有确定心理危机干预方案的场所，使用简单的评估工具筛查需要干预的对象，抓紧制定干预方案，然后根据评估的结果，及时对心理应激反应较重的人员进行初步心理干预、对有急性心理应激反应的人员进行治疗和随访。

（七）服务形式

采取传统面对面式援助与远程心理援助相结合的服务形式，根据对目标人群的评估，制订多元化的心理援助计划。

（八）制定工作时间表

根据干预人群的数量和范围以及援助人员的数量安排工作，制定工作时间表。

（九）专业设置与安排

第一，为团队专业人员提供岗前培训与持续的专业支持。

（1）提供灾区基本情况：包括灾难类型、伤亡人数、道路状况、天气情况、通信和物资供应信息，以及目前政府救援计划和实施情况等。

（2）复习相关的基本医疗救护知识和技术：例如涉及躯体损伤患者，就需要提前为专业人员培训和复习骨折伤员的搬运、创伤止血等医疗知识和技术。

（3）明确即将开展心理救援的地点，提前规划好救援路线和备选路线。

（4）初步估计干预对象的分布和数量。

（5）制定初步的干预方案与实施计划。

（6）对从未参与过灾难心理危机干预的队员进行有关心理危机干预的培训。

（7）准备宣传手册及简易评估工具，熟悉主要的干预技术。

（8）制订团队食宿计划，包括队员自用物品以及常用药品的配备等。

（9）外援心理援助医疗队抵达灾区前，尽量先与当地联络人进行沟通，对灾区情况有所了解。

第二，对援助人员的信息与所涉记录进行保存，并且尽量保留发生的全部财务票据。

第三，为援助人员提供专业支持与指导，帮助其缓解压力。

（1）关注援助人员的心理健康。在有条件的场所中，在救灾工作的组织者、社区干部、救援人员之间开展集体讲座、个体心理辅导以及集体心理干预等活动，传授心理危机干预中简单的沟通技巧、心理保健的方法等。

（2）及时总结当天工作。每天晚上定时召开碰头会，对工作方案进行调整，计划次日的工作。

（3）及时汇报干预结果。及时向当地救灾指挥部负责人汇报干预结果，在此基础上提出对重点人群干预的指导性意见和注意事项。

（4）及时督导救援队工作。在工作结束后，心理救援医疗队要及时总结并汇报给有关部门，全队接受一次督导。

二、心理援助的实施流程

心理危机干预没有任何固定程序可循，对当事人的启发、引导、促进和鼓励也没有现成的公式，但是学者们总结出了一些基本步骤，以帮助人们了解和掌握这门技术。《危机干预策略》中，詹姆斯和吉利兰提出的危机干预六步法已作为危机心理援助的基本流程被专业咨询工作者和一般工作人员广泛采纳，用于帮助不同类型的危机求助者（James & Gilliland，2017）。它主要包括以下六步：确定问题；保证当事人安全；给予支持；提出并验证可变通的应对方式；制订计划；获得承诺。

第一步：确定问题。站在当事人的视角确定和理解问题。在危机干预过程中，干预者主要使用有效倾听技术：同情、理解、真诚、接纳以及尊重。干预者积极地参与当事人的生活，同情、关心、理解与接纳当事人，其间既要注意当事人的语言信息，也要注意非语言信息，如动作、表情、说话的语调等。

第二步：保证当事人安全。当事人的个人安全在干预过程中是重中之重，即最大程度地降低对当事人本人和他人生理与心理上的伤害，实际上这也是危机干预的首要目标。

第三步：给予支持。干预者为当事人提供无条件的理解与接纳，不对当事人的任何经历与感受加以批评与判断，真诚地与当事人沟通与交流，使其相信真正支持他、理解他、愿意帮助他的人是真实存在的，这样才能打开当事人的心扉，使其尽情地表达与宣泄。

第四步：提出并验证可变通的应对方式。正处于应激状态的当事人在心理上存在不灵活性，很难清晰认知与把握自己采取的应对方式，极可能运用了不恰当的应对措施，甚至认为自己无路可走。因此，干预者要帮助当事人了解过去和现在有哪些人可以帮助自己，搜寻当事人目前可用来应对危机事件的行动或环境资源，从而使当事人将思维方式转变得更积极、更有建设性，产生"自己实际上有很多可变通的应对方式加以选择"的认知模式，以降低应激水平。当然，此类选择不必太多，能找到处理当前境遇的适宜性选择就可以。

第五步：制订计划。帮助当事人制订切实可行的现实计划，具体包括确定有他人或机构能够提供及时有效的支持，以及提供当事人能够理解和把握的行动步骤，如放松技术等。但要注意尊重当事人的独立性，让他意识到这是自己的计划，以恢复控制感与主动性，而不是一直依赖于支持者。

第六步：获得承诺。让当事人复述所制订的计划，确定要采取的行动步骤是自己能够接受和完成的。支持者要从当事人那里得到一个诚实、直接和适宜的承诺。

需要注意的是，通常情况下，突发重大公共安全事件造成的心理问题不会很快消失，因此，可根据具体情况提供长期的心理援助。

第二节 个体心理援助的模式与途径

根据布朗芬布伦纳（Bronfenbrenner）在1979年提出的社会生态系统理论（Society Ecosystems Theory），个体、家庭、社区、社会文化等不同层面的因素都会影响人们的行为。因此，针对不同需求，有侧重地开展个体心理援助、团体心理援助、社区心理援助以及新型的远程心理援助，对于降低突发重大公共安全事件的影响，缓解与消除个体、团体、社区的心理问题具有重要意义。本节主要介绍个体心理援助的模式与途径。

一、个体心理援助的概念与特点

个体心理援助指心理工作者在重大灾难后提供的帮助受灾人群应对灾难引发的各种心理困扰、心理创伤，以及逐步恢复正常心理状态的所有心理层面的途径与方法（贾晓明，2009）。对突发重大公共安全事件发生后出现严重心理应激障碍的个体，需要进行"一对一"的心理援助。个体心理援助跳出了心理咨询、心理治疗、心理危机干预的"制式化""正规化"语境，以更多元的视角去看待灾后心理专业的工作（林耀盛，2005），从而改善和缓解创伤给个体带来的心理危机和外部症状，如行为异常或相应的躯体症状，同时防止事件带来的创伤发展成抑郁症等病理状态。

二、个体心理援助的方法与途径

在实施个体心理援助的过程中，可以借助八种方法。下文将在前文基础上详细补充部分重点技术在实施时的主要操作步骤和治疗效果。

（一）心理急救

美国《心理急救现场操作指南》指出：心理急救是由经验引导

的帮助儿童、青少年、成人和家庭克服灾难和恐怖主义造成的直接后果的标准方法（肖水源，刘慧铭，2010）。PFA概念是在20世纪中叶引入的，它在后"9·11"时代作为灾难应对措施获得了关注。从那时起，PFA已成为不可或缺的早期干预灾难响应措施。

1. 概念

PFA是指将人道性质的支持提供给那些遭受突发重大公共安全事件而受到创伤的人员，属于危机干预的重要内容之一。"五感"原则是心理急救技术的基础，包含以下内容：

（1）构建安全感。

（2）创造平静感。

（3）激发自我效能感和集体效能感。

（4）建立与他人的联结感。

（5）培育希望感。

2. 操作程序

PFA包含下述八个核心行动（Bonanno & Mancini，2012）。

（1）接触与承诺：响应幸存者发起的接触信号，以非侵入、富有同情心和有益的方式进行接触。

（2）安全与抚慰：增强即时和持续的安全性，并提供身体和情感上的舒适感。

（3）协助稳定：帮助不知所措或心烦意乱的幸存者保持镇定，重拾平静和方向感。

（4）信息收集：确认当事人的需求和疑虑，收集更多信息并制定心理急救干预措施。

（5）实际援助：为幸存者提供实际帮助，以解决眼前的迫切需求，例如食物、水、住所和医疗服务等。

（6）联结社会支持：帮助当事人与主要支持者和其他支持来源（包括家庭成员、朋友和社区）建立简短或持续的联系。

（7）提供应对信息：提供有关压力反应和应对的短期与长期信

息策略，以减少压力并提升当事人的适应功能。

（8）协同服务联结：帮助幸存者与当时或将来所需的可用服务建立联系。

需要注意的是，在行动中要遵循"3L原则（Look，Listen，Link）"。"Look"即检查安全感、检查迫切需要帮助的人以及检查情绪不稳定的人，"Listen"即了解对方的需求、了解对方关心什么、安静地听对方倾诉，"Link"即提供信息、满足基本需求、帮助解决问题、帮助对方找到亲友及社会支持系统。

3. 治疗效果

PFA在一定程度上能够稳定和减轻创伤性事件造成的急性应激反应，有助于受创者的心理稳定，最大程度减少突发事件对其身心功能的损害，并促使其逐步恢复适应功能。

（二）眼动脱敏与再加工疗法

人类具备一种内在的适应性信息处理系统来实现对思维和情绪的自我调节。当一个人感觉非常心烦和痛苦时，他的大脑是不能正常处理信息的。一部分人在经历创伤性事件时，那些能激发强烈情绪反应的创伤性事件和经历创伤时反复出现的情境，会使当事人内在的适应性信息处理系统的功能发生"凝结"和"阻滞"。因此，通过触发一种被称为"探究反应"的内在神经生理机制，使当事人的适应性信息处理系统的功能恢复正常，从而减轻当事人的PTSD症状反应，这在实施心理援助的过程中十分重要。

1. 概念

眼动脱敏与再加工疗法是一种循证心理治疗方法，由美国心理学家夏皮罗（Shapiro）于1987年创立，主要用于缓解由与创伤有关的痛苦回忆引起的症状，被证实为治疗恐惧性神经症的最有效方法之一。EMDR鼓励患者短暂关注创伤记忆，在治疗期间，通过标准化程序刺激加速学习过程，其中包括在治疗者的带动下进行眼球运动和使用其他形式的有节奏的左右（双边）刺激来治疗PTSD。

2. 操作程序

EMDR通常可分为四个步骤。

（1）评估：找出来访者在生活中最恐惧的事物，让他们对此进行评分。

（2）脱敏：针对来访者恐惧的事物进行眼动脱敏干预，在来访者专注记忆的同时让其进行眼球运动或对其他双边刺激做出反应，处理他们的消极体验，当评分降至5分时，结束第一次脱敏；若评分仍高于5分，随后对患者开展重复脱敏过程。

（3）深植期：结束脱敏后，加强来访者目标记忆与正面自我认知、积极体验的联结。

（4）结束：确保来访者的恐惧评分降至3分以下。

3. 治疗效果

根据EMDR标准对来访者的创伤性情绪进行脱敏，重新认知并构建其对创伤记忆的负性信息处理模式（吕秋云，钱铭怡，2010），同时诱导患者的积极情绪以对抗负性情绪，减轻创伤引发的痛苦回忆、高度焦虑、躯体不适等症状，达到生理警觉性、焦虑程度降低的目的，并最终改变信念、重塑行为（Shapiro，2001）。

（三）积极心理治疗

积极心理治疗以培养人们的两种基本能力——"识人"和"爱人"为出发点，疗愈正在承受心理痛苦的来访者。

1. 概念

积极心理治疗是一种以积极心理学为依据、带有跨文化色彩并且整合了多种心理治疗流派观点的新型治疗模式。积极心理治疗通常针对三个方面开展，分别是愉悦生活、责任生活、意义生活（Seligman，2002），能够减轻来访者的痛苦，为其生活增加更多轻松与愉悦感。

积极心理治疗认为,"识人"和"爱人"是每个人都具备的两种基本能力。积极心理治疗范式的人性假设是：人的本性是好的,人拥有身体能力、智力能力、社会能力和精神能力。与传统心理治疗不同,积极心理治疗的对象是作为整体的人,通过治疗给来访者或求助者树立信心和希望,充分调动其潜能并赋予人新的积极形象。在临床实际操作中,积极心理治疗通常使用积极情感来缓冲人的消极情感,或在患者消极情绪的作用路径中找出些许积极成分并加以干预。

2. 操作程序

积极心理治疗属于短期疗法,具体疗法包括人际关系疗法、饮食疗法、音乐疗法、阅读疗法、运动疗法、故事疗法等。我们以故事疗法为例,列举积极心理疗法在灾后心理辅导中的操作步骤。

积极心理治疗的故事疗法借助东方神话和寓言,用讲故事的手段来治疗患者的心理问题（秦彧,2006）。由于来访者通常不愿放弃自身原有观念,会在治疗过程中无意识地启动自我防御机制来抵抗治疗师的干预,此时治疗师便通过讲故事的形式,使患者在故事情节中感受类似创伤性事件情景带来的启发,提示患者处理有关心理冲突的寓意或内涵,在良好氛围中逐步获得患者的接纳和认同。

首先,治疗师讲述一个具有隐喻的故事,在激发患者的知觉想象、调动其情感后,提供在该情境中处理冲突的线索；随后,治疗师和患者一同讨论分析故事情节,患者本身具有解决问题的某种天赋,但由于心理上存在某种冲突使这种解决问题的天赋和能力无法施展出来,因此,治疗师需要在讨论故事情节的过程中密切关注患者解决某方面问题的天赋。

其次,治疗师以故事来启迪和鼓舞患者,在不违背其认知的情况下,提出不相冲突的建议,帮助患者跳出"受害者"视角,能够从旁观者的角度看待自身的应对方式、态度等,并重新构建积极的行为模式,弥补自身的不足。

最后，治疗师鼓励患者自己创造故事，整合自己的过去、现在、未来，赋予故事新的积极现实意义和力量，从而达到治疗目的。

3. 治疗效果

与传统心理治疗不同，积极心理治疗的对象是"完整的人"，其核心是反移情，通过治疗充分调动来访者的积极性与潜能，帮助其建立日常生活的自信心，提高人际沟通交流能力。积极心理治疗提倡培养四种积极人格特质：主观幸福感，即对自己已有生活持肯定态度；自我决定，即对自己的发展能做出合适的选择；乐观情绪，即对自己的行为具有积极情绪体验；快乐感，即在日常生活中保持积极心态（Seligman，2002）。

（四）音乐同步脱敏再加工技术

都说"音乐无国界"，在实验纪录片《植物生活的秘密》中，实验证明了植物的健康和活力与音乐及音乐的类型有关。优美的音乐可以治愈人类的心灵，也可以用于心理问题的治疗，减轻人们心中的痛苦。

1. 概念

音乐同步脱敏再加工技术是在眼动脱敏与再加工疗法的基础上加入音乐元素，经由高天（2011a）多年临床实践发展而来的一种治疗技术。

2. 操作程序

音乐同步脱敏再加工技术存在特殊性，实施程序较为严格，具体可分为八个步骤：

（1）信息搜集。收集来访者的信息（创伤性事件、临床表现等），评估来访者的情绪稳定性。

（2）稳定化。借助安全岛技术为来访者建立暴露和激活创伤前的安全内心环境，赋予其直面创伤的内心力量。

（3）评估。包含五个阶段，分别是确定"最糟糕"的画面、确定消极认知、确定积极认知、确定积极认知的认可度、确定主观不适感的程度。

（4）脱敏再加工。这是治疗的核心环节，分为导入、脱敏再加工两部分。在导入部分，引导来访者将不适感、痛苦感集中在自己身上，并放大这些感受；在脱敏再加工部分，要求来访者从"最糟糕"的画面开始逐步回忆创伤性事件，并伴随音乐来宣泄、释放负面情绪。

（5）超个人体验。伴随着音乐，来访者会体验到一些现实生活中难以觉察的经验，显著提高自我评价和自我认知。

（6）躯体扫描。确保来访者在回忆创伤性事件时没有任何负性体验残留，否则要重复脱敏再加工环节，即重复导入并放大来访者的不适感、痛苦感，逐步引导他们回忆创伤并进行对应的宣泄。

（7）结束。结束包含两层意义，一是要确定来访者对于创伤性事件的评价，二是要保证来访者结束治疗离开时情绪稳定。

（8）再评价。该步骤的目的在于不断向来访者提问，确保来访者没有任何其他创伤回忆需要处理。

3.治疗效果

由于音乐对于情绪具有与生俱来、不可抗拒的影响，音乐治疗对受创者情绪的宣泄具有明显的激发、唤醒甚至推动作用，其脑海内原本的消极意象会伴随音乐慢慢转化为中性意象，并过渡到积极意象。在治疗过程中，病人与音乐产生共鸣，从而逐步激活他们心理的"自愈功能"。

（五）接受承诺疗法（ACT）

"幸福不是人生的常态"，只有接受这一现实，人们才能打破原有观念的束缚，拥抱痛苦、疗愈自我，重建和实现自我价值。在这一观念的基础上，接受承诺疗法逐渐走入大众的视野。

1.概念

ACT是由海耶斯（Hayes）及其同事在20世纪90年代基于行为

疗法开创的一种治疗心理和精神疾病的新方法，是继行为疗法、认知疗法后美国兴起的第三波心理疗法。这种新疗法鼓励人们拥抱痛苦，接受"幸福不是人生的常态"这一现实，然后重建和实现自己的价值。近年来，ACT被广泛用于高血压患者脑出血后精神压力大、焦虑等心理问题的干预。同样，该方法也适用于突发重大公共安全事件后焦虑、抑郁等情绪的干预和治疗。

2. 操作程序

ACT的实施主要包括以下七个步骤：

（1）初步相识。建立干预小组并介绍小组成员，向当事人分享成功案例，引导积极思考。

（2）接纳放下。引导当事人坦然面对过往的创伤性事件，并用客观积极的态度面对痛苦情绪，不逃避、不抗拒。

（3）认知解离。引导患者将自我从主观记忆、意识中分离，以客观的角度去观察创伤记忆中的事物。

（4）接触当下。鼓励患者积极表达自我，在与其他团体的互动中构建新的价值观，通过专注于自身来减少恐惧与焦虑。

（5）以己为景。个体不仅仅是他们的经验、想法或情感的总和，在当前经验之外还有一个作为观察者的自我，通过情景模拟将患者的注意中心从自身痛苦的概念化感觉转移至自我，鼓励患者接受事实，积极配合治疗，逐步融入团体活动。

（6）澄清价值。鼓励患者有意识地将重新建立的价值观与生活目标联系起来，积极主动地规划自己的理想生活方式。

（7）承诺行动。基于患者所珍视的价值观树立他们的信心，帮助他们行动并作出改变（Hayes et al., 2006），实现长期生活目标，过上与其价值观相符的生活。

其中，接纳放下、认知解离、接触当下、以己为景、澄清价值以及承诺行动是"ACT灵活六边形"的六大核心治疗过程。

3. 治疗效果

在《接受承诺疗法》（*Acceptance and Commitment Therapy*）一书中，海耶斯指出，ACT创造了一种自我觉察，一个人把意识当作个体事件发生的舞台来体验。它是一种观察事件的语境或视角。因此，ACT技术是一项以功能性语境主义为基础的治疗方案。有研究发现，聚集于接纳和认知解离的干预机制在降低心理疾病症状上效果明显，而价值和承诺行动则更有助于提升幸福感（Villatte et al., 2016）。ACT干预可提高创伤恢复期患者的心理弹性，并有力促进其创伤后成长。在一个含有认知融合和经验性回避的语境下，患者的想法、感受和记忆常常以一种有害或者扭曲生活的方式发挥作用。然而，在一个解离和接纳（即"正念"）的语境中，同样的想法、感受和记忆，其功能非常不同。ACT技术旨在帮助患者在经历创伤后梳理自己的价值观，并在语境引导下完成自身一系列的积极转变，从而有效改善恢复期的不良情绪。

（六）焦点解决短期治疗（SFBT）

当来访者抱怨"我最近心情很糟糕"时，研究者更倾向于找出产生问题的原因。比如，心情很糟糕是因为没有合适的解压方法，还是受到了哪些因素的影响？研究者总是执着于对问题追根溯源。然而，了解问题的本源并不意味着问题一定会迎刃而解。当研究者从积极的一面去了解来访者的问题，重点关注来访者自身的资源，通过鼓励塑造来访者积极的自我应验预言时，就有利于创造改变的可能性。这种技术在心理援助中具有广泛的应用。

1. 概念

焦点解决短期治疗源于20世纪80年代美国短期家庭治疗中心的家庭治疗，侧重于问题解决和发现个体的资源与优势，是一种专注于当下问题，以及推进寻找解决方法的心理治疗技术。

2. 操作程序

该技术的实施以四种基本理念为依据（高翔 等，2004），分别是："事出并非一定有因"，即问题发生的因果关系错综复杂，很难在短时间内找出产生问题的原因，因而寻找问题的解决方法更有意义；"每个问题都有例外"，即不要过分关注自身消极、愤怒的状态，以问题为支点，在不断变化的情景中探求解决方向；"小改变可以引发大变化"，即把最先出现的小改变当作曾经的成功案例，引导个体看到小改变的存在，看重小改变的价值，促进小改变的发生与持续，以小改变引导来访者作出持续的小步正向改变，最终重塑其态度并建立解决困难的信心；"来访者自身具有解决问题的能力与资源"，即在解决问题的过程中侧重来访者的能力和资源，治疗师只起到引导作用，帮助来访者找到解决问题的线索。

具体来看，一次焦点解决短期治疗的流程包括下述四个阶段（戴燕，廖清书，2004）：

问题描述阶段 → 发展目标阶段 → 探索例外阶段 → 正向反馈阶段

图5-1 焦点解决短期治疗流程

（1）问题描述阶段。治疗师以对话为主，向来访者提出包含目标问句、例外问句、假设问句的问题来收集信息，确立咨询目标，在倾听个案诉说的同时，计划如何使晤谈朝向问题解决的方向前进。

（2）发展目标阶段。治疗师在好奇、尊重、关怀的态度下，引导来访者进入咨询访谈，厘清其想要达到的目标，并建立工作目标。

（3）探索例外阶段。治疗师采用例外询问的谈话技巧去发现来访者偶发的例外行为，使其能够有意识地使这些偶发行为再次发生。

（4）正向反馈阶段。治疗师回顾和整理先前阶段提出的解决方法，通过正向反馈和有意义的信息来改变来访者的行为和信念。

3. 治疗效果

一项关于成人药物滥用的研究表明，SFBT在治疗成瘾、降低成瘾程度和创伤症状方面疗效显著；SFBT可有效减少成人的抑郁、焦虑和情绪相关障碍（Maljanen et al.，2012）；同时，SFBT与其他形式的谈话疗法一样，在儿童行为问题趋于严重前可作为一种早期干预的有效措施（Bond et al.，2013）。

（七）叙事心理治疗

叙事并非都是传统意义上的故事，相比之下，它具有表达内容与方法上的多样性和复杂性。叙事是为了告诉某人发生什么事的一系列口头的、符号的或行为的序列。叙事心理治疗作为一种后现代心理治疗方式，摆脱了传统上以问题视角看待来访者的治疗观念，通过"故事叙说""问题外化""由薄到厚"等方法，使人变得更自主、更有动力。

1. 概念

为了从创伤性事件中恢复、重新适应生活，患者通常可以从对创伤经历的重新评估、重新赋予意义、重新整合经验这三个角度，来修复创伤性事件所带来的伤害。但通常来讲，患者自身并不能很好地独立解决这些问题，因此借助叙事心理治疗技术进行早期团体干预，可一定程度上帮助个体预防心理创伤或心理障碍（郑皓元 等，2022）。

2. 操作程序

在经历突发重大公共安全事件后，叙事心理治疗能够帮助来访者将集中于"创伤"故事的注意力转向被人们忽略的积极故事，进而重构新的故事，并通过讲述自己故事的方式对焦虑、痛苦线索脱敏，发现其中新的意义。在治疗师的帮助下，来访者不再将注意力放在对痛苦的关注上，而是注重完善故事本身，进一步发掘故事的亮点，同时提高自我评价和自我价值感。叙事心理治疗一般包含三次治疗：

在第一次治疗中，治疗师鼓励患者通过写作、讲述等方式创造性地重建自身对于创伤经历、事件、焦虑痛苦等情绪的叙述；

在第二次治疗中，患者与其他成员分享对自己具有特殊意义的故事，将叙述的重点放在故事、经历对自身的特殊性上，并通过其他成员的反馈丰富先前被忽略的故事内容；

在第三次治疗中，在治疗师的帮助下，患者开始创造性地构建故事意义，逐渐熟悉对故事的重新概述，并通过从不同角度阐释事件的意义，达到缓解焦虑、痛苦的目的。

除了患者本人，家属也可能会受到创伤性事件的影响，存在罹患生理、心理障碍的风险（李亚琴，张华，2007）。因此，有时有必要参考三次治疗的流程对患者的家属进行单独心理治疗。此时，假若在早期治疗中，团体成员的家属为相互保护隐私而在叙述故事中有所隐瞒，治疗师就需设置第四次治疗，让成员及其家属成为彼此的"外部见证人"，让患者团体和家属团体彼此分享在团体中的收获，从而进一步丰富患者所叙述的故事。

3. 治疗效果

叙事为个体提供了认识和矫正治疗自身心理的方法，使其以一种全新的视角看待咨访关系。治疗师帮助来访者外化自己的问题，并将问题与自我分开。在叙事心理治疗中，来访者通过文本和非文本与自己交流对话，通过叙事理解、回应与更新自己，将经验碎片组织成有意义的叙事结构，并将新经验融合至原先的自我经验中建立联系。采用叙事疗法治疗癌症病人的应激障碍问题时，94%以上的被试报告叙事心理治疗对其有所帮助（Suni et al., 2005）。刘红（2012）将叙事心理治疗应用于EMDR创伤治疗中，证明叙事治疗理念可以更好地帮助患者达到内心稳定，更容易让患者找到内在资源。通过叙事心理治疗，个体能更客观地看待问题，发挥自己的主观能动性，成为自身问题的专家，找到克服困难和解决问题的方法，以新的意义定义自己的生活，最终找到属于自己的生命的力量。

（八）意象对话技术（ICT）

"意象"是人们在头脑中主动浮现出的画面及画面中的具体内容，或是人们不经意在头脑中捕捉或再现的画面。广义上"意象"的内容，一类是指没有具体画面的味道、声音、氛围等感官印象；另一类是现实中的物体、行为、情感等，也就是"一切皆为意象"。对于无法直接呈现于外在的潜意识活动，人们往往会根据脑海中浮现出的画面通过对话的方式加以表达，以了解、感受其中的含义，并对潜意识中的心理活动进行更深刻的觉察。

1. 概念

ICT是我国心理学家朱建军在20世纪90年代创立的一种心理咨询与治疗的技术，它以精神分析和心理动力学理论为基础，创造性地吸取、融合释梦技术、催眠技术、人本主义心理学以及东方文化中的心理学思想，以诱导的方式促使来访者产生想象，并从想象中了解来访者潜意识的心理冲突，修改和调节来访者潜意识的意象，进而改变来访者的心理状态。

2. 操作程序

意象对话的操作具有灵活性，但以下几个步骤是治疗过程的必经阶段：

（1）引入意象对话。治疗师通过描述梦境、身体的感觉和姿势、声音等，引导来访者放松身体后进入意象。

（2）进入意象。治疗师按照设定引导来访者进入意象，从而了解其身心状态。

（3）对意象进行分析和体会。根据来访者对意象的描述，治疗师分析并体会来访者产生的意象以及心理感受、情绪、情节、自我防护机制等。

（4）治疗性的意象互动。治疗师采取提问、共情、倾听以及具体化等技术，借助意象形式与来访者互动，从而帮助来访者将消极意象转变为积极意象。

（5）总结意象并布置作业。完成一次意象交流后，治疗师回答来访者提出的疑问并总结本次意象交流的内容，然后通过布置意象作业的方式强化来访者产生的积极意象。

3. 治疗效果

经历突发重大公共安全事件的患者，其心理障碍症结与创伤的消极意象、情节、原型等因素有关（朱建军，2021）。因此，治疗师借助催眠技术，使来访者进入浅度催眠状态或仅仅产生不自主的意象，能够在一定程度上体现其无意识，进而围绕来访者的意象探明症结。

第三节 团体心理援助的模式与途径

团体内的人际交互能促进个体更好地观察自我、体验自我，以及认识和学习自我，最终通过学习新的态度和行为方式改善和调整人际关系，从而更好地适应生活。团体对个体的影响不容小觑，因而从团体的角度探索心理援助的模式和途径对于突发重大公共安全事件后的心理重建具有重要意义。

一、团体心理援助的概念

团体心理援助是一种相对于个体心理援助而言的团体援助形式。通常情况下，团体心理援助由1至2位援助人员主持，面对6至20人不等的治疗对象。

突发重大公共安全事件发生后，由于受影响人员众多，援助力量有限，只采取"一对一"心理援助的方式显然不现实；而团体援助独有的人数优势就弥补了个体援助的不足，能很好地适用于重大事件之后的心理救援工作。此外，面对突发事件的冲击，应针对不同类型团体采取有效的心理援助措施。例如，根据2020年森林消防局下发的《森林消防队伍"四心工程"实施意见》，结合实践经验，可简要将易受突发重大公共安全事件冲击的团体划分为如下几种类型（颜金国，江巍，2022）：

（1）易受到社会环境高速发展变化影响的团体，如自媒体。

（2）高风险职业、工作压力大的团体，如消防队。

（3）职业能力要求高，工作环境使个体体验更多紧张、焦虑等情绪的团体。

二、团体心理援助的方法

本节将从概念、操作程序或主要治疗技术，以及治疗效果三个方面对主要的团体心理援助的方法进行介绍。

（一）紧急事件应激晤谈（CISD）

危机干预的基本目标在于帮助当事人解决危机，使其身心水平恢复正常。最终目标是帮助当事人找到解决危机的方法策略以增强他们的心理素质和提高心理健康水平。对当事人实施即时有效的心理干预具有重要意义。团体心理援助的技术多种多样，其核心即为紧急事件应激晤谈。

1. 概念

紧急事件应激晤谈是一种通过系统交谈来减轻压力的方法，又称危机事件压力转化或危机事件应激报告模式。CISD主要用于早期心理危机干预，目的在于缓解个体在突发事件后可能出现的ASD或PTSD，预防突发事件对个体造成的心理创伤（梁杰华，熊少青，2016）。

CISD的发展已有几十年的历史，随着研究的不断深入和推进，CISD的适用范围已扩展至各类遭受心理创伤的个体和群体。目前，

CISD的实施形式有一对一晤谈和小组晤谈两种方式，但大多还是以小组的形式进行，CISD小组的建议容量因来源而异，具体取决于小组的规模。在团体环境中，每组至多分配25名成员。

CISD的核心原理是通过患者开诚布公地讨论内心感受，治疗师动员各类资源给予当事人支持和安慰，帮助他们从认知和感情层面上消化创伤体验。在"认知-情绪-认知"的框架下，小组成员自由讨论灾难发生时的个人经历，畅谈自己对于灾难的想法、感觉和面对灾难时的反应等，运用早期宣泄的方法释放悲伤情绪和急性压力，通过倾诉性描述创伤经验以及小组和同伴的支持逐渐从创伤性经历中恢复（曾红，2012）。

正式的CISD活动通常由具有专业资质的精神卫生专业人员主持。在团体紧急事件应激晤谈中，干预者不仅要对应激反应症状有所了解，而且也要熟悉团体治疗的情况。通常情况下，最佳晤谈时间是危机事件发生后的24到40小时。如危机延续，CISD的期限应尽量控制在六周以内，否则其效果就微乎其微了。CISD持续的时间较长，要求在安静的环境下进行，一般持续2到4小时且中间不允许休息。在团体晤谈中，来访者与干预者10余人呈环形围坐状态，组成CISD干预组。在CISD小组中，干预者分散地坐在来访者之间。干预者包括1位组长，1位副组长，1位看门人。组长由精神卫生工作者担任，负责有策略地引导和鼓励来访者谈出他们的感受，观察现场哪些来访者需要进一步的帮助；副组长负责协助组长工作，时刻注意来访者的各种反应，完成随访工作；看门人负责嘱咐临时离开会场的来访者及时返回，并阻止他人误闯会场干扰晤谈。

CISD要求不能强迫来访者叙述灾难的细节，要尊重和理解来访者的心情。在晤谈结束后的数周后，要对小组成员进行随访以了解治疗效果。此外，并不是所有的患者都适合紧急事件应激晤谈，那些处于严重焦虑和抑郁状态、不相信晤谈有效的个体不适合参加团体晤谈治疗。如果强行让他们加入晤谈，可能会对小组其他人员造成更严重的负面影响。对于这类来访者，可以考虑将他们单独编组或者使用其他疗法进行救助。需要注意的是，不同地区或民族有自己的文化习惯，所以在某些情况下可考虑用文化仪式取代晤谈。

2. 操作程序

CISD的实施一般包括七个阶段：介绍阶段、事实阶段、感受阶段、反应阶段、症状阶段、指导阶段、再入阶段，只有前一阶段结束才可以进入下一阶段。每一阶段的操作程序如下（陶晓琴，2011）：

（1）介绍阶段。该阶段主要是使干预者和来访者双方相互认识，建立起良好咨询关系。具体包括干预者的自我介绍、自述对事件的了解程度；干预者解释干预目的以取得来访者的信任、回答来访者提出的问题或疑虑、强调干预阶段需要遵守的一些规则，如不允许录音、不允许传播、要尊重别人、不可批判他人等。如果谈话引起来访者不适，干预者需要帮助来访者恢复至放松状态，在交谈过程中来访者有权利不说话并可随时提问。

（2）事实阶段。该阶段主要是要求来访者通过回顾细节与情境，完整还原并呈现真实事件发生的过程，例如，来访者在当时情境下的反应、所见所闻等。在这一阶段中，来访者的发言没有先后顺序，但是必须轮流进行。每一位来访者都必须发言，并且在他人发言时不可随意打断。这一时期干预者的主要工作是倾听，且不给予过多回应。

（3）感受阶段。该阶段主要要求来访者厘清自己在事件发生后和情绪产生前的认知活动，这是因为情绪的产生以认知为基础。干预者询问来访者在事件发生时的内心感受、当下想法以及过去是否经历过类似的感受，或询问来访者是否觉得他们自己做错了什么、做法是否恰当、是否需要对产生的不良后果承担责任等诸如此类的问题。在干预者的追问下，来访者可能会产生痛苦、内疚等负性情绪。

（4）反应阶段。这一阶段往往需要来访者描述自己对事件的情绪体验，进行情感表达与宣泄。此时，干预达到整个过程中的低潮。当来访者开始倾吐自己的情绪反应时，干预者要做到认真倾听，及时表现并给予关心和理解。

（5）症状阶段。要求来访者自述应激反应综合征的表现，鼓励他们表达自己在危机事件中和当下体验到的不同寻常的事，以及危机事件发生后自己的感受变化等。干预者可以展示一些相关的案例帮助来访者分解细化他们的问题，与此同时要密切关注来访者是否出现创伤性事件所导致的躯体问题或心理症状。

（6）指导阶段。这一阶段要求干预者指导、帮助来访者去解决如何应对自身的问题。首先，干预者帮助来访者认识他们的感受和症状，并强调这些感受和症状是正常的；其次，干预者向他们介绍不同的应激反应以及一些普遍的应激反应模式；最后，干预者通过教授来访者有关危机反应的基本知识、应对方式以及放松疗法，指导他们学会以积极的方式应对应激反应及其影响。此外，干预者还要嘱咐来访者不要饮酒、注意饮食和锻炼、多与他人交往等注意事项。在干预过程中，可使用"安全岛""保险箱""遥控器"等心理学技术促使来访者将内心深处的负性情感宣泄出来，并努力让他们确信自己的反应并不具有精神病理学意义。

（7）再入阶段。在晤谈的最后环节，干预者对干预阶段进行总结并回答来访者仍不清楚的一些问题，安抚来访者的情绪，引导他们提及相关问题，在此基础上给予进一步的指导，帮助他们制订未来行动计划，并评估哪些来访者需要随访或转介至其他服务机构。

3. 治疗效果

CISD在国外危机中具有广泛的应用，但人们对该技术的效果评价呈现两极分化态势。一些研究发现CISD的疗效显著，而另一些研究结果显示其疗效不佳。例如，一些学者应用元分析发现，未接受CISD治疗的创伤暴露人群的PTSD症状有所减轻，干预组的症状却并未减轻（Van Emmerik et al., 2002）。随着危机干预在我国的迅速发展和应用，紧急事件应激晤谈也逐步应用到我国突发重大公共安全事件干预中。"非典"时期，王希林等人（2003）对北京某医院的急诊科护士进行了团体紧急事件应激晤谈并发现，CISD对减轻创伤后应激反应具有良好的效果。2008年，陈文军等人探讨了CISD对地震救援官兵的早期心理干预效果。他们在地震后的第10天对地震救援官兵（研究组）采用症状自述量表进行心理评估，并于第11天应用CISD技术对研究组进行心理干预，在5个月后采用症状自述量表对研究组进行心理评估。结果发现，CISD对地震救援官兵的早期心理干预效果显著。

尽管目前CISD的应用和推广仍存在诸多问题，但其依然在危机干预中发挥着重要作用。作为一种早期心理危机干预的技术，CISD必须与其他心理危机干预方法以及后续的心理服务相整合，才能更好地为创伤者提供帮助，因此有必要进一步探索和研究CISD的作用机理与实践路径。

（二）心理剧治疗

为了让来访者在有控制的情境里试错，尝试、探索各种应对行为，研究者开发了一种用于理解、沟通情感和关系的新的治疗形式——心理剧。心理剧让参与者得以从不同视角和观点来思考自己的生活，从而帮助其自我觉察和自我认识，使其心理更为成熟。

1. 概念

心理剧治疗是一种利用戏剧形式开展团体心理治疗的技术。心理剧的理论及其相关方法是由精神病理学家莫雷诺（Mereno）于1921年在奥地利维也纳创立的。莫雷诺认为，心理剧处理的是人际关系及其隐秘世界问题，是通过戏剧的方法来探索"真实"的一门科学（石红，2006）。这种治疗方式通过多种心理剧技术，运用特殊的戏剧化形式，演绎表演者的人格特征、人际关系、心理冲突和情绪问题，促使团体内成员在认知方面有所顿悟、在情绪方面能够自由表达，并在行为上朝更积极的方向作出改变。

在心理剧中，来访者通过在剧中扮演角色，在事先编好或想象中的情节里将现实创伤性事件中所体验到的情绪情感、心理冲突、心理需要等呈现在舞台上。来访者化身为困在痛苦创伤回忆中的主角（Protagonist），在为他人提供可以一次性习得并经得起不断重复经历的经验的同时，不断对自身的痛苦焦虑之处进行修复。在参演者和治疗师的帮助下，作为主角的来访者在戏剧表演中主动、自发地寻求解决心理问题的创造性方法，并随着剧情的推移，将这种创造性方法不断内化，从而达到治疗的目的。通常情况下，心理剧技术会伴随音乐、会话、游戏等形式的活动，常见的心理剧治疗主要包括镜观（Images）、替身（Double）、角色互换（Role Reversal）、雕塑（Sculpture）等。

2. 操作程序

心理剧治疗要在通过药物维持来访者心理稳定的基础上进行，视患者的具体情况安排治疗阶段，使每个治疗阶段能够相互衔接，逐步推进。每一个治疗阶段的具体操作步骤如下：

（1）编排短剧。治疗师评估来访者的心理问题，和来访者一同编排剧情，让他们通过关键、具体的剧情将内心的困扰表演出来。

（2）安排角色和场景。根据剧情需要分配主角、配角和观众等角色，导演通常由治疗师担任。

（3）熟悉剧情。让主角和配角熟悉剧情，尽可能复现担任主角的来访者所经历的现实情境，确保主角和配角在剧情中能将与创伤情景相关的情绪发泄出来，并寻求与观众的共鸣。

（4）预演。引导表演者主动思考如何更好地塑造角色，并鼓励他们在语言中进行即兴发挥。

（5）讨论。每次预演后，导演组织演员们对角色、剧情、动机展开自由讨论，聚焦找到解决问题的适应性方法。

（6）总结。作为导演的治疗师在表演结束后要指出症结所在，向患者们提出建设性方案。随后组织多场表演，让患者在情节中反复体验，使每一次学习都能形成新的应对心理问题的方法。

需要注意的是，若患者在治疗期间病情复发，应及时进行应急处理。

3. 治疗效果

心理剧治疗可有效改善来访者的焦虑情绪和抑郁状态，并在一定程度上提高他们的心理健康水平。通过在心理剧中创造与来访者所经历的创伤性事件相似的情景，来访者可以不受限制地将心理问题和情绪问题等呈现出来，有助于来访者进行精神宣泄，摆脱思想上和精神上的威胁、压力，从而提升自信水平和适应能力。

（三）团体认知行为疗法（GCBT）

20世纪70年代末，贝克等人（Beck et al., 1979）在其关于抑郁症认知治疗的著作中就描述了团体认知治疗的形式。目前，随着精神障碍患者人数的增多，对心理治疗的需求也日益增加，心理治疗师相对匮乏，越来越多的治疗师将目光投向了团体治疗（刘竞，高见，2017）。

1. 概念

PTSD是一种继发于创伤性事件的严重精神障碍，针对PTSD的常用治疗方法包括各种形式的认知行为疗法。这种疗法既采用各种认知矫正技术，又采用行为治疗技术，强调认知活动在心理与行为问题的发生和转归中的重要作用。CBT具有指导性、针对性强，时间短等特点，同时强调患者在治疗过程中的主动性和积极性（李成齐，2011）。由于一对一的个体认知行为疗法效率不高，结合CBT与团体治疗所衍生出来的GCBT，不仅具有CBT的优点，还具有团体治疗效率高、成本低等优势，因而受到越来越多的重视，已成为PTSD治疗的重要手段。

2. 主要治疗技术

（1）暴露疗法是指在让患者面对真实或想象的恐惧情境时，通过放松使其逐步适应这种情境的治疗方式。创伤暴露是被研究最多、得到最多实证支持的PTSD行为治疗技术。创伤暴露具体包括延长暴露、虚拟情境等技术。其中，延长暴露是主要的暴露技术，其核心是想象暴露。想象暴露以习惯化和消退为基础，通过讨论与创伤记忆有关的细节来降低患者的恐惧，并通过情绪加工适当整合情绪（肖英霞，李霞，2017）。在暴露治疗中，家庭作业是重要一环。治疗师通过录音来记录想象暴露，并在治疗之外要求来访者收听录音增加暴露程度，同时让来访者参与可能引发恐惧、但实际很安全的活动，如开车、旅游、去人多的地方等，从而使来访者的应激症状趋于常态化，助其恢复正常生活。福阿等人（Foa et al., 2005）强调了完成家庭作业的重要性，并解释了治疗获得进展的根本原因在于配合治疗，并及时完成家庭作业。针对儿童的创伤暴露则多通过艺术、游戏以及其他富有创造性的形式实现替代性的表达。在团体治疗中，倾听同伴的创伤经历会产生正常化效应，而同伴对自己想象暴露的反馈则是GCBT中最重要的一环。

（2）焦虑管理训练是通过为具有应激障碍的患者提供相应的技术与方法，帮助其降低焦虑和恐惧的一种疗法，包括放松训练、正念训练、呼吸训练、生物反馈技术等。其中放松训练是最常用的方法之一。心理放松疗法是一种通过有意识训练来控制身心活动、降低唤醒水平、改善紊乱的机体功能的心理治疗方法。针对部分"5·12"汶川地震灾区住院伤残者的心理干预结果证明，心理放松疗法有利于缓解震后伤残者的恐惧和焦虑等负性情绪，改善其睡眠质量，不同程度上帮助患者减轻伤残肢体疼痛，并逐步树立生活信心（刘松怀 等，2008）。此外，情绪管理也是很常用的一种焦虑管理训练方法，如在愤怒疗法中，患者要学会使用愤怒量表来监控愤怒，识别行为、认知等方面提示愤怒程度加深的线索，然后通过认知重建、放松训练等方式平息怒火。这些技能性的训练很适合在团体中进行，团体活动会带给团体成员观察、学习、模仿、分享的机会，更有助于患者适应正常社会生活。

（3）认知重建是一种重要的PTSD治疗方法，它关注患者对自身思维、信念以及态度等方面的重新审视，重视患者对自我、创伤和世界信念的评估，以及在此基础上患者建立起来的心理压力应对方式。例如，理性情绪疗法（又称合理情绪疗法，RET）强调通过与患者脑海中的不合理信念进行辩论来重建其信念系统，并以此改善患者的不良情绪与不适应行为；梅肯鲍姆的自我指导疗法则是通过指导患者用积极的自我对话取代消极的内部言语来重建认知（Meichenbaum，1971）。认知重建技术源于面向个人的认知行为治疗，原则上说，团体形式的认知重建可通过整合他人对相似经历的反馈来增强认知的重塑，强调团体的支持性氛围和固有的社会支持性网络。基本上，所有的团体认知行为疗法都会用到认知重建技术（陈屹 等，2012）。

（4）心理健康教育是向患者讲授PTSD的一些症状表现，让他们认识到经历突发重大公共安全事件后产生痛苦、焦虑是一种正常反应，可借助心理咨询与治疗减轻症状，并逐步恢复到正常生活状态的一种治疗方法。由此，患者就能获得心理上的安全感，进而有所释然。作为GCBT的一部分，心理健康教育多用于团体开始和结束阶段的心理教育：在开始阶段通过心理健康教育增加团体成员对PTSD的认识，为成员处理创伤记忆做准备；在结束阶段通过心理健康教育为团体成员应对目前和未来的PTSD提供资源支持，如在指导下制订预防复发计划、未来可能出现的高危状况的应对策略。

3. 治疗效果

GCBT涉及大量创伤人群，如遭受战争、自然灾害、重大交通事故等的PTSD患者，其中既有成年人又有未成年人。大量实证研究表明，GCBT有效且可靠。例如，切姆托布等人（Chemtob et al.，

2002）采用随机对照实验设计，比较了个体认知行为疗法和团体认知行为疗法对"伊尼基"飓风后患有严重PTSD的小学生的治疗效果。自评量表和临床诊断的结果显示，两种行为疗法均显著改善了小学生患者的PTSD症状。在一年后的追踪评估中，治疗效果稳定，个体和团体的认知行为疗法的疗效无显著差异，而GCBT的成员脱落率更低。同样，有学者针对灾后患有中重度PTSD的儿童开展的随机对照研究发现，GCBT有效，且与个体治疗的疗效无显著差异（Salloum & Overstreet，2008）。2011年，刘桥生等人以洪灾后有轻度以上PTSD的成年村民为对象开展的随机对照研究显示，相对于一般社会支持对照组，仅包括3次会面的GCBT组成员的PTSD症状得到显著改善。患者在接受认知行为治疗的过程中，不仅改善了PTSD的症状，还缓解了抑郁和焦虑的情绪。综上，GCBT的治疗效果显著，成本较低，值得大范围推广。

（四）团体心理游戏

个体可以参与团体内的人际互动，通过观察、学习、体验和协作来认识自我、调整和改善与他人的关系、学习处事态度和行为方式，以发展良好的社会适应能力，而团体心理游戏就能为个体提供这样的机会与场合。

1. 概念

19世纪60年代，伯恩（Berne）以其人际沟通分析学（Transaction Analysis）理论为基础，将心理游戏定义为"一连串包含隐藏沟通的过程，直至发展出一个明确的、可预期的结局"（李丽兰，2020）。受到突发重大公共安全事件的冲击，来访者可能会出现一些社会功能减退现象，如人际交往能力变差、难以与他人建立亲密关系、主观意志活动减弱等。此时，治疗师可通过开展团体心理治疗，借助游戏情境引导患者回到自身本位的现实生活状态，从而有效控制一些慢性精神疾病。当来访者面对社会冲突感到强烈的情绪变化时，治疗师可以通过人际互动的方法帮助他们找到最适合的解决方法，改善暂时性的人格障碍，促进其心理成长。

2. 操作程序

在游戏治疗技术模型的基础上，团体心理游戏可分为四个阶段：

第一阶段为热身阶段。大家互相介绍自己的情况，相互熟悉。

第二阶段为准备阶段。治疗师向来访者介绍游戏规则并为团体游戏作准备。

第三阶段为执行阶段。通过游戏环节的设计，设置不同情景和挑战，推动来访者之间的相互沟通、相互协作；当来访者小组之间存在交锋时，治疗师引导来访者积极思考，在协作过程中不断发现问题、解决问题，获得个人超越感。

第四阶段为结束阶段。鼓励每个来访者通过演讲对游戏中发现的自我进行剖析，讲述本次游戏带给自己的感悟和体验，治疗师对此及时反馈，并对整场游戏的目的、思想进行升华。

3. 治疗效果

团体心理游戏治疗能够有效改善创伤团体的临床症状，在接受心理游戏干预后，患者的生活能力、运动能力、交往能力等社会功能得到显著提高。对于慢性精神疾病而言，单纯的药物无法控制病情，而通过游戏模拟现实情境，能够暂时满足个体对心理安抚与安全感的需求。在治疗师的引导、合作、交流下，患者通过心理游戏与他人交往并保持人际联系，有助于正确宣泄消极情绪和想法，产生正确的自我认识，重新树立价值观，甚至人生观。2008年汶川地震的亲历者中，不仅有身心成熟的成年人，还有大量未成年人。研究表明，在心理援助工作中通过创设游戏情境，例如以"心"为主题的庭箱游戏（在游戏中，儿童使用沙箱、沙、水、玩具模型等象征工具玩乐）能让儿童将积聚已久的不良情绪表达出来，使其内心世界无意识内容意识化，实现深层次的心理治愈（张日昇 等，2009），并得到同伴的关爱和老师的鼓励，这极大地缓解了受灾儿童不同程度的心理问题。

第四节 社区心理援助的模式与途径

突发重大公共安全事件在社会层面上造成的影响牵一发而动全身，不仅会在短时间内对个人和团体造成短暂且强烈的冲击，对个体、团体以及个体团体互动甚至个体和各个团体单元组成的社区都会产生不同程度的长期且不可磨灭的影响。针对我国社区现状，运用心理援助技术对社区的民众进行及时有效的心理干预有助于社区民众的心理建设，是社区重建和发展的当务之急。

一、社区心理援助的概念

"community"一词最早出现在西方的社会学研究当中，20世纪30年代初，学者费孝通首次将该英文单词翻译为"社区"，自此在我国沿用至今。综合西方社会学家对社区概念的界定，国内学者提出了一个比较宽泛的定义：社区就是具体化的社会，主要包含地域、人口、区位、结构和社会心理五大要素。

目前，我国的社区大部分是由城镇的居民委员会更名而来，少部分是由并入城镇的村委会改名而来，其在行政上接受街道办事处领导，由街道办接收并传达县级政府和各科局的任务与指标，是党和政府落实政策、了解民情的最基层的组织。

突发重大公共安全事件中的社区心理援助，是指在突发重大公共安全事件发生以后，以社区为单位，借助多方心理专业以及社会力量，来保障和促进遭受重大意外的人们恢复心理适应功能与心理健康水平。

二、社区心理援助的方法和技术

根据以往的研究与救援经验，个体的应激反应会随事件发生进程出现变化，这就意味着要根据具体的实际情况与时间阶段采用不同方案对来访者进行心理援助与干预。由此，可依据时间进程将社区心理援助分为三个阶段：初期心理援助、中期心理援助和长期心理援助。

（一）初期心理援助

初期心理援助是指灾难发生后的24小时到3个月以内，心理专家对受影响个人或群体进行的危机管理和心理干预、疏导等工作（徐玖平，马艳岚，2009）。援助工作应以《紧急心理危机干预指导原则》《全国精神卫生工作规划（2015—2020年）》等文件为指导原则，针对普通人群和重点人群进行社区心理援助。

普通人群是指在目标人群中经过评估之后没有发现严重应激症状的人群。对于普通人群的社区心理援助应包括以下几个要点：妥善安置并避免过于集中安置受影响的普通人群；协调并依靠各方力量，如依靠当地学校、社区、志愿者组织等开展心理援助；借助大众媒体的宣传途径，向社区民众宣传心理应激和心理健康的有关知识和应对方法；密切联系和沟通协调好社区与各部门之间的关系，协调各方共同解决问题。

重点人群是指在目标人群中进行评估后发现有严重应激症状的人群，可采用"稳定情绪""放松训练""心理辅导"等技术针对重点人群开展社区心理援助，进而缓解灾难对重点人群造成的精神伤害，帮助他们重建心理社会支持系统。

（二）中期心理援助

中期心理援助的时间一般是在灾难发生后的3个月至1年以内。这一时期社区心理援助的指导思想和方针原则与初期心理援助阶段无异，只是此时需要引入心理危机干预，让受助者将情感创伤与内心体验表达出来，及时消解内心深处的恐惧、焦虑等情绪，改变负面认知，尽快恢复心理健康水平，回到正常生活中来。中期心理援助覆盖从第一级到第四级的四级人群，但应将社区里的老人、儿童、遭受严重心理创伤的个体或群体作为主要的援助对象。可通过个体援助、团体援助以及网络援助等方式，选择性地使用一些技术开展社区心理援助，如通过小组沟通与交流帮助受灾者宣泄情绪；鼓励居民参与社区志愿活动，达到助人自助的目的。

中期的社区心理援助要以专业人员为核心，带动社区工作者、志愿者、教师等人员，利用各种心理援助中所需要的设备、空间环境，构筑一个多元的网络式的社区心理援助体系，才能有步骤、合理有序地开展心理干预工作，也能为后续长期的心理援助与干预做好人力准备。

（三）长期心理援助

长期心理援助工作具体是指灾难发生1年之后长期持续的援助工作。经过初期和中期干预，居民的心理创伤可能已得到部分缓解，但突发重大公共安全事件，尤其是灾害性事件会给人的心理留下深刻印记，甚至伴随一生。因此，在社区资源和条件具备的情况下，长期心理援助具有重要意义。目前，我国的社区心理援助和服务体系尚不完善，有必要建立社区心理援助中心或咨询室招聘和培训专业人才，使长期社区心理援助工作得到保障。

长期心理援助的主体是社区心理服务中心和学校。社区心理服务中心主要面向各类人群，而学校则主要面向教师和学生。社区心理服务中心的援助内容包括举办各类心理健康知识的宣传和教育活动，让民众认识到心理健康与心理治愈的重要性，为其提供学习科学有效的心理知识的机会，评估心理健康问题，必要的话进一步提供更专业和细致的心理咨询和治疗的资源与服务。应格外注意具有严重应激障碍的患者，避免其做出威胁自身生命与安全的举动。学校应完善心理健康教育的课程与内容，将突发重大公共安全事件发生后的心理健康摆在重要位置，让学生对这些事件有一个基本的认识，并开展相应的心理健康教育活动。除了学生以外，对非心理学专业的教师和其他学校人员也应注意心理健康知识的普及。

长期心理援助与中期心理援助在方法上差别不大，主要通过个体心理咨询、团体心理辅导、热线电话、网络心理咨询和心理健康知识科普与问答等方式进行。

三、社区心理援助组织网络协作的路径

2008年汶川地震后，心理援助专家提出了积极探索、建立和推广以社区为单位，将心理重建与生活重建有效结合起来的社区心理援助模式。

社区心理援助的参与者是多元的，政府部门、社会专业力量、社区心理服务中心、卫生部门、心理援助志愿者及组织网络心理服务网站等都需要紧密衔接与合作。然而，当前社区心理援助的各种力量分散杂乱，各有归属、各自独立，即使在同一个社区也无法很好协调。此外，社区与社区之间的联系也不够紧密，不同社区之间的心理服务资源和信息参差不齐，所提供的心理援助内容也相对随意，重复性高、专业化低，尤其在发生突发重大公共安全事件后，部分社区甚至无法承接和开展相应的心理援助任务。同时，社区内部平时对突发重大公共安全事件后心理援助的演练与培训也不够充分。需要补充的是，社区居民对心理援助的重要性认识不足，对社区援助组织的认同和信任程度较低，所以可能对相应的心理援助仍持怀疑与否定的态度，给社区心理援助工作带来了一定困难。

综上所述，探讨如何实现社区心理援助的多元参与与良性协作关系到心理援助的最终效果，具有重要的现实意义。下面将具体阐述突发重大公共安全事件中社区心理援助组织网络协作的主要路径。

（一）整合资源，形成社区心理援助组织网络

针对目前社区心理援助中各组织部门分散杂乱，组内资源有限

且利用不充分甚至浪费的现状，资源整合成为首要任务。突发重大公共安全事件的应急处理系统涵盖了参与社区心理援助的各组织部门，搭建该组织网络的目标是：根据社区心理健康服务体系，确保突发重大公共安全事件后心理援助的持续与巩固，提升整个社区的心理应激能力。

同时，在社区心理援助的组织网络中应以政府为主导进行统一协调，卫生与民政部门互补、多团队配合来实现资源的整合。政府在社区心理援助中不仅可以采取向具有专业资质的社会组织购买市场化、契约化的心理援助服务的方式，还可以协调统筹组织网络，如组织之间的信息沟通、交流与互动等。可采取以下措施：在各级政府应急办设立心理援助协调指挥中心，负责统筹辖区内各社区的心理援助资源；依托社区，聚集各社区现有的心理援助组织，建立信息共享平台，以定期实体会议或网络的形式，实现组织网络间的信息沟通与业务衔接；在街道（针对较小的社区）或较大社区建立统一的心理援助站，负责对所辖社区心理援助工作的统筹与指导。通过这些方式最大程度地实现社区心理援助组织网络的系统化和体系化，充分实现资源的整合与利用。

（二）确立规范，建立社区心理援助组织网络间的信任

在我国，参与社区心理援助的多元力量在一定程度上存在彼此不信任的问题，而这种不信任是多种因素影响的结果，包括居民对心理援助的不了解，对从事心理援助人员的专业性的质疑，不同心理服务机构之间的恶性竞争，部分援助机构或组织的资质不规范、监管不足等。在突发重大公共安全事件发生之后，短期或中期内政府会积极关注，并提供大量心理援助的支持，然而长期的社区援助效能会受到上述问题的直接影响，所以首先要解决的就是建立提供心理援助的各组织机构之间协作与共同行动的明确规范。

1. 考虑制定一个面对突发重大公共安全事件中的心理援助的总体性法律法规

对于社区心理援助，应明确心理援助的对象、经费的来源、相关心理援助人员的培训与资质要求、在事件发生的不同阶段援助的任务、各组织机构之间的角色定位与分工、相应的流程设计和不同组织间的任务的承接与相互关系等内容。这些相关的法律法规将成为参与社区心理援助的各机构部门共同遵守的制度，确保援助合理有序进行。

2. 完善常态化的社区心理健康服务的相关规定与服务体系

除了在面对突发重大公共安全事件之后提供必要的心理干预与疏导服务，常态下的心理健康与教育服务也需要提供相应的支持，依据《中华人民共和国精神卫生法》《关于加强自然灾害社会心理援助工作的指导意见》等，各地应相应地制定符合本地区状况的社区心理健康服务体系与机制，为其良性运行和发展提供必要的资源与政策支持。

3. 制定关于社区心理援助的监督与评价体系

就国内现状而言，仅仅通过政府购买服务的方式开展长期心理援助显然是不现实的。随着社会的发展与突发重大公共安全事件的不时发生，民众在心理健康与卫生方面的需求与日俱增。然而，当前的心理疏导机构良莠不齐，心理援助的专业人员缺口较大，专业技术力量薄弱，且存在相关的援助经验不足、社会公信力偏低等问题，所以，除了加强政府购买心理服务的监管，还有必要加强对各组织网络公开、持续的监督与评价体系的建设，提升居民的信任度与关注度，如此各组织机构才能稳定有效地完成突发重大公共安全事件后的社区心理援助任务。

(三)厘清角色分工,构建社区心理援助组织网络间的协作机制

基于心理援助的专业性,考虑到突发重大公共安全事件发生的时间阶段、援助流程等因素,心理援助组织网络间的协作机制构建应从以下方面着手:

1. 明确参与援助的各组织机构承担的角色与功能

根据上文提到的初期、中期和长期社区心理援助存在的差异,各组织所承接的援助任务和职责也会出现相应的变化。在心理援助初期,主要是由专业人员与经过专业培训的社区工作人员或志愿者协作,组织筛查诊断重点人群,进行紧急心理援助。社区工作人员或志愿者主要与其他组织部门进行互动与信息沟通,及时发现严重心理应激障碍患者,并协助参与、支持援助工作。在心理援助中期,相关的心理援助专家已撤离,参与援助的疏导机构要和社区心理援助与服务中心保持密切联系,经过培训的社区工作人员应高度关注事件的亲历者、重伤者、老人、儿童等高危人群,对具有应激障碍的个体进行积极追踪,防止出现二次伤害。长期的心理援助除了继续关注高危人群,还要加强心理健康知识的普及与教育宣传,解决援助个体的现实问题,发挥社区心理服务中心的常态化作用,并与民政、团委、工会、妇联、残联等在社区建立的心理服务站协作,构建社区心理援助长效机制以及防御系统。

2. 设计明确的突发重大公共安全事件后的社区心理援助的流程

各组织机构在不同阶段针对不同援助任务要实现任务衔接,设计明确的援助流程,并对不同阶段的援助成效开展持续性评估。汶川地震后探索出的社区心理援助模式具有较好的借鉴意义。突发重大公共安全事件发生后,由社区居委会工作人员或专职社工通过问卷与访谈共同对社区居民的状况进行筛查,了解和区分创伤情况;接下来由心理学专业人员进行筛查,判断是否造成了创伤后应激障碍,决定是否由心理援助专家及时给予心理危机干预;

最后，由精神科医生进行三级筛查，根据心理援助效果决定是否应及时转介精神卫生部门。对于从医院转回社区的高危人群来说，社区心理援助组织网络同样要有一套转接与跟踪、巩固的流程。此外，对于民政、团委、工会、妇联、残联等针对各自服务对象在社区开展的心理援助工作，社区心理援助组织为避免工作重复导致的资源浪费，防止出现针对高关怀人群的援助疏漏，可通过合理安排时间、按需调配资源的思路，为这些组织的联系与合作设计具体详细的工作流程。

3. 构建社区灾害心理防御系统

在不断完善整合心理援助法律法规的基础上，防御应急原则应体现统筹优选的思想和方法。具体而言，社区灾害心理防御系统可分为以下两种状态：

（1）平时状态。在平时状态中，社区心理防御系统的主要功能是灾害事件监测和预警待机，通过"人-机"技术和突发灾难事件模拟建立应急防御方案，在开展心理健康宣传教育的同时保持风险意识。

（2）战时状态。在战时状态中，社区心理防御机制紧急启动并迅速调用心理应急预案，整合资源组建心理应急组织、在评估灾害后整理社区居民心理状态调查数据。在此基础上，建立包括人员和财力等资源配置方案在内的应急计划，在计划实践中评价应急管理的效果以及该计划是否需要调整，直至应急心理灾害的危害程度下降甚至消失。之后将此次应急管理信息存入基本预案库，心理防御机制转入平时状态。

我国的心理援助工作起步晚，应对突发重大公共安全事件的经验尚有不足，所以需要深入持续探索社区心理援助的模式与道路，不断完善和提升社区心理服务的机制与效能。

第五节 远程心理援助的模式与途径

《"健康中国2030"规划纲要》提出要"促进心理健康""加强心理健康服务体系建设和规范化管理",并把健康优先、改革创新、科学发展、公平公正作为基本原则。心理问题的早期介入和疏导能减少严重心理障碍和精神疾病的发生,特别是针对心理亚健康人群,应以预防为主、干预前移。然而,线下能够接受面对面服务的人群数量极其有限,实体机构提供咨询服务的能力远远不能满足心理辅导和咨询的巨大需求,因此需要探索更有效的服务途径和模式。

一、远程心理援助的概念

远程心理援助是由心理学专业从业人员或专业组织机构通过使用热线电话、电子邮件或网络视频设备等工具,结合心理学原理和知识,利用各项心理援助技术对受助对象进行心理重建的援助模式。

互联网的普及应用,推动了远程咨询的快速发展,电脑端和手机端互通互融更是为远程服务提供了有力支撑。实践证明,心理咨询与辅导是适合开展远程服务的领域之一,远程心理援助超越了传统面对面式心理援助的时空限制,积极顺应了信息化、数字化、网络化与智能化的全球发展趋势,也为突发重大公共安全事件中的心理援助提供了更多的机遇。作为传统心理援助方式的重大补充,远程心理援助必将激发更多的研究与实践。

二、远程心理援助的类型

依据援助人员与援助对象之间信息往返的时间间隔,可将远程心理援助分为即时和非即时远程心理援助两类(见图5-2)。

（一）即时远程心理援助

即时远程心理援助指援助人员与援助个体之间的沟通交流是实时或同步进行的。在援助人员发送信息几秒钟以内，接受远程援助的个体或群体便可通过远程设备接收到信息，并实时针对该信息作出回应。即时远程心理援助可进一步分为即时文本互动、即时音频互动和即时视频互动三类。即时文本互动要求援助主体和援助对象同时在线，通过聊天软件进行文本交流，不涉及声音和图像，可通过网络通信工具进行互动。即时音频互动主要是通过语音软件进行语音交流，不涉及文本和图像。这种方式和热线电话很相似，只是在技术上借助了互联网这一载体。即时视频互动最接近于传统面对面的交流，是一种相对来说更为理想的援助方式，通过网络视频设备，让援助主体和对象之间实现语音和图像的双向动态交流。通过这种方式，援助人员可以观察受助者的面部表情、行为举止等细节，做出更准确的诊断和心理评估，提高援助效果。

（二）非即时远程心理援助

非即时远程心理援助是指援助主体与对象的互动交流发生在不同时间，是具有延迟性的一种援助方式。常见的方式有电子邮件咨询、论坛留言等。通过非即时的方式，援助主体与对象都有充分时间去考虑讨论的问题，没有快速思考和回应的即时压力。

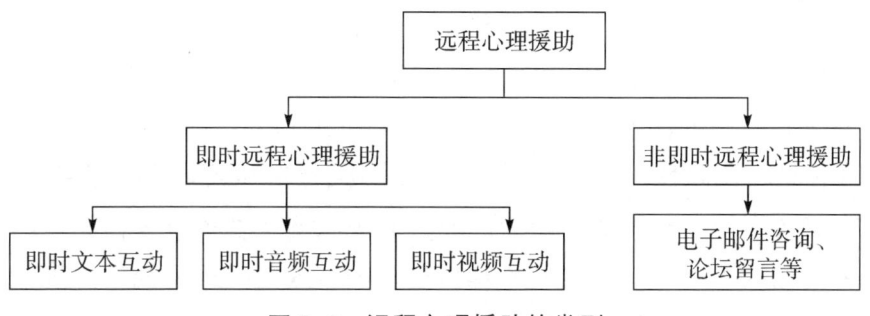

图5-2 远程心理援助的类型

三、远程心理援助的方法和技术

广义上来讲，远程心理援助根据援助载体的不同主要分为心理援助热线和网络心理援助。

（一）心理援助热线

心理援助热线是通过电话服务的形式对求助者进行心理干预的远程心理援助手段。在创建最初，心理援助热线的服务重点是预防自杀和缓解情绪危机，因其具有经济、高效、保密性高等特点，弥补了心理治疗价格高昂、预约困难、担心信息泄露等缺点，深受求助者欢迎。特别是在重大自然灾难及突发公共卫生事件时期，心理援助热线因其独特的工作方式在心理援助方面占据了重要地位。新冠疫情期间，开通心理危机干预热线被纳入综合防控策略，很多地区、医院、社区都开设了心理援助热线，各大高校心理学院系专业也纷纷提供热线电话服务。来电者的问题主要集中于应激事件引发的情绪问题：患者普遍担心、忧虑，甚至自责、后悔；医务人员存在焦虑、无力感；一线的管理、安保、后勤人员常常烦躁不安；居家隔离人群也显示出空虚和无意义感（Jiang et al., 2020；姜华东 等，2023；卢勤，2009）。因此，心理援助热线咨询需聚焦情绪问题，注意工作方法，为所当为，切勿引发二次创伤。

（二）网络心理援助

网络心理援助是一种以网络为载体，通过各类通信工具为求助者提供心理服务的援助方式。与最初的电话远程咨询形式相比，网络心理援助能够灵活运用各种通信技术和网络赋予的匿名性、虚拟性、无限性、开放性、互动性、方便快捷和成本低廉等特点，在交通不便、有线通话阻断或资源有限状况下发挥积极作用。随着信息技术的发展，网络心理援助未来将成为一种主流的心理援助方式。

目前，网络心理援助的服务主要是以文本形式进行的，然而以文本进行沟通会受动作、声调、表情等非语言信息匮乏的影响，可在文字交流时利用一些技巧来弥补因非语言信息缺乏带来的不足。

1. 情绪深化的技巧

可以鼓励求助者运用一些能够适当表达情绪的表情包。当人们不知道该用什么语言去表达情绪之时，恰当使用一些表情包能够更容易被理解与共情。此外，援助者可以鼓励求助者用括弧、在文本中插入代表情绪的符号等进行表达，从而快速明白事件叙述中求助者的心情和心态。另外，在文本沟通时，双方也可用比喻性、类比性语言对情绪展开描述。

2. 关系深化的技巧

主要包括立即性的描述，即通过强烈的语言表达分享彼此的感受，信息传递越饱满，语言表达越丰富，越能促使援助双方正确充分了解对方在说什么。真诚的表达往往更容易打动别人，也能增强援助主体与援助对象的关系联结，援助者更易得到求助者的信任，求助者则更容易听取相应的建议，调整心绪，改变认知，积极拥抱现实生活。此外，还可利用"真实情境化"这一技巧开展工作。具体来说，就是在电脑旁边布置相应的场景。援助者的视频背景可以是舒适的心理咨询室，也可让当事人在电脑旁放置一把舒适的空椅子，用以增强援助的现场感，使当事人产生咨询师亲临现场的感觉。

3. 文本呈现的技巧

援助者可使用键盘上的符号拼出情绪脸谱，以分析求助者文本中相关符号所表达的隐含内容或态度；在求助者持续性表达时，可适当保持沉默以进一步理解求助者的倾诉，或者简单地输出一两个字表达自己对求助者的认同；也可在文本中使用空格来进行延迟表达。诸如此类的技巧如果使用得当，将有助于咨询的顺利进行和不断深入。

四、远程心理援助的一般原则

为保证远程心理援助的规范性和优越性，应在遵守以下原则的前提下进行：

（1）应该遵守相关法律法规和部门规章与规范性文件。

（2）应该遵循心理咨询的一般伦理原则和职业道德，需要遵循心理服务的职业准则和伦理守则。

（3）求助者或其委托人提出违反法律法规或伦理道德的要求时，援助者有权拒绝。

（4）应该依托稳定的远程服务平台或机构。

（5）应该发挥远程服务的优势，降低其风险。

（6）心理服务专业人员应该尊重求助者，与求助者建立和维持符合伦理规范的专业工作关系。应与同行和其他相关专业人员建立积极合作的工作关系，提高远程服务质量和专业水平。

五、远程心理援助的过程

远程心理援助通常具有一套较为完整的流程。本部分将对心理援助热线和网络心理援助的一般服务过程进行阐述。

（一）心理援助热线的一般服务过程

结合以往突发重大公共安全事件中的心理援助经验，利用心理援助热线开展咨询服务的流程大致可分为四个阶段（见图5-3）：

第一阶段是建立联系，收集信息。咨询师通过问候、倾听、开放式提问等手段与求助者建立联系，设置并介绍干预时间、服务范围、保密原则与保密例外等内容；之后，收集求助者的性别、年龄、身份、所在地、有无精神病史等有关信息，其中，咨询师可通过性别、年龄信息预判心理干预效果，通过所在地、有无精神病史信息预判求助者的应激程度。

第二阶段是问题评估。咨询师评估求助者求助问题的性质，将求助者的非心理问题转化为心理问题，聚焦重点问题，结合所收集到的信息，洞察问题的严重程度并进行谨慎的风险评估，初步制定干预方案。

第三阶段是专业帮扶。咨询师与求助者一起讨论潜在的问题解决方法，询问求助者处理问题的经验，保留其中的优势条件和资源，结合不同心理干预技术和策略（如认知行为干预技术、动机干预技术等）给出清晰可操作的简单步骤，帮助求助者识别负面思维，改变扭曲的认知。

第四阶段是转介。除了双方共同讨论的内容之外，咨询师向求助者提供一些现实信息，如官方求助热线、官方辟谣信息等。若咨询问题超出咨询师的能力范围，咨询师应提供转介信息服务。

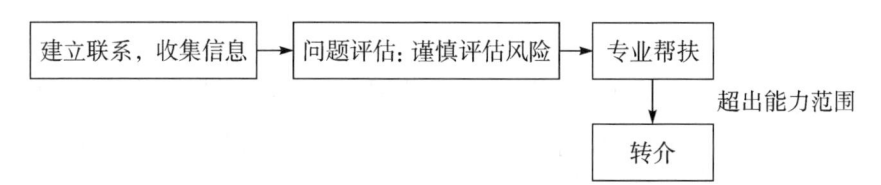

建立联系，收集信息 → 问题评估：谨慎评估风险 → 专业帮扶 →（超出能力范围）转介

图5-3　心理援助热线的一般服务过程

（二）网络心理援助的一般服务过程

图5-4为网络心理援助的一般服务过程。

预约 → 确定咨询 → 初始咨询 → 继续咨询 → 结束 → 回访

图5-4　网络心理援助的一般服务过程

求助者就某一心理困扰在网络上搜索相关的专业心理网站，寻找适合自己的机构与援助者，将问题通过网站，如发送站内私信、电子邮件等方式呈现给援助主体。经过信息沟通反馈，双方建立援助关系。为保证援助的顺利进行，双方要完成一些基础工作，包括保密限制说明、援助者的专业资格公示、求助者的基本信息登记等（如图5-5）。

姓名		性别	□男 □女	婚姻状况		民族	
出生年月		职业		联系方式			
宗教信仰		学历		居住地			
是否接受过心理咨询							
求助问题							
选择咨询师							
希望咨询时间							

图5-5 网络咨询预约登记表示例图

确立援助关系后，援助者在初始咨询中要帮助求助者了解、研究其自身的问题。评估问题的过程是援助者全面深入了解求助者的过程，对于援助者规划援助策略、降低求助者的抗拒心理很有价值。

找出问题后，援助主体与对象共同制定预期目标。之后，援助人员选择并安排好行动计划或干预步骤，以实现预期目标。

干预阶段结束后需要评估援助措施的有效性，以及求助者的心理恢复进展情况。通过评估，使援助者知道何时结束援助，何时需要修改干预行动计划。此外，求助者身上表现出的进步或积极变化也能起到促进作用，能够巩固援助效果。

综合来看，心理援助热线与网络心理援助在服务流程上无太大差别，仅仅在援助载体上有所不同。需要强调的是，远程心理援助不仅可以面向个体，还可以面向群体，且在实施程序上大同小异。

六、远程心理援助的责任关系

尽管远程心理援助要求求助者和援助者共同保证援助的真实性和有效性，但由于网络具有一定的匿名性，因此远程心理援助的责任划分就显得格外重要。下面，我们将简要介绍远程心理援助中的责任关系。

（一）服务责任关系的确定

心理服务专业人员提供心理服务时，可与求助者签署合同，建立服务关系，各自承担相应的权利和义务。合同形式包括书面协议、口头协议等，邮件、微信中涉及协商服务关系的内容回复可视为协议或其组成部分。对于机构或平台的条款，当求助者或其监护人付费时，视为对条款的同意。

（二）心理服务专业人员应该履行的责任

心理服务专业人员应履行有关知情同意、提供专业服务等责任。

（三）求助者应该履行的责任

求助者应如实告知其个人信息，包括姓名、联系方式，以及其所在地区的相关紧急信息和资源，如应急联系人（紧急电话号码、住院和当地转诊资源）与求助者的首选联络点等；应真实客观叙述与咨询问题相关的信息，包括心理健康或障碍的相关问题及情况；应配合心理服务专业人员的干预和指导，及时通过邮件或短信等形式客观反馈干预和指导的效果；应按照机构或平台的标准协商服务费用，按要求及时支付。

（四）涉及未成年人的远程心理服务责任

向未成年人提供心理服务时，心理服务专业人员与其监护人建立服务关系，并由监护人承担未成年人的责任和义务；未成年人的远程心理服务应在监护人的安排下进行；在心理服务开始之初，心理服务专业人员与未成年人的监护人讨论和明确有关知情同意、干预方案、保密等问题；远程心理服务期间，监护人要和心理服务专业人员保持必要的沟通；由监护人承担远程心理服务的费用；心理服务专业人员应确认未成年人的年龄和行为能力，以避免单独向未成年人提供不适当的服务，但因远程服务本身的限制，在未成年人有意隐瞒或提供虚假信息的情况下，心理服务专业人员不承担相应责任。

七、远程心理援助的伦理问题

远程心理援助在时间和空间上所具有的得天独厚的优势，使求助者接受帮助和援助者开展援助的深度与广度都具有更大的操作空间。尽管如此，求助者和援助者仍需辩证看待隐藏在这种便利之后的伦理问题。

（一）远程心理援助的优势

远程心理援助是一种新兴的援助方式，具备传统援助方式所没有的四个特点。

1. 超越时空的限制

行动不便或交通受限的个体或群体，可通过热线电话或网络途径向专业心理人员或机构请求心理援助。在网络空间里，个体可随时随地吐露心声，表达自己的困惑、焦虑甚至负面消极的认识。尽管专业人员可能因为各种原因不能及时回复，但情绪宣泄本身就可以起到心理舒缓与宽慰的作用。如果能与专业人员约定具体时间，个体就可在该时段探讨自身的心理问题，大大方便了求助者，可以产生很好的社会效益。

2. 资源获取方便快捷

网络心理援助信息量大，内容广泛，资源获取方便快捷，求助者可随时随地查询了解，进行预约。同时，网络心理援助没有地域限制，可向各地援助机构寻求帮助。此外，网络心理援助不只体现在人际互动方面，个体也可通过搜索心理援助方面的书籍、影视剧等资源进行自助。一方面，求助者可根据自己的实际情况选择合适的求助方式；另一方面，网络工具的存在也减少了心理援助人员或机构的服务时间与工作压力。

3. 资源管理高效便捷

传统的心理援助信息记录主要依靠人工填写，记录材料多存放于资料室或文件柜，容易出现字迹模糊等问题。而长期心理援助往往信息量大，内容广泛，有时候针对个体或群体的心理援助工作并非一两次就能结束，管理人员需要花费大量时间去整理、存储和熟悉这些信息，所以人工管理的方式既不高效也不科学。网络心理援助很好地弥补了传统心理援助的这个问题。网络心理援助通过使用超大容量的云存储空间，能够实时保存咨询信息，同时实现咨询过程的监控与记录，时效性更强。云端资料的管理方式不仅能够长久保存资料，方便查阅已生成的电子文档，还能借助专业的文件管理器进行自动化、系统化的管理，深度挖掘存储信息的价值，最大限度发挥网络咨询的功能和优势。

4. 援助环境自由隐蔽

远程心理援助不需要特定的空间场所。用电话和网络是相对个体化的方式，有很好的保密性，能为求助者提供一个敞开心扉和抛开群体压力与社会评价的环境。与此同时，求助者与援助者身处两地，既可以避免面对面带来的恐惧与紧张感，又能为排斥面询的求助者提供其他选择。

（二）远程心理援助带来的问题

新型心理援助技术是一把双刃剑，在带给人们便利的同时又可能造成一些不可忽视的伦理问题：

1. 网络上没有绝对的保密可言

假若援助者在咨询过程中使用了安全性较差的网络节点，就可能会无意间泄露来访人员的信息，违反保密原则。客观来讲，目前公共网络上个人信息的泄露是很难避免的现实问题。

2.咨询师资格证的网络审查门槛较低

网络世界充斥着大量虚假信息,不易辨别信息的真伪。网络提供的专业咨询师的资质不尽一致,公众无法确定自己正在求助的援助者在专业背景和业务能力上是否水平过硬,因此远程心理援助无法完全规避行业内鱼龙混杂的问题,导致求助者的资讯安全无法得到保证。

3.求助者的转介问题

求助者个人信息的不完整、不准确所导致的"身份不一致"问题,会直接影响援助者对求助者的转介服务。

4.远程心理援助应灵活运用保密原则

当发生突发状况时,援助者应及时评估危险指数,避免当事人出现伤害他人或自己的行为——尽管这可能会违背当事人的意愿。例如,在疫情防控期间,当接通的是发热者的电话时,援助者应按照规定及时上报,即便这违背求助者的个人意愿。要在充分共情求助者的焦虑情绪的基础上,鼓励其及时就医。

在公共道德和职业道德的天平上,究竟应向哪方倾斜是一个很大的难题。然而,我们还是要直面远程心理援助所带来的伦理问题,在两者间尽力找到一个平衡点,从而架起求助者和援助者之间沟通与理解的桥梁。

第六章
心理援助工作实务与案例分析

在我国，心理援助是重大灾难或危机事件发生时与发生后的特殊、紧急、高关注度的心理健康服务，也是推动实现国家长治久安的一项基础性工作。从20世纪90年代起，各级政府便开始逐步将心理援助纳入突发事件应对战略，着力提升风险防范和应对危机的意识与能力。自我国经历2002年"非典"、2008年汶川地震以及2019年新冠疫情等突发重大公共安全事件后，国内心理援助服务积累了较为丰富的实践经验，也建立了更为成熟的工作机制。本章将结合国内心理援助政策的发展历程，针对典型突发重大公共安全事件中的心理援助实例进行分析，力图为进一步完善国内心理援助工作体系提出可行性建议，推进构建具有中国特色的社会心理服务体系。

第一节 国内突发重大公共安全事件中的心理援助实务

近十几年来，通过对心理服务理论与实践的持续探索和不断总结，我国形成了粗具规模的心理健康服务体系。对相关心理援助与危机干预政策进行全面梳理，不仅能提升我国的心理援助和心理健康服务水平，还能推进我国心理援助体系的建设，从心理援助方面为实现健康中国建设、"两个一百年"奋斗目标和中华民族伟大复兴的中国梦作出积极贡献。

一、我国心理援助政策的发展脉络

自20世纪90年代起，国内许多学者开始关注和进行心理危机干预研究（胡泽卿，邢学毅，2000；季建林，徐俊冕，1990；马湘培，2003）。2008年是"中国心理援助的元年"（张建新，2011），汶川地震加速了我国心理援助工作的建设与发展。何江新等人（2020）研究指出，随着社会的快速转变与自然的迅速变化，现今的突发公共危机状况变得越发严重。在突发重大公共安全事件中，需要心理援助的人数自1990年的6299万人增长至2000年的8811万人，其占比也从当时的5.57%提升到了6.96%，预测到2040年，这种需求比例可能会达到或超越20%。事实上，我国心理援助工作从一开始就是在重大事件的心理干预实践中不断发展和完善起来的。下面将按照时间顺序，介绍我国心理援助与危机干预的政策及其发展历史。

（一）国内心理援助与危机干预政策梳理

2002年4月，国务院发布《中国精神卫生工作规划（2002—2010年）》，以明文形式将危机干预和心理援助纳入政府职责。"非典"重大疫情后，政府颁布了《突发公共卫生事件应急条例》，为有效预防、及时控制和消除突发公共卫生事件的危害指明了方向。2004年，国内第一个以政府为主导、综合社会力量组织成立的心理危机干预专业机构——心理危机研究与干预中心，在浙江杭州正式挂牌。2006年，国家制定颁布《国家突发公共卫生事件应急预案》，对各级卫生行政部门提出开展疫情知识教育、心理危机干预工作的要求。2007年，官方发布了第一个心理危机干预行动方案——《浙江省突发公共事件心理危机应急干预行动方案》，表明国内的心理危机干预有了较为清晰的工作框架与实施方案。

2008年，汶川地震中的心理救援工作标志着我国心理危机干预发展进入一个关键转折期。2008年卫生部颁布的《紧急心理危机干预指导原则》首次提出对心理危机干预实行分类、分级开展，并就心理危机干预的队伍建设、目标原则、方法对象给出了具体的指导意见。同年7月，卫生部办公厅发布《灾后不同人群心理卫生服务技术指导原则》，对灾后心理援助工作进行细化专业的指导。该指导原则将灾后心理援助目标人群进行了分类，指出应由有资质的精神科医生及通过考核认证的心理治疗师来实施救助工作，并对不同人群会遇到的心理问题给出诊断、治疗方法与治疗技术方面的具体指示，明确了灾后群众心理问题的医学处置与心理学处置的不同方法。同年8月，卫生部办公厅发布了《卫生部办公厅关于做好心理援助热线建设工作的通知》，要求全国各地逐渐设立心理咨询救助电话，建立适用于不同地区多种形式的心理热线，并就热线的管理和宣传问题进行指示，说明了全国心理援助热线采取试点先行的建立策略。

2010年2月，卫生部办公厅发布了《卫生部办公厅关于进一步规范心理援助热线管理工作的通知》，通知附上了卫生部制定的《心理援助热线电话管理办法》和《心理援助热线电话技术指导方案》，提出了四项要求：总结经验，逐步增加热线试点；严格管理，保障热线的公益性；科学实施，强化热线的专业性；定期沟通信息，及时总结经验。同年5月，卫生部办公厅发布了《卫生部办公厅关于加强汶川地震灾区受灾群众心理援助工作的通知》，将医疗卫生硬件条件与业务水平和心理援助相结合，确立了符合灾难后期特征的心理救助方案，指明：提高认识，切实加强对灾后心理援助工作的领导；因地制宜，逐步推动工作向长期深入方向发展；统筹协调，发挥精神卫生专业人员的技术核心作用；细化管理，加强特殊时段、重点人群的心理康复服务。

2011年，卫生部下达印发《医疗机构临床心理科门诊基本标准（试行）》的通知，对从业人员的专业资格要求、设施布置标准、基本设备要求及规章制度作了基本规定。

2012年，第十一届全国人民代表大会常务委员会第二十九次会议通过了《中华人民共和国精神卫生法》，规定了精神卫生工作实行预防为主的方针，坚持预防、治疗和康复相结合的原则。同年6

月，国家减灾委员会制定下发《关于加强自然灾害社会心理援助工作的指导意见》，提出逐步完善统一指挥、协调配合、保障有力的灾后社会心理援助工作机制。

2015年，党的十八届五中全会在北京召开，会议指出健康中国建设是"十三五"期间的一项国家级专项规划，对于我国人民的身心健康维护与疾病预防有着积极意义。

2016年8月，全国卫生与健康大会在北京召开，习近平总书记出席会议并发表重要讲话，提出"努力全方位、全周期保障人民健康"。他强调："要加大心理健康问题基础性研究，做好心理健康知识和心理疾病科普工作，规范发展心理治疗、心理咨询等心理健康服务。"同年10月，中共中央、国务院印发了《"健康中国2030"规划纲要》，指出"加强心理健康服务体系建设和规范化管理。加大全民心理健康科普宣传力度，提升心理健康素养。加强对抑郁症、焦虑症等常见精神障碍和心理行为问题的干预，加大对重点人群心理问题早期发现和及时干预力度。加强严重精神障碍患者报告登记和救治救助管理。全面推进精神障碍社区康复服务。提高突发事件心理危机的干预能力和水平"。

2016年12月，国家22个部门共同印发的《关于加强心理健康服务的指导意见》明确提出，要将心理危机干预和心理援助纳入各类突发事件应急预案和技术方案。《关于加强心理健康服务的指导意见》从充分认识加强心理健康服务的重要意义、总体要求、大力发展各类心理健康服务、加强重点人群心理健康服务、建立健全心理健康服务体系、加强心理健康人才队伍建设、加强组织领导和工作保障7点出发，提出了25项包括指导思想、基本原则、基本目标在内的具体指导意见。

2018年，国家卫生健康委、中央政法委等10部门联合印发了《全国社会心理服务体系建设试点工作方案》。该方案坚持预防为主、突出重点、问题导向、注重实效的原则，强化党委政府领导和部门协作，建立健全服务网络，加强重点人群心理健康服务，探索社会心理服务疏导和危机干预规范管理措施，为全国社会心理服务体系建设积累经验。

2020年1月，国家卫生健康委办公厅发布《新型冠状病毒感染的肺炎疫情紧急心理危机干预指导原则》，并附上《针对不同人群的心理危机干预要点》指导具体工作。该指导原则要求相应政府部门对此次疫情的心理危机干预工作提供必要的组织与经费保障，同时发动专业人员与团队提供技术指导；将心理危机干预纳入疫情防控整体部署，针对不同人群实施不同的干预方式，并且注重保护隐私等；从五方面提出了制定干预方案需要涉及的具体问题；对干预的工作方式也进行了相应的布置与指示。同年2月出台的《新型冠状病毒肺炎疫情防控期间心理援助热线工作指南》《新型冠状病毒感染的肺炎公众心理自助与疏导指南》等多个文件都强调了实施心理危机干预的紧迫性和重要性。

2020年3月5日，国家卫生健康委和民政部联合发布了《关于加强应对新冠肺炎疫情工作中心理援助与社会工作服务的通知》，提出要针对不同人群加强新冠肺炎感染者心理援助与社会工作服务，开展被隔离人员心理援助与社会工作服务，强化一线工作人员心理支持与社会工作服务，严守心理援助伦理规范，做好服务管理和效果评估，加强组织保障。3月18日，国务院应对新型冠状病毒肺炎疫情联防联控机制发布了《新冠肺炎疫情心理疏导工作方案》，其工作目标是针对患者及其家属、病亡者家属、一线工作人员等重点人群，开展心理疏导、心理干预等心理服务，维护公众心理健康，促进社会和谐稳定。同时强调各地区要将心理疏导工作与其他防控措施同步实施，要整合不同部门的心理服务资源，充分发挥精神科医师、心理咨询师、社会工作者等不同专业队伍的力量，为患者提供心理援助服务。

2021年1月8日，国家卫生健康委办公厅印发了《心理援助热线技术指南（试行）》。该指南明确了热线的服务目标、服务对象、服务原则和服务要求，并对其执行过程中的操作流程进行了标准化指引，标志着我国的心理救助与干预工作的正规化进程迈出了一大步。

（二）国内心理援助与危机干预措施的特点

通过梳理我国的心理援助与危机干预的政策发展脉络可以发现我国心理援助与心理服务体系建设的一些特点（王甕瞳，2016）：

我国心理援助与心理服务事业起步较晚，但是相关法律法规与政策在逐渐完善，受重视程度不断提升。20世纪中期，美国着手制定灾难受害者服务方案，对重大灾难中的心理服务进行研究。此外，像德国、日本及新加坡等发达国家也陆续出台了相关的心理援助法律法规，详细规定了心理援助组织的架构与服务项目，并构建了一套全国范围内的灾后心理援助体系。相对于发达国家，我国心理援助体系的正式建立则较晚。"非典"病毒肆虐中国之际，我国正处于心理援助事业的初级发展期，当时的心理援助工作的主要特点包括自发性、缺乏组织性和缺乏专业技术的支撑等。至2008年汶川地震，我国政府正式着手心理援助实践，建立心理健康服务体系。新冠疫情暴发后，政府迅速地开展了心理援助行动。这一阶段的心理援助工作不仅更加系统化、组织化和专业化，还创新了"互联网+心理援助"的模式，实施了"线上线下相结合"的全面心理援助，表明我国已建立规模化心理援助体系。

我国心理援助与心理服务体系建设由政府主导，同时注重发挥其他社会服务机构和组织的力量。我国进行自然灾害心理援助的部门主体主要有政府行政机关、精神卫生机构、民间组织。在新冠疫情暴发时，国务院提出由各个组织面向不同人群提供针对性的心理援助方案，宣传部、广电总局、教育部、工会、共青团、妇联等部门积极开展和参与心理疏导工作。

我国心理援助与心理服务对象由重点人群扩大到普通人群（全民化）。我国早期的心理援助与危机干预主要针对遭遇突发灾害或受其影响的人群，后来推广至全社会存在心理问题或心理危机的个体。另外，随着心理援助与社会心理服务能力的提升，对于不同的事件性质，心理援助方案与措施更具针对性。与此同时，党和政府还十分注重提升日常的心理健康服务能力，着重建立健全常态化的社会心理健康服务体系。

我国心理援助与心理干预内容和手段不断丰富。我国最初的心理援助实践主要是解决重大自然灾害以及灾后重建带来的心理问题与疾病，之后开始逐步重视和保障精神疾病患者和普通大众的心理健康，相应的心理干预内容也扩展到生活中常见的心理问题与心理疾病。随着科学技术的快速更新，心理援助与干预手段由早期的线下现场援助发展为"线上+线下"，视频援助和心理援助热线技术进一步得到重视和发展（张仲明，覃树宝，2021）。

二、国内突发重大公共安全事件中的危机干预与心理重建实例分析

汶川地震、新冠疫情等事件不但使诸多群众的生命财产安全遭受了毁灭性的打击，而且给人们带来了巨大的心理创伤，凸显了灾后心理援助的迫切性和重要性。国家有关部门出台多个文件、制定相关政策，组织各级专家展开系列行动，为受影响人群提供心理援助。全国各地的心理学工作者、心理相关机构和单位的志愿者等也迅速前往灾区向受灾群众开展心理支持和服务工作。

（一）"5·12"汶川地震中的危机干预和心理重建

2008年5月12日，我国汶川发生了特大地震灾害，许多人丧失生命，给个人和社会造成了巨大的经济损失，大批幸存者承受着身体病痛和心理创伤的双重伤害。为了减缓灾难的心理社会影响，更好地帮助不同受灾人群平复心理创伤，回归正常生活，促进灾后心理重建与公众心理健康，政府与社会各界开展了大量的救援工作。

1. 政府出台多个灾后危机干预指导文件

地震发生后,为确保各地区能够以科学且有效的手段展开地震后的心理危机工作,卫生部印发了《紧急心理危机干预指导原则》《灾后不同人群心理卫生服务技术指导原则》《灾难后临床常见精神卫生问题处置原则》《抗震救灾卫生防疫工作方案》等多个文件,从政策上规定了灾后危机干预的具体原则与方案。

这些文件虽然指出了心理危机干预队伍的专业组成,但仍未涉及心理危机干预人员的准入机制、考核培养、人才储备等方面,难以保证心理危机干预队伍的人员素质和稳定性。因此,需要进一步在健全的组织体系基础上,针对参与心理危机干预工作的指导者、执行者以及志愿者的类别实行分级管理,并设定相应的入门要求、培训流程、评价标准和相关政策,同时创建心理危机干预的人才资源库(文荣康,2008)。

2. 多方力量共同为灾民提供心理救助

心理援助是救灾工作的重要环节。地震发生后,由30多名心理专家组成的卫生部心理危机干预医疗总队带领近200名心理干预治疗师,前往一线学校、社区、军队及医疗机构开展针对性心理测评和心理辅导工作。四川大学华西医学中心也在灾后第一时间组织了近200名精神和心理专业的医务人员,分成6支心理救援队,于短短两天内完成任务安排、编写咨询指南和开展全员培训后,赶至各地提供紧急服务。灾难发生两周之后,在各省市和国内外的支援下,有超过100支心理援助队伍加入心理救援中,包括一些来自国外专业机构或组织的成员。

专业救援的主导力量来自精神病医师及临床心理专家组成的专业团队,由咨询师构成的志愿者们则前往地震灾区参与心理援助行动,有效减轻了专业人员的负担,填补了空缺。在临时避难所中,许多社会志愿者在为灾民提供生活服务的同时,也自觉提供了紧急心理救援服务。他们对受害者的情绪状态进行了评估,并主动与其交流互动，仔细倾听他们的声音，持续传递外部的消息，以助其寻回走失的家庭成员等。虽然部分志愿者并未接受过心理危机专业训练，但在突发事件中的精神卫生支援和治疗方面确实作出了贡献（单怀海，李建明，2010）。此外，许多灾区还建立了心理救援中心和固定的心理诊所，医院与一些社会团体组织开通了心理援助热线，这为我国未来的心理援助和危机干预工作奠定了坚实的基础。

（二）2019年新冠疫情中的危机干预和心理重建措施

2019年12月出现的新冠疫情，被世界卫生组织列为"国际关注的突发公共卫生事件"。疫情的发生对公众的身体和心理健康构成了巨大的威胁，不少民众出现了不同程度的心理健康问题（冯正直等，2020）。

习近平总书记对于疫情防控期间的心理疏导工作非常重视，在短时间内对疫情心理援助工作作出了多次重要指示，体现了党和国家领导人对心理援助的高度重视（朱基钗，2020）。2020年，张文慧等医护人员开展的实地调查结果显示："即使是在专门治疗传染病的指定医疗机构内，医护人员也普遍表现出了强烈的焦虑感，需要接受心理干预。"另据徐一峰教授团队在《柳叶刀·精神病学》（*The Lancet Psychiatry*）这一国际权威期刊上发表的文章所示，由于新冠病毒感染的影响，人们可能会产生恐惧、焦虑和抑郁情绪（Yao et al.，2020）。

1. 各地心理援助热线及线上咨询平台的设立

自新冠疫情大流行开始后，其隐匿性和快速扩散的特点使得病例数量激增且导致人们产生强烈的恐惧感，对新型病毒的有限认知也加重了人们的心理压力。由于当时实行隔离防疫政策，人们难以出门接受传统的心理咨询服务。因此，心理援助热线在这一特殊时期体现了自身的优势，在缓解人们心理压力和调节不良情绪方面发挥了重要作用。对此，我们以湖北省为例，梳理了该省自2020年以来在心理援助热线方面的努力和发展。

自2020年1月24日起，湖北启动突发公共卫生事件Ⅰ级响应，以此来对抗疫情的蔓延趋势。1月25日，湖北省精神卫生中心网站公布了一份包含全省各地医院设置的18个心理咨询热线及其相关信息与服务时间的清单，并建议市民尽量保持镇定和理性思考，自我调节压力，如遇到无法缓解的紧张感、恐慌情绪或者失眠问题，或是想要获取有关防疫的信息，可拨打电话向专业的心理咨询师求助。

2020年2月12日，武汉大学人民医院牵头研发的在线抗疫心理支持系统综合平台——"强肺心理支持系统"正式上线。截至2020年2月17日，该平台已为医护人员和患者提供4000多次心理援助。借助此平台，16名来自全国各地的精神病学领域权威人士组成了专业队伍，同时800多名精神科医生与咨询师志愿者参与其中。他们提供的专业服务主要集中在对公众尤其是医护人员的心理健康的诊断、评估以及治疗方面。此外，该平台还特别关注方舱医院和隔离区内医务工作人员及患者的心理需求。

2020年2月15日，由湖北省卫生健康委员会、湖北省教育厅、共青团湖北省委、湖北省妇女联合会等单位联合发起的"湖北省心理健康服务平台"正式上线。平台集结了上千名心理专家，全天候运行，为公众提供免费的疫情相关的心理咨询支持，并且整合省内权威心理热线，提供心理咨询、心理疏导、心理危机干预等心理健康服务。服务对象涉及医务工作者、新冠病毒感染患者、学校教职员工、学生、青少年及妇女儿童等存在不同心理问题与心理服务需求的群体。

2020年4月25日下午4时，湖北省新型冠状病毒肺炎疫情防控指挥部举行第84场新闻发布会，会议介绍了新冠病毒感染出院患者愈后康复服务有关工作情况，并指出在常态化防控中需构建体系、组建团队、探索新的服务方式；此外还提倡推动网络与心理服务的结合，以提升心理危机处理及心理咨询的服务质量（李怡雪，2020）。

2. 抗疫防疫心理援助与危机干预志愿活动的举行

2020年1月27日，全国"抗击疫情从心开始"心理专项志愿服务项目紧急启动，号召民众以志愿服务的方式，积极参与疫情防控工作。截至同年2月17日，总报名人数已达1008人。有5批志愿者共214人被派驻到北京多个服务平台，通过在线服务、热线电话等方式为2000多人提供了心理咨询，服务总时长1750小时，有500名志愿者储备上岗，接受的服务者来自全国共计29个省、自治区、直辖市。

2020年2月，浙江省慈溪市钱海军志愿服务中心持有心理咨询师资格证的志愿者为那些因为疫情影响而产生焦虑、家庭分离困扰，以及对居住地周边病例增加产生担忧的人群，提供心理援助电话及免费在线心理辅导服务。其目标是通过这些方式减轻人们的紧张感，舒缓心理负担并引导大家以理性的态度面对疫情，增强克服困难的决心。

2022年7月，为深入贯彻落实习近平总书记关于新冠疫情防控的重要指示批示精神和党中央、国务院有关决策部署，切实加强社区防控和服务管理能力建设，民政部、卫生健康委、疾控局联合印发《新冠肺炎疫情社区防控工作指引》《新冠肺炎疫情社区防控志愿服务工作指引》。这两份文件梳理总结了2022年以来各地在应对处置新冠疫情过程中的社区防控工作实践，充分借鉴广大基层干部特别是疫情防控一线社区工作者探索形成的有效做法，向全国各个城镇社区机构、社区员工和社区防疫志愿者提供一套实用的日常防疫措施；详细介绍了如何开展社区防疫志愿服务，包括常规情况下的准备步骤，突发事件时的职责分配、执行方式、程序安排以及后勤支持等方面，有效提高了社区动员、组织、利用和管理志愿者的效率。

第二节　国际突发重大公共安全事件中的危机干预与心理重建

突发重大公共安全事件给经济和社会带来巨大冲击，不仅仅是对公众的一场考验，更是对国家与国际社会的一场考验。

从世界范围来看，近年来突发公共卫生事件频频发生，给各国人民生命安全带来了严重威胁。例如，刚果民主共和国于2004年暴发了伤寒疫情，截至当年12月13日，共报告了13400例病例。津巴布韦于2008年暴发霍乱疫情，截至2008年12月25日，津巴布韦卫生部报告了总计26497起霍乱病例。至2009年5月17日的格林尼治标准时间6时，共有39个国家的官方机构上报了总计8480起甲型H1N1流感的案例。2019年1月1日至2020年2月16日，中非共和国报告共发生7626例麻疹疑似病例，含83例死亡病例。2022年当地时间5月7日，于伦敦出现并迅速扩散至其他欧洲国家的猴痘病毒引起了全球范围内的广泛关注。2022年7月23日，世界卫生组织总干事谭德塞宣布，猴痘疫情已构成"国际关注的突发公共卫生事件"。从2023年9月20日开始，中华人民共和国国家卫生健康委员会将猴痘列入乙类传染病的管理范畴，并实施相应的乙类传染病防控策略和手段。不难看出，突发公共卫生事件不只会带来区域性影响，也关系到全球的稳定与发展（张雪琴，2011）。

1942年，美国波士顿的一场火灾事故造成了近500人死亡。灾难过后，学者归纳出了影响危险事故中人类心理反应的几个关键因素，从此开启了有理论支持的心理干预活动。20世纪中期，NIMH着手制定灾难受害者服务方案，对重大灾难的社会心理反应研究进行资助。随着人们对灾后心理重建重视程度的提高，一些发达国家政府也逐渐意识到需要采取措施来预防这些社会问题，开始着手研究灾难的危机干预，制定相关政策，实施相关心理援助服务。最近

20多年来，灾后心理干预更加受到重视，出现了不少国家级的灾难心理干预中心或研究中心（游志斌，薛澜，2015）。

一、日本地震后的心理援助

作为经常遭受自然灾难的国家之一，日本拥有丰富的应对和重建经验，同时高度重视心理援助领域的研究。

（一）日本灾后心理援助概况及特点

为应对频繁发生的强烈地震事件，早在1961年日本便出台了《灾害对策基本法》，之后陆续出台各项法律法规，建立了较完备的现代化防灾减灾及灾后心理重建体制。1995年阪神大地震后，日本对《灾害对策基本法》作了修订，更加重视心理援助，由政府建立心理创伤治疗中心，同时设置心理创伤治疗研究所，对心理创伤及创伤后应激障碍等进行调查研究（夏金彪，2009b）。日本在应对灾害的过程中总结了许多经验教训，其中最重要的一点就是不单纯依靠政府的行政力量，而是广泛联合各个领域、发动民间团体实行"共救"（见图6-1）。例如，在儿童心理重建上，日本建立了医疗和福利部门（精神科医生、护士、心理辅导人员、保健员）、教育部门（教师、保育员、学校个人生活指导员）以及家长、救灾志愿者联合救助的机制。在医疗和福利领域，设立心理援助小组、社区医院、保健站，配备精神科医生，对儿童及其监护者（家长或教师）进行心理援助，并定期与教师、保育员等教育部门人员进行沟通、协商。在教育领域（学校、幼儿园、保育所），设立学校个人生活指导员，并积极与教师、保育员等人协同工作，实时向医疗和福利部门汇报学生的心理状况，从而实现各方的有效互动和协调，共同致力于学生的心理创伤治疗。

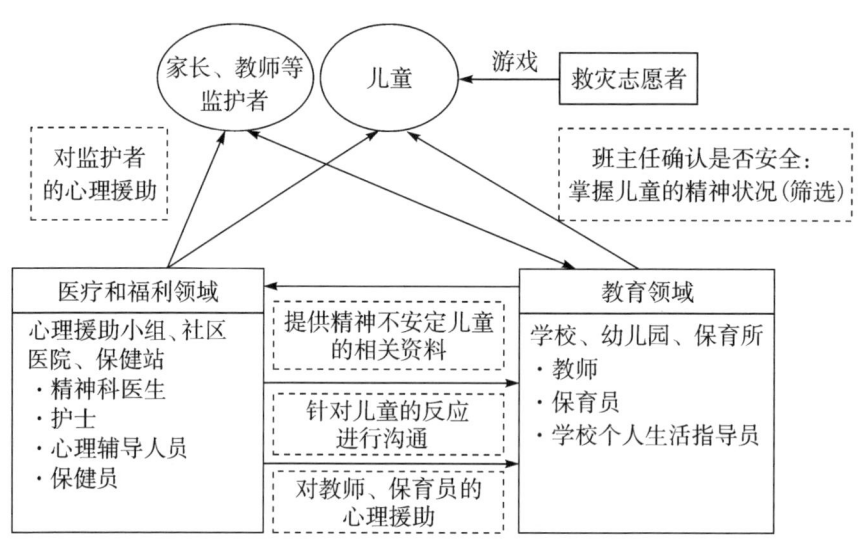

图6-1 灾后日本儿童心理援助模型（井出浩，2007；丸光江，2005）

日本在灾后心理救助过程中着重强调开展以下几个方面的工作（井出浩，2007；丸光江，2005）。

首先，提供安全感。在震后援助中，缓解受灾者生活物资及日常生活的压力是最需要优先考虑的问题，但精神上的援助也具有和物质援助同等重要的地位，其中满足安全需求尤其关键。在PTSD的治疗方案中也建议尽早恢复类似灾难前的居住环境，因此短期内物质救助和环境改良具有重要意义。

其次，与受助者情感互动。受灾群众不仅要承受严重的经济损失，还需要面对难以治愈的心灵创伤，他们可能出现如恐慌、忧虑、沮丧、害怕、拒绝承认事实、倒退行为、自我谴责和攻击等症状。研究表明，心理创伤往往成为引起各类精神问题的关键因素，甚至会导致心理疾病的发生。所以，在这个阶段为经历巨大打击的受灾者创建一种相互信任的环境至关重要，让其能在无须压抑自己情感的前提下自由与他人分享并表达感受。

最后，减少无力感和消除自我否定。经历过地震的人们会对生命有强烈的不安感，因为自然界的变幻莫测让他们感受到自己的渺小，这会带来一种无力感。失去家园、失去亲人时，人们往往感到无法应对、无计可施，这会导致他们内心焦虑并形成心理挫败，最终产生自我怀疑的负面情感。与此同时，出于软弱感的内心愧疚也加强了人们对自己的质疑。如此下去，对自己价值的否定会增加他们心灵的痛苦，进一步加深无力感，从而陷入不良循环。因此，提升受灾者的信心，协助他们重新评估自身，是心理援助中关键且有效的方法和途径。

（二）日本灾后心理援助策略

按照心理援助的三个阶段，即警戒期（应激阶段）、抵抗期（冲击阶段）和衰竭期（重建阶段），可将日本灾后心理援助策略归纳为图6-2。

警戒期（应激阶段）	抵抗期（冲击阶段）	衰竭期（重建阶段）
·帮助受灾者恢复自我行动的能力 ·填补生活上的缺失 ·对需要治疗者的识别及进行专门的治疗	·开展一对一的心理咨询 ·提供精神上的安全感 ·帮助受灾者与具有相似经历的人群进行联系 ·帮助受灾者尽量恢复到灾前的生活方式 ·支援灾害中受破坏的心理医疗机构	·鼓励受灾者与他人交流，分享自己的遭遇 ·针对应激反应引发的新的精神问题开展援助 ·帮助受灾者重新燃起生活希望 ·关注志愿者和医护人员出现的心理问题

图6-2　日本灾后心理援助策略（塩入俊樹，2006；胡媛媛 等，2012）

1. 警戒期（应激阶段）策略

（1）帮助受灾者恢复自我行动的能力。灾难过后人们的身心状况会有不同程度的损害，这导致他们的理解和判断等能力出现退化，为此，需帮助受灾者恢复自我行动的能力。

（2）填补生活上的缺失。受灾群众日常生活中的几乎所有方面都会有不足，如可能失去入院、服药等基本治疗条件，因此，尽快弥补受灾者的生活短缺对于灾后心理恢复至关重要。

（3）对需要治疗者的识别及进行专门的治疗。在对受灾者进行援助时，除了要对失眠、焦躁、注意力低下等症状进行治疗，还要对受灾者的表情、说话方式、行动进行观察，识别其是否需要进一步治疗，并将需要治疗者尽早送入专业的医疗机构。

2. 抵抗期（冲击阶段）策略

（1）开展一对一的心理咨询。对于遭受严重身心困扰的受灾者需要提供专业的帮助，设立心理咨询中心，建立个人档案，并向他们提供医疗机构的相关信息。

（2）提供精神上的安全感。当受灾者处于茫然不知所措的状态时，保护其身体不再受到二次伤害并给予安全感极为重要。对于受灾人群，应创建一个让他们感到安全的环境，增强他们的心理适应力，协助他们理性看待事态的发展，纠正错误的认知，同时指导他们采用积极有效的应变方式。

（3）帮助受灾者与具有相似经历的人群进行联系。创建并设立专门空间或场所让具有相似经历的受灾者互相交流。通过这种方式，个人的心理健康会得到极大的提升。由于分享了共同经历，有着类似遭遇的人们更容易产生共鸣。在这个团体中，总会有些人更加积极向上、坚定勇敢且充满阳光，他们的每句话都会默默激励其他人，给予其重新开始生活的信念。

（4）帮助受灾者尽量恢复到灾前的生活方式。尽可能地协助受灾人群恢复到灾前的生活习惯（例如饮食和穿着方式等），这将有助于他们逐渐建立起重新面对生活的勇气和信心。

（5）支援灾害中受破坏的心理医疗机构。为那些在灾害中遭受损失的心理医疗机构提供支援。

3. 衰竭期（重建阶段）策略

（1）鼓励受灾者与他人交流，分享自己的遭遇。采取情绪宣泄疏导的手段，引导受灾者与他人进行沟通，讲述自己的故事，鼓励他们宣泄心中的痛苦。对受灾者表现出的感情及讲述的经历表示同情与共感，并给予他们积极暗示，但不能强迫有抵触情绪的受灾者进行讲述。

（2）针对应激反应引发的新的精神问题开展援助。关注避难所、受灾地区中因地震引发急性精神障碍、精神状态恶化等的患者；尽快发现因震后应激反应引发心理、生理不适的居民并施行治疗；对那些有精神问题、精神萎靡等病症预兆的人群，采取以预防为主的介入式治疗。

（3）帮助受灾者重新燃起生活希望。需要深入了解灾后受灾者的各种情绪，并协助他们理解自己所遭遇的身心不适是由灾难触发的正常反应，且这些应激反应会随时间的流逝而逐步减轻，同时帮助他们重新燃起生活的希望，增强恢复的信念。

（4）关注志愿者和医护人员出现的心理问题。进入灾区的志愿者和医护人员也会被现场遭遇所触动，大部分人可能会产生创伤后的心理应激反应。因此，在救援行动中，志愿者和医护人员的心理问题应该得到关注和处理。

（三）日本灾后心理援助的经验启示

结合上述日本灾后心理援助的概况、特点和策略，我们可以对日本灾后心理援助工作的经验和启示做简单总结。

1. 政府是心理援助的主导者

日本作为地震多发国，构建了完整的防灾减灾法律体系，明确规定了心理援助在灾后援助中的重要作用。2008年，时任中国科学院心理研究所所长、中国心理学会理事长张侃表示，政府是灾后心理援助的主导者，政府通常是通过立法的形式来保障灾民心理援助工作顺利进行的。

2. 政府非常注重防灾教育

每年，日本政府会印制《防灾白皮书》（防災白書）来详尽介绍以往受灾情况、防灾成果、当年的防灾计划、相关的组织机构和法律法规，同时印发灾害应对手册；为增强公众的安全防范观念，在学校举办各种演练活动以提高学生的安全素养；运用电视、广播、报刊以及互联网等手段进行防灾知识宣传。此外，日本政府还成立了"市民防灾教育中心"，内设有地震体验及训练屋，可以让参观者亲身体验地震灾害发生时的情境，从而强化人们在危险状况下的反应能力和生存本能，提升民众自救互助的能力。

3. 全社会参与，借助社会力量

在日本，全社会参与是灾后心理重建的显著特点，各个行业和领域都注重利用自身的资源开展心理抚慰。中国科学院心理研究所研究员张建新（2009）曾对日本成功实施心理重建的方法与实践进行了深入研究并指出，目前日本政府主要发挥引导式、计划性和支持型功能，只提供法制架构而非实际执行心理修复的行为。在此背景下，日本政府更倾向于利用社会资源来推动心理重建进程。其中，专业咨询团队、志愿者，乃至宗教领域的心理咨询团队等，都是重要的参与主体。此外，日本各大高校的医学、心理学和社会工作学系以及相关慈善组织的心理咨询专家，都是重要的民间心理支援团队成员。

4. 开展积极的心理锻炼与心理治疗

心理锻炼是日本心理援助有别于其他国家的一项重要工作。根据日本法律，日本人从幼儿园时期即开始接受灾害对策教育，以提升实际技能，并增强对地震灾害的思想抵抗力。2008年，在"汶川大地震灾后心理重建行动国际论坛"上，日本心理学教授富永良喜表示，对于那些经历了灾害而导致心理创伤的人们来说，最合理的心理援助并非让他们再次面对灾难场景并表达悲痛之情，而是为其提供安全感，恢复其安心感。他强调运用放松技巧的重要性，如针对小学阶段的孩子可采用玩偶交流或角色扮演式的漫画图示、绘制故事文本等方式来实现这一目标。富永良喜还通过他们团队设计的经典玩具"小河马"指出，当个体感觉很痛苦时不要压抑自己，应寻求亲人朋友的支持，让自己的情绪发泄出来。此外，日本采用绘画疗法为儿童治疗心理创伤，并在放松练习中采用许多实用且有效的策略，如想象呼吸法、独立动作法、听童谣等。

二、新冠疫情的国际应对

2020年1月30日，世界卫生组织总干事召集突发事件委员会开会，宣布新型冠状病毒疫情构成"国际关注的突发公共卫生事件"。抗击新冠疫情中的心理援助服务主要是对个体应激反应的管理、疏导和治疗，可预防心理创伤、缓解痛苦、调节情绪、鼓舞人心；引导和构建社会认知，矫正社会行为，塑造正确的人生态度；同时改善社会关系，整合人际系统。

（一）国际社会应对新冠疫情的心理援助措施

本节以世界卫生组织和新加坡为例，介绍国际社会在疫情期间针对民众心理危机所发布的相关报告、采用的管理模式和采取的心理援助工作方式等干预措施，为加强我国突发重大公共安全事件心理援助体系建设提供重要的依据和参考。

1. 世界卫生组织

2020年1月1日，世界卫生组织在本组织三个层级（总部、区域总部和国家一级）组建事故管理支持小组，进入抗疫紧急状态。2020年1月10日，WHO在线发布一整套综合性技术指导，基于当时对新冠病毒的认识，向所有国家提供了如何发现、检测和管理潜在病例的建议。2020年2月5日，WHO启动了应对新型冠状病毒疫情的"战略准备和应对方案"，旨在帮助那些卫生体系不健全的国家。

2020年7月24日，WHO发布了一份名为《在长期护理服务中预防和管理COVID-19》（Preventing and managing COVID-19 across long-term care services）的政策简报，强调要"优先考虑接受和提供长期护理服务的人的心理健康，并为家庭和自愿照顾者提供支持"，具体包含四个要点：一是制定清晰的探视规定，以便在全球疫情防控策略和维护心理健康的人际交往需求间找到平衡（让住户可以接见来访客人，但同时需尽可能降低客人长时间逗留的风险）；二是如果有限制，应方便居民通过电话、互联网或书面信息与家人和朋友联系；三是招募更多的志愿者为隔离者提供社会互动帮助；四是通过确保照料者安全的支持性措施，使家庭护理人员能够为长期生活在护理设施中的人提供心理和实际支持。

2020年9月17日世界患者安全日，大流行病防范和应对独立小组举行了第一次会议。由于卫生工作者面临感染新冠病毒的巨大风险，WHO发布了一份纲领，旨在通过实施一系列举措保护卫生工作者免受暴力侵害、提升其心理健康水平、保护他们免受物理和生物危害、推动建立全国性的医护人员安全计划，并将卫生工作者安全政策与现有的患者安全政策联系起来。

2. 新加坡

为防止新冠疫情的蔓延扩散，世界各地卫生部门采取了多种措施，包括早期识别和隔离疑似病例、追踪密切接触者、收集患者的临床数据、在医院和单位建立隔离区和增加疫情地区的医生数量，等等。虽然这些措施的重点是防止疫情蔓延，但对整个社会民众和医疗人员的心理健康产生了严重影响，疫情和隔离时间的不断延长给人们带来了更多恐慌和心理健康问题。随着社区服务的关闭和行业崩溃对经济造成的负面效应，许多人面临着经济损失和失业的潜在风险，进一步加剧了个人所经历的负面情绪。对此，以新加坡为代表的国家政府采取了一系列积极措施来应对疫情给民众心理健康带来的不良影响。

（1）向公众准确传播卫生及相关信息。在这一突发公共卫生事件持续期间，新加坡政府和卫生部及时向公众通报疫情的进展，定期在新闻广播和社交媒体上更新疫情状况并采取预防措施。官方的社交媒体渠道也被用来打击虚假信息和"假新闻"。卫生部长和传染病专家会定期参与公共活动，以减轻民众对疫情的疑虑。

（2）充分利用社区和医院资源。疫情暴发期间，新加坡的社区团体，如社会服务机构，构成了在中心地区提供咨询的重要一线力量，有助于加强社区的心理健康恢复力，并减小社区居民发展成为精神疾病患者的可能性。例如，新加坡银丝带社区服务机构为新冠疫情相关问题提供在线情感咨询支持；新加坡心理学会的心理学家也为那些受疫情困扰的人提供无偿或低价的心理援助服务。

（3）应用新的心理干预方式。基于新型网络科技，许多医院转向通过Zoom等视频会议平台，向精神病患者提供在线心理治疗和援助，以减少面对面治疗可能带来的疫情传播问题。

（二）国际社会应对新冠疫情经验总结

新冠疫情是进入21世纪后国际社会面临的前所未有的突发公共卫生事件。由于新冠疫情的突发性和传播的广泛性，世界上几乎没有哪个国家可以幸免，加之疫情发展具有反复性和复杂性，给世界各国政府应对疫情引发的公共卫生危机带来了巨大挑战。

1. 战胜疫情需要加强国际社会合作

正如习近平主席所说的那样，"人类是一个命运共同体。战胜关乎各国人民安危的疫病，团结合作是最有力的武器"。2020年6月，在"一带一路"国际合作高级别视频会议上，世界卫生组织总干事谭德塞发表了开幕词。他强调，击败疫情并推动全球经济恢复的关键在于各国内部的凝聚力和全人类的团结一致。在分裂的世界里，我们无法取得成功。我国始终坚持与世界的紧密联系，自新冠疫情席卷全世界后，持续公布大量关于疫情的详细数据，积极参与到其他国家的抗疫行动当中，例如，为伊朗、伊拉克、意大利等多国的医护人员提供专业技术支持团队，参加大量线上交流会，提出建议或指导意见；支援或捐赠必要的物资；向世界公开新冠病毒感染诊疗方案及药物筛选结果；针对国际社会的迫切需求和知识空白，总结相关经验，形成可复制的经验指南并及时共享。

2. 战胜疫情需要完善预后体系

一方面，全球各地因疫情冲击导致经济恢复与发展受阻，另一方面，疫情给人们带来了焦虑、抑郁、恐慌、担忧等负面情绪。一些确诊人员在痊愈后仍会遭受周围人的排斥和社会歧视等不公正待遇，长期奋战在抗疫战线上的医护人员也面临着巨大的心理压力，而因疫情失去家人的人们所遭受的伤害更是不言而喻。这些问题都需要引起国际社会的高度关注，预后体系亟待完善。

在共同抗疫的同时，疫情也给我们上了生动的一课。一个重要教训是，健康不是奢侈品，也不是发展的回报，而是一项人权，是发展的先决条件。健康和卫生保障是实现可持续发展、和平与繁荣的根本。疫情再次提醒我们，健康和卫生安全不仅关乎个人安危，更是公共的和全球的事业。无论贫穷、富有，人的健康和卫生保障不可或缺，对于个人、社区和国家来说都是如此。

第三节 我国突发重大公共安全事件中心理援助存在的问题和对策

面对复杂多变的突发重大公共安全事件，仅从物质层面实施救援已难以适应当下社会的发展，不能充分满足人们精神层面上的需求，亟须构建和完善符合我国国情的心理援助体系，从而更为快速有效地疏解突发重大公共安全事件带来的社会恐慌，提升民众的心理应激素质，提升社会整体的应急处置效率，切实推进国家治理体系和治理能力现代化。

一、突发重大公共安全事件中心理援助存在的问题

随着我国突发重大公共安全事件中的心理援助能力的不断提升，心理援助工作取得了长足进步。全国各地培养了大量的心理咨询师、心理治疗师、社会工作者，为实施心理救助奠定了人力基础，心理

援助工作也日益标准化、规范化、统一化。此外，随着互联网技术的不断进步，尤其是智能手机设备的普及，即时通信软件、视频网站等平台的广泛使用使心理援助服务更全面化、精细化和便捷化，大大提高了服务实效。然而，目前我国突发重大公共安全事件中的心理援助工作仍存在一些亟待解决的问题（祝卓宏，2020）。

（一）心理援助的法律法规、制度保障不健全

国家相关法规的制定为突发重大公共安全事件中心理援助的有效执行提供了体制保证。尽管我国政府已意识到通过建立相关规定来推动紧急情况下心理援助工作的重要性，并将其纳入相关政府文件或法定条款，但具体的实践策略并未得到详尽且清晰的阐述，对于实际如何开展心理援助工作缺少实用易懂的工作方案，从而影响了相关法律法规、制度文件的引导效果，使之难以充分发挥效用。例如，在《中华人民共和国突发事件应对法》《突发事件应急预案管理办法》和《突发公共卫生事件应急条例》中，都没有明确阐述心理援助的相关内容及法律条例。由国务院发布的《国家突发公共事件总体应急预案》虽然提出要对受灾人群进行必要的心理援助，但对心理援助的具体实施、组织领导、保障机制等未作出详细的规定。此外，在突发重大公共安全事件中，多部门都下发了相关的政策文件，这一方面表明了多部门之间的协同配合，另一方面也表明亟待建设基于国家层面的常态化、制度化、系统化、稳定化、机制化、规范化的体系。

（二）心理援助的精准性、高效性不强

个体或群体在应对突发重大公共安全事件时会受到个人状况与环境因素的影响，因此面临的问题及其影响、出现的心理反应、采取的应对方式等都可能存在个体或群体差异。此外，紧急情况下的心理援助需要大量人力物力投入且时间紧迫，但实际可用的专业资源相对稀缺，加之心理援助往往具有短时、高频和快速的特点，使

从业人员难以为求助者提供持续性的心理服务，以精准掌握其情感变化，这也不可避免地会减弱心理援助的效果。再者，目前尚无针对不同年龄段、性别、地区、文化和宗教特征的群体的专门性心理援助方案或整体规划，可能引发文化、宗教信仰等方面的冲突，进而让受助者产生负面抗拒感，削弱了心理援助的作用。因此，如何精准高效地进行心理援助成为重点难题（孙宏伟 等，2018）。

（三）心理援助队伍建设的规范化、组织化程度不高

一是当前我国心理学研究基础相对薄弱，且心理咨询和心理治疗仍处于初级发展阶段，急需建立一支专业、稳定、强大的心理救援团队，以满足突发重大公共安全事件后的救助需求；二是我国的心理援助从业人员主要集中于医疗机构、大学和研究所等机构，而在紧急情况下通常需要召集或借调心理学专家来提供支援，这可能导致专业人员的协调性和整体性不足的问题，也可能出现各种资源分散、行动缺乏统一性、心理援助效率不高的现象；三是由于心理援助对专业性要求高，必须科学、合理、有序地实施心理援助，而能持续参与心理援助的人员却很少，这一定程度上影响了心理救援的效果和社会声誉，可能会引起受助者的反感甚至抗拒（齐芳，2013）。

突发重大公共安全事件中的社会心理援助需要采用一系列专业方法和技术，志愿者必须经过专门培训。然而，许多参与救援行动的志愿人员虽具备一定的咨询或者治疗经历，但对于心理援助方面的知识却知之甚少，且很多人并未接受过相关的专业训练，这种状况可能会使心理危机处理变得过于偏向心理咨询或心理治疗，而无法真正地发挥有效的心理援助功能，因此，亟须建立专业化、规范化的心理援助志愿者队伍。

（四）缺少科学、高效且符合中国文化背景的心理援助体系

建立突发重大公共安全事件心理援助体系，有助于增强应对突发情况的能力，是建设健康中国和平安中国的重要措施。由于突发

重大公共安全事件发生后社会生产生活秩序遭受严重冲击，常规协调应对办法往往失效，因此，必须通过设立联合指挥中心来统筹调度各方力量。然而，我国目前缺乏一种各部门协作的机制，心理援助尚未被整合至突发重大公共安全事件联合指挥部的管理架构中，导致难以在统一指导下开展相关工作。

心理援助是专业性很强的援助，如果处理不当可能导致救援对象遭受第二次伤害，因此，心理援助的效果评估很重要。然而由于缺乏系统组织管理，现有的制度安排并未提供有效的衡量标准或全面系统的评定方法。大多数情况下只能看到参与人数及次数等信息记录，而无法获取关于实际效果评估的反馈。近年来，我国相关单位、部门开始实施一系列咨询技巧培训课程，但培训的内容基本源于国外技术，未能充分考虑到中国传统文化和民众的社会心态特征，具有一定的盲目性。尽管某些心理援助技术具有跨国通用性，但在应用于特定国家和地区时仍然需要注意文化的适应性问题。例如，在中国这一以集体主义文化为导向的国家中，普遍使用更强调个体主义的西方心理援助技术，容易忽略我国民众对家庭、社会或国家的整体重视与依赖，从而减弱心理援助效果。

从"非典"发生至今的二十几年间，中国心理学界发展出了一些适用性好、针对性强的心理援助技术，如教育指导、抱团取暖等策略非常符合中国人崇尚团结协作的精神追求，但鲜有人关注其价值所在。缺乏效果评估，就妨碍了筛选适合中国国情的危机干预和援助方法。因此，亟须根据国际标准、结合国情制定突发重大公共安全事件心理援助培训的认证标准以及心理援助预案效果的评估体系。

二、完善突发重大公共安全事件心理援助体系的对策

综上所述，针对国内疫情后心理援助过程中存在的问题，可以从宏观规划、微观协调等层面来完善心理援助体系，最大程度地发挥突发重大公共安全事件中心理援助的积极效用。

（一）完善国家法律法规体系及制度保障

立法机构及应急管理部门应加快应急管理法律法规制度修订工作，尽快完善突发重大公共安全事件中心理援助工作的相关法律条例及相关应急预案。在突发事件监测和预警中增加对民众风险感知的监测和预警，在应急处置与救援中增加对直接受影响人群实施心理危机干预的应急措施，在事后恢复与重建中将个体长期心理援助和群体层面的社会心理服务纳入恢复重建计划（陈雪峰，傅小兰，2020）。

各级政府应在突发事件应急预案中增加独立的社会心理援助保障预案，建立健全心理援助的人力资源、医疗卫生和基本生活的保障机制，进一步优化突发重大公共安全事件中的心理援助政策框架。社会心理援助保障预案应涵盖不同等级的危机干预和心理援助项目，坚持实行按级别划分且注重短期心理咨询和长效服务的双轨方针。此外，还需要改进心理援助的财务保障体制，确保有足够的资金来支撑心理援助及其后期持续的服务，将重点人群的心理治疗费用纳入财政支持范围，把相应的治疗费用也划入医疗保险支付范畴（彭丽丽，2021）。

（二）加大心理援助专业人才选拔培育力度

为保证和提升突发重大公共安全事件中的心理援助效果，需大力培养心理学专业人才，构建一个包含各类心理援助专家的人力资源数据库，并打造出一个受过良好训练且技术精湛、标准统一的心理救援志愿团体。鼓励优秀的专业人才前往具有丰富心理援助经验的国家学习，加强国际学术互动与合作，以提高他们的整体能力水平。借鉴全球范围内的心理援助案例，开展系统的危机处理和心理援助培训。教育部门也应增强对应用型心理学专业人才的培养力度，创建一种融合学位课程、技术培训和持续教育的心理学专业人才发展模式，并针对相关人员开展选拔、培养、资格认定和评估等一系列工作。

（三）提高心理援助工作的精准性及高效性

突发重大公共安全事件发生后，个体在心理援助方面的需求不尽相同，因此，在实际操作中应针对性地进行心理援助。一是针对不同阶段开展心理援助，设立和安排不同的目标和任务，既要关注公众的差异性，又要关注动态变化，以便精准把握受助者的心理需求；二是针对受助者特征（如年龄、性别、成长区域、宗教信仰等方面）设计独特的心理援助策略，并基于他们的实际状况设定灵活的目标，然后根据个体的心理需求与问题类型，量身打造解决方案。同时，根据实际情况实施心理救助计划，以确保为受益人群提供优质的心理援助服务（陈雪峰，2018）。

（四）加快构建突发重大公共安全事件心理援助体系

一是设立一套部门协同制度。心理援助涉及多个部门，需要把心理援助统一纳入突发重大公共安全事件联合指挥部的下属机构，在领导指挥下开展工作。二是构建一种适应我国实际情况并能评价心理援助效用和成果的框架，强化系统的组织管理，包括设定合理的评测项目、目标和分值比重，明晰负责测评的具体部门、机构和员工，并对心理援助的人员数量、延续时长、反响成效等方面连续追踪，以保证心理援助的实际效益和品质，进而推动整体心理援助体系的改进和提升。三是制定一系列符合国际标准和国内实际的关于突发重大公共安全事件的心理援助教育课程、考试准则和登记认证制度，组建一支遍布全国的应对突发重大公共安全事件的专业心理援助志愿队伍（祝卓宏，2020）。

参考文献

安芹．（2022）．心理咨询与治疗伦理．北京：中国人民大学出版社．

安媛媛，黄琪，顾雯，等．（2017）．开放性人格对大学生创伤后成长的影响：有调节的中介效应．心理与行为研究，15(6)，815-823．

安媛媛，伍新春，刘春晖，等．（2013）．情绪性人格对青少年创伤后成长的影响：应对方式的中介作用和社会支持的调节作用．心理发展与教育，29(6)，657-663．

蔡清艳，何满西，韩媛媛，等．（2020）．新冠疫情流行期医务人员心理健康状况调查．心理月刊，15(20)，25-27．

昌敬惠，袁愈新，王冬．（2020）．新型冠状病毒肺炎疫情下大学生心理健康状况及影响因素分析．南方医科大学学报，40(2)，171-176．

陈健，姚子雪婷，刘峻江．（2022）．眼动脱敏疗法联合积极心理疗法治疗1例恐惧性神经症的咨询案例报告．心理月刊，17(1)，201-202．

陈锦秀，李祥永，刘秋岭．（2015）．认知交互CPI模型视角下新生就业压力及干预．上海理工大学学报（社会科学版），37(3)，292-296．

陈美英，张仁川．（2006）．突发灾害事件的心理应激与危机干预．临床和实验医学杂志，5(12)，1960-1961．

陈明红，麦洁雯．（2023）．错失焦虑视角下突发公共卫生事件健康风险信息搜寻行为研究——基于混合方法的实证. 情报科学, 41(6), 113-124, 135.

陈文军, 浦金辉, 徐志鹏, 等. (2008). 地震救援部队早期心理状况分析. 华南国防医学杂志, 22(6), 38-40.

陈晓凤, 聂菲菲, 王秀华, 等. (2022). 肺结核病人创伤后成长与创伤后应激障碍的调查研究. 循证护理, 8(13), 1832-1836.

陈雪峰. (2018). 社会心理服务体系建设的研究与实践. 中国科学院院刊, 33(3), 308-317.

陈雪峰, 傅小兰. (2020). 抗击疫情凸显社会心理服务体系建设刻不容缓. 中国科学院院刊, 35(3), 256-263.

陈雪峰, 王日出, 刘正奎. (2009). 灾后心理援助的组织与实施. 心理科学进展, 17(3), 499-504.

陈屹, 石惠, 唐平. (2012). 积极认知行为治疗的基本方法. 西南交通大学学报（社会科学版）, 13(1), 65-70.

成都医学院学报编辑部. (2008). 成都医学院社科联、四川应用心理学研究中心举办"汶川大地震灾后心理重建行动国际论坛". 成都医学院学报, 3(4), 318.

戴健林. (2006). 论公共危机管理中的社会心理调控. 华南师范大学学报（社会科学版）, 38(3), 117-122.

戴妍妍, 朱仙桃. (2018). 意象疗法在危机个案辅导中的应用. 校园心理, 16(6), 462-463.

戴艳, 高翔, 郑日昌. (2004). 焦点解决短期治疗（SFBT）的理论述评. 心理科学, 27(6), 1442-1445.

戴燕, 廖清书. (2004). 门诊外科候诊病人心理问题分析及护理. 华西医学, 19(4), 665-666.

董慧娟, 李小军, 杜满庆, 等. (2007). 地震灾害心理伤害的相关问题研究. 自然灾害学报, 16(1), 153-158.

杜宝贵, 张韬. (2003). 正确认识公共危机管理中的几个关系. 东北大学学报（社会科学版）, 5(5), 361-363.

杜宁，石秀秀，崔松子，等．（2019）．参与式音乐治疗对脊髓损伤患者创伤后应激障碍康复结果的影响．中国康复医学杂志，34(9)，1097-1099．

樊富珉．（2003）．"非典"危机反应与危机心理干预．清华大学学报（哲学社会科学版），18(4)，32-37．

樊富珉，黄峥．（2020）．抗疫心理援助热线服务的伦理议题．心理学通讯，3(1)，21-23．

冯正直，柳雪荣，陈志毅．（2020）．新冠肺炎疫情期间公众心理问题特点分析．西南大学学报（社会科学版），46(4)，109-115，195．

扶长青，张大均．（2008）．儿童创伤后应激障碍研究现状．中国特殊教育，15(9)，67-72．

高贵元，黄捷，刘丹，等．（2021）．抑郁症的发病机制及抗抑郁药物的研究进展．中国医药导报，18(1)，52-55，70．

高天．（2011a）．接受式音乐治疗方法．北京：中国轻工业出版社．

高天．（2011b）．音乐治疗对地震幸存者的心理危机干预．音乐探索，29(4)，35-38．

高翔，戴艳，郑日昌．（2004）．焦点解决短期治疗（SFBT）简介．中国心理卫生杂志，18(5)，320-322．

关健，王明旭．（2019）．远程心理服务管理规范和伦理指导原则专家共识．中国医学伦理学，32(5)，678-686．

郭英，谢雨菲，张妍．（2013）．积极心理治疗在灾后心理辅导中的应用．现代预防医学，40(7)，1289-1291．

韩运荣，于印珠．（2021）．健康传播视域下的疫后心理援助研究：应对特点、模式与启发——以美国应对为例．汕头大学学报（人文社会科学版），37(1)，67-75，96．

郝倩，郭娜娜，饶海承．（2022）．接纳与承诺疗法对高血压脑出血患者康复效果及负性情绪的影响．心理月刊，17(11)，120-122，170．

何江新，许志国，李一璇．（2020）．突发重大公共事件中政府在心理危机干预机制构建的作用研究．西安科技大学学报，40(5)，927-935．

胡婷，刘伟志．(2017)．创伤后应激障碍的认知异常及神经机制．解放军医学杂志，42(9)，826-832．

胡伟，王琼，王楠，等．(2021)．新冠疫情中公正世界信念和民众有意传谣行为的关系：序列中介效应分析．中国临床心理学杂志，29(6)，1271-1275．

胡媛媛，李旭，符抒．(2012)．日本灾后心理援助的经验与启示．电子科技大学学报（社科版），14(5)，65-68，82．

胡泽卿，邢学毅．(2000)．危机干预．华西医学，15(1)，115-116．

季建林，徐俊冕．(1990)．心理咨询的基础——问题的解决．上海精神医学．2(1)，42-44．

纪念．(2021)．突发灾害后心理援助发展和特点研究．科教导刊-电子版（下旬），2021(12)，49-50．

贾昌志．(2021)．基于认知交互理论模型的警察执法心理研究．云南警官学院学报，2021(6)，36-42．

贾晓明．(2009)．地震灾后心理援助的新视角．中国健康心理学杂志，17(7)，882-885．

江光荣，于丽霞，郑莺，等．(2011)．自伤行为研究：现状、问题与建议．心理科学进展，19(6)，861-873．

姜红燕．(2013)．具有中国特色的精神卫生服务工作和精神卫生法．云南大学学报（社会科学版），12(3)，88-91．

姜华东，庄蓉，白利峰，等．(2023)．新型冠状病毒肺炎疫情下心理援助热线接线员心理压力现状调查及影响因素分析．职业与健康，39(3)，329-333．

姜乾金．(2004)．医学心理学-第4版．北京：人民卫生出版社．

姜荣环，马弘，吕秋云．(2007)．紧急事件应激晤谈在心理危机干预中的应用．中国心理卫生杂志，21(7)，496-498．

姜智．(2012)．系统科学视域下多要素心理应激系统过程模型．集美大学学报（教育科学版），13(4)，16-20，36.

蒋娥．(2021)．综合积极情绪疗法对护理人员中重度职业倦怠的干预研究．心理月刊，16(11)，19-20.

焦建英，胡志，何成森，等．(2014)．突发公共卫生事件心理危机干预研究进展．医学与社会，27(3)，78-81.

靳宇倡，刘东月，李俊一．(2014)．创伤后成长的促进因素、模型及干预．心理科学进展，22(2)，304-313.

李成齐．(2011)．创伤后应激障碍的认知行为治疗研究进展．医学与哲学（人文社会医学版），32(1)，35-36，55.

李辉，舒姝，李红．(2009)．灾后心理援助应处理好的几个关系．云南师范大学学报（哲学社会科学版），41(3)，118-122.

李磊琼．(2007)．地震后儿童心理干预与转变过程探索．中国健康心理学杂志，15(6)，526-528.

李丽兰．(2020)．论"心理游戏"现象对大学生人际交往的影响及管理策略研究．当代教育实践与教学研究，2020(13)，218-219，222.

李明洁．(2019)．突发公共卫生事件网络谣言的治理研究（硕士学位论文）．上海：华东师范大学．

李权超，王应立．(2006)．军人心理应激反应与心理危机干预．临床心身疾病杂志，12(2)，136-138.

李皖静．(2006)．非典突发事件期间民众的心理应激反映和行为变化分析．实用医技杂志，13(24)，4392-4394.

李亚琴，张华．(2007)．癌症患者家属身心状况及影响因素．护理学杂志，22(13)，4-6.

李艳杰，王超，高金金．(2021)．由新冠肺炎疫情引发的关于突发公共卫生事件应急管理体系研究．天津科技，48(1)，12-16，21.

李怡雪．(2020)．陆林院士在武汉指导湖北省新冠肺炎疫情后康复和心理疏导工作．中华医学信息导报，35(11)，11.

梁杰华，熊少青．(2016)．紧急事件应激晤谈研究综述．科技展望，

26(20), 265-267.

梁乾琳, 张鑫, 黄维亮. (2020). 新型冠状病毒肺炎疫情下心理援助服务的应用探究. 健康研究, 40(2), 134-136, 145.

梁哲, 许洁虹, 李纾, 等. (2008). 突发公共安全事件的风险沟通难题——从心理学角度的观察. 自然灾害学报, 17(2), 25-30.

廖艳辉. (2020). 心理危机干预. 国际精神病学杂志, 47(1), 1-3, 10.

林建. (2015). 家庭暴力受害妇女创伤后应激障碍及其治疗初探. 法制博览, 4(26), 44.

林耀盛. (2005). 说是一物即不中: 从伦理性转向疗愈观点反思震灾存活者的悲悼历程. 本土心理学研究, 2005(23), 259-317.

林振. (2019). 突发公共事件网络舆情协同治理机制建构研究. 华中科技大学学报（社会科学版）, 33(2), 38-44.

刘红. (2012). 叙事治疗在EMDR创伤治疗中的应用探索. 西华大学学报（哲学社会科学版）, 31(1), 8-14.

刘竞, 高见. (2017). 团体认知行为治疗的应用与研究进展. 神经疾病与精神卫生, 17(2), 82-84.

刘历红. (2008). 游戏, 灾后孩子心灵抚慰的最佳途径——对地震灾区孩子进行心理援助的感悟. 中小学心理健康教育, 2008(19), 32-33.

刘桥生, 胡斌, 魏波, 等. (2011). 认知治疗缓解洪灾后居民创伤后应激症状的研究. 南昌大学学报（医学版）, 51(1), 8-10.

刘让华, 赵会, 管玲玲, 等. (2020). 新型冠状病毒肺炎疫情期间心理危机干预Calm-downs策略. 国际精神病学杂志, 47(5), 858-862.

刘松怀, 梁志锋, 金福英, 等. (2008). 地震伤残者应用心理放松疗法的探讨. 中国康复理论与实践, 14(7), 677-679.

刘霞, 叶存春, 吴梅. (2020). 意象对话治疗心理问题躯体化症状的应用. 心理月刊, 15(17), 95-96.

刘正奎．（2012）．重大自然灾害心理援助的时空二维模型．中国应急管理，2012(5)，41-45.

刘正奎，刘悦，王日出．（2017）．突发人为灾难后的心理危机干预与援助．中国科学院院刊，32(2)，166-174.

刘正奎，吴坎坎，张侃．（2011）．我国重大自然灾害后心理援助的探索与挑战．中国软科学，2011(5)，56-64.

卢勤．（2009）．心理热线在汶川地震后心理干预中的应用与思考．中国健康心理学杂志，17(12)，1456-1458.

罗增让，郭春涵．（2015）．灾难心理健康教育的创新方法——美国《心理急救现场操作指南》的解读与启示．医学与哲学，36(9)，58-60，70.

骆宏，刘晓燕，詹祥，等．（2020）．新冠肺炎防控中医务人员组织心理支持感提升的实践探索．健康研究，40(1)，6-8.

吕秋云，钱铭怡．（2010）．EMDR在中国的发展历程．西华大学学报（哲学社会科学版），29(5)，1-2，20.

马湘培．（2003）．高校应提升心理危机干预的能力——经历SARS反思高校心理咨询．广西政法管理干部学院学报，18(6)，124-126.

毛龙．（2015）．公共危机善后管理中的心理危机干预问题探析．法制与经济，24(9)，101-103.

毛颖梅．（2009）．儿童创伤后应激障碍及其游戏治疗．中小学心理健康教育，9(10)，7-9.

糜晶．（2014）．模式调适与机制创新：网络时代政府公共危机治理研究（博士学位论文）．江苏：苏州大学．

彭丽丽．（2021）．公共突发事件应对中的心理援助问题研究．三晋基层治理，2021(2)，73-76.

齐芳．（2013）．灾后心理援助要避免无效、有害的干预．光明日报，2013-04-23.

秦邦辉，孙艳君，何源．（2020）．国外重大突发公共卫生事件心理危机干预措施及启示．南京医科大学学报（社会科学版），20(2)，

116-122.

秦波, 焦永利. (2011). 公共政策视角下的城市防灾减灾规划探讨——以消除传染病威胁为例. 规划师, 27(6), 105-109.

秦虹云, 季建林. (2003). PTSD 及其危机干预. 中国心理卫生杂志, 17(9), 614-616.

秦彧. (2006). 积极心理治疗模式的特色及启示. 医学与哲学（人文社会医学版）, 27(12), 55-57.

邱旭萍, 李光耀, 管晓红. (2018). 网络心理咨询的实践及其存在的问题. 现代医学与健康研究电子杂志, 2(17), 169-170.

任静, 袁聚录. (2016). 城市公共危机事件应急管理机制相关概念与理论析述. 华北理工大学学报（社会科学版）, 16(6), 22-26.

任俊, 叶浩生. (2004). 积极心理治疗思想概要. 心理科学, 27(3), 746-749.

任志洪, 刘芊滋, 张琳. (2022). 心理热线援助会谈框架的构建：基于一次单元心理干预视角. 中国临床心理学杂志, 30(1), 170-175.

单怀海, 李建明. (2010). 从汶川地震后的心理救助再论我国精神疾病预防体系. 中国健康心理学杂志, 18(12), 1513-1515.

石红. (2006). 心理剧与心理情景剧实务手册. 北京：北京师范大学出版社.

时美英. (2008). 大学生心理危机干预理论探析. 安徽电子信息职业技术学院学报, 7(1), 18-19.

四川省心理学会. (2008). 震后中小学生心理援助：方法与途径. 四川：四川教育出版社.

宋东峰, 孙彦, 张天布, 等. (2020). 新冠肺炎疫情下分级分类热线心理援助工作分析报告. 临床医学研究与实践, 5(32), 15-17.

宋青伟. (2020). 焦点解决短期治疗在女大学生就业指导中的应用探究. 中国大学生就业, 2020(7), 54-58, 64.

宋晓明. (2017). 重大突发事件心理危机干预长效机制的构建. 政法

学刊，34(5)，97-105.

宋之杰，石蕊，王昕，等．(2017)．突发公共事件情绪感染量表编制．中国健康心理学杂志，25(1)，38-43．

苏斌原，叶苑秀，张卫，等．(2020)．新冠肺炎疫情不同时间进程下民众的心理应激反应特征．华南师范大学学报（社会科学版），2020(3)，79-94.

孙丰英，周璇，徐程程．(2021)．团体心理游戏治疗对精神分裂症患者康复的影响．中国医药科学，11(20)，186-189.

孙宏伟，陈晓丽，王艳郁，等．(2018)．我国突发公共卫生事件心理危机干预体系的构建．中华卫生应急电子杂志，4(3)，141-144.

孙嘉卿，金盛华，曹慎慎．(2009)．灾难后谣言传播心理的定性分析——以"5·12汶川地震"谣言为例．心理科学进展，17(3)，602-609.

孙蒙，史战明，陈登国，等．(2020)．非自杀性自伤与精神障碍关系研究进展．国际精神病学杂志，47(1)，11-13，24.

唐记华，姜华，勘萍，等．(2017)．武警某部新兵精神分裂倾向者的家庭功能特征．武警医学，28(10)，1016-1018.

唐记华，王高华，王晓萍，等．(2005)．抑郁障碍青少年自伤行为、自杀观念相关因素剖析．中国心理卫生杂志，19(8)，536-538.

唐钧．(2003)．从国际视角谈公共危机管理的创新．理论探讨，20(5)，82-84.

陶晓琴．(2011)．CISD在心理危机干预中的应用．四川教育学院学报，27(12)，34-36.

涂阳军，郭永玉．(2010)．创伤后成长：概念、影响因素、与心理健康的关系．心理科学进展，18(1)，114-122.

万涛．(2009)．对灾后心理援助的几点思考．中共成都市委党校学报，2009(4)，86-88.

王建坤，陈剑，郝秀娟，等．(2018)．大学生学习倦怠对生活满意度的影响——领悟社会支持与心理资本的中介作用．中国心理卫生杂志，32(6)，526-530.

王建平，李董平，张卫．(2010)．家庭经济困难与青少年社会适应的关系：应对效能的补偿、中介和调节效应．北京师范大学学报（社会科学版），2010(4)，22-32．

王丽莉．(2017)．重大突发事件后的社区心理援助协作探讨——基于组织间网络理论的视角．安徽大学学报（哲学社会科学版），41(2)，142-148．

王明辉，张淑熙．(2003)．应激研究综述．信阳师范学院学报（哲学社会科学版），23(1)，59-62．

王稀琛，朱磊，叶心慧，等．(2022)．心理剧治疗对社区精神分裂症患者的影响．心理月刊，17(5)，59-61．

王希林，吕秋云，李雪霓，等．(2003)．SARS应激后的集体心理干预．中国心理卫生杂志，17(12)，897-899．

王新燕，张桂青，胡敏，等．(2017)．眼动脱敏和再加工与认知行为疗法对创伤后应激障碍患者生活质量的效果比较．中国健康心理学杂志，25(7)，969-973．

王一牛，罗跃嘉．(2003)．突发公共卫生事件下心境障碍的特点与应对．心理科学进展，11(4)，387-392．

王玉玲，姜丽萍．(2007)．灾害事件对人群的心理行为影响及其干预研究进展．护理研究，21(12)，3113-3115．

王憲瞳．(2016)．政府主导的应急管理心理危机干预模式的构建．党政干部学刊，2016(11)，60-63．

韦有华，汤盛钦．(1998)．几种主要的应激理论模型及其评价．心理科学，21(5)，441-444．

韦臻，王若彤，胡燕，等．(2021)．新冠疫情期间学生心理应激反应与非自杀性自伤行为：有调节的中介模型．华南师范大学学报（自然科学版），53(3)，122-128．

温淑春．(2010)．公共危机管理中的社会心理调控机制研究．理论与现代化，22(4)，94-98．

文荣康．(2008)．我国突发事件应激心理危机干预的探讨．现代预防医学，35(23)，4628-4630.

吴君杰，黄挚靖，丁琳洁，等．(2022)．新冠疫情防控常态化期间民众主观幸福感的网络分析．中国心理卫生杂志，36(2)，179-184.

吴坎坎，张雨青，Peter Tianzhi Chen．(2009)．灾后民众创伤后应激障碍（PTSD）与事件冲击量表（IES）的发展和应用．心理科学进展，17(3)，495-498.

吴佩君，李晔．(2014)．公正世界信念的文化差异．心理科学进展，22(11)，1814-1822.

伍新春，周宵，王文超，等．(2018)．关于创伤后应激障碍与创伤后成长的辩证认识——基于整合-比较的视角．北京师范大学学报（社会科学版），63(2)，41-50.

夏金彪．(2009a)．亟待建立符合中国国情的灾后心理援助模式．中国经济时报，2009-5-14.

夏金彪．(2009b)．美国和日本的心理援助、心理重建经验．中国经济时报．2009-5-14.

肖水源，刘慧铭．(2010)．群体性灾难事件的心理危机干预．中国预防医学杂志，11(9)，865-867.

肖铁岩，刘有斌．(2020)．移动互联时代重大疫情应对中社会心理调适困境与对策研究．思想教育研究，2020(4)，9-14.

肖英霞，李霞．(2017)．暴露和叙事疗法在创伤后应激障碍心理干预中的应用与比较．中国健康心理学杂志，25(12)，1917-1921.

谢佳秋，谢晓非，甘怡群．(2011)．汶川地震中的心理台风眼效应．北京大学学报（自然科学版），47(5)，944-952.

徐玖平，马艳岚．(2009)．汶川特大地震灾后社区建设的优选统筹模式．管理学报，6(2)，170-181.

徐明超，张云飞．(2013)．重大火灾个体心理反应与对应措施探析．消防技术与产品信息，2013(1)，60-63.

许明星，郑蕊，饶俪琳，等．(2020)．妥善应对现于新冠肺炎疫情中"心理台风眼效应"的建议．中国科学院院刊，35(3)，273-282.

许悦．（2017）．浅谈突发公共事件中心理救援的相关问题．中华卫生应急电子杂志，3(3)，140-142．

闫春梅，毛婷，李日成，等．（2022）．新冠肺炎疫情封闭管理期间大学生心理健康状况及影响因素分析．中国学校卫生，43(7)，1061-1065，1069．

闫吉．（2014）．我国政府在重大灾难中的心理危机干预研究（硕士学位论文），沈阳：沈阳师范大学．

闫岩，温婧．（2020）．新冠疫情早期的媒介使用、风险感知与个体行为．新闻界，2020(6)，50-61．

颜金国，江巍．（2022）．森林消防指战员心理援助研究．中国应急管理，2022(7)，52-55．

杨靖，孙爱东，邱萌，等．（2022）．新冠肺炎流行期间医护人员的心理健康状况调查及分析．现代医药卫生，38(1)，113-116．

杨林凯．（2019）．新时代社会公共安全治理体系建构路径研究（硕士学位论文）．成都：中共四川省委党校．

杨清风，崔红．（2015）．眼动脱敏与再加工心理疗法研究述评．医学综述，21(8)，1362-1364．

姚佳，王晋江．（2022）．心理剧技术在改善青少年心理健康状态及减少吸烟行为中的应用．心理月刊，17(12)，27-29．

姚琦，崔丽娟，王彦，等．（2020）．社交媒体信任对重大突发公共卫生事件中公众网络谣言自治行为的影响．心理科学，43(2)，481-487．

叶国平．（2009）．公共危机管理中的民众心理干预探讨．前沿，31(9)，152-155．

易永红，余良珍，丁玲莉，等．（2021）．新冠肺炎疫情期间丧亲者哀伤应激干预策略探讨．中国医学伦理学，34(4)，492-495，500．

游志斌，薛澜．（2015）．美国应急管理体系重构新趋向：全国准备与核心能力．国家行政学院学报，2015(3)，118-122．

员东婷，王英春．（2022）．失控感对不同控制源类型大学生状态毅力的影响. 中国心理卫生杂志, 36(4), 331-336.

臧刚顺, 宋之杰, 赵延庆. (2014). 创伤后应激障碍的团体认知行为疗法综述. 中国临床心理学杂志, 22(3), 560-563.

曾红. (2012). 应急与危机心理干预. 北京: 人民卫生出版社.

张成福. (2003). 公共危机管理: 全面整合的模式与中国的战略选择. 中国行政管理, 19(7), 6-11.

张冬梅, 张林, 黄安乐, 等. (2022). 抗击新型冠状病毒肺炎医护人员创伤后应激障碍的评估和干预进展. 护理学报, 29(14), 26-31.

张改叶, 闫春平, 李根强, 等. (2012). 突发危机事件的社会心理影响与心理援助工作研究. 中国成人教育, 2012(19), 64-66.

张华威, 彭琨. (2017). 国外政府应急管理中的心理危机干预经验与启示. 广州市公安管理干部学院学报, 27(4), 36-40.

张建新. (2009). 灾难心理学与心理危机干预专辑序言. 心理科学进展, 17(3), 481.

张建新. (2011). 灾害心理行为研究与心理援助. 中国减灾, 2011(10), 17-18.

张侃. (2008). 国外开展灾后心理援助工作的一些做法. 求是, 2008(16), 59-61.

张侃, 王日出. (2008). 灾后心理援助与心理重建. 中国科学院院刊, 23(4), 304-310.

张侃, 张建新. (2009). 5·12灾后心理援助行动纪实: 服务与探索. 北京: 科学出版社.

张日昇, 刘蒙, 林雅芳. (2009). 箱庭疗法在灾后心理援助与辅导中的应用. 心理科学, 32(4), 881-885.

张伟红, 甘景梨, 李晓琼, 等. (2003). SARS医务人员心理健康状况调查. 实用医药杂志, 20(12), 919-921.

张文慧, 李儿, 郑丽平, 等. (2020). 杭州某新型冠状病毒肺炎定点医院护士的焦虑现状调查及对策. 健康研究, 40(2), 130-133.

张雪琴. (2011). 国外重大灾害心理援助机制和组织方式的研究. 现

代预防医学，38(6)，1057-1059，1062.

张雁灵．(2009)．汶川特大地震医学救援行动及战略思考．解放军医学杂志，34(1)，1-6.

张跃兰，邢改书，李淑芬．(2008)．精神科疾病护理．北京：科学技术文献出版社．

张仲明，覃树宝．(2021)．我国心理援助的发展阶段和体系建构．西南大学学报（社会科学版），47(1)，134-143，227.

赵静波．(2020)．疫情背景下心理援助的伦理要点．南方医科大学，2020-1-30.

赵静波，范方．(2020)．疫情心理援助与典型案例剖析．华南师范大学学报（社会科学版），2020(3)，61-69，191.

赵平．(2013)．公共危机管理的理论与实践研究．人民论坛，22(23)，56-57.

赵鑫．(2009)．音乐同步脱敏再加工（MEDR）技术在抑郁症中心的应用介绍．第二届中青年心理卫生学者学术研讨会论文集．2009(1)，23-32.

郑晗晗，夏兴文，王尔东，等．(2022)．药物联合心理剧治疗对女性抑郁症患者抑郁情绪、心理弹性和总体幸福感的作用．中国健康心理学杂志，30(4)，503-507.

郑皓元，王金道，杨慧，等．(2022)．叙事疗法团体心理治疗在预防癌症患者创伤后应激障碍的应用．心理月刊，17(10)，205-209.

郑裕鸿，范方，喻承甫，等．(2011)．青少年感恩与创伤后应激障碍症状的关系：社会支持和心理弹性的中介作用．心理发展与教育，27(5)，522-528.

钟洁琼，周翔，廖义华，等．(2021)．心理危机干预的研究进展．现代医药卫生，37(10)，1676-1680.

周华仙．(2021)．焦点解决短期治疗技术在疫情应激反应干预中的运用．中小学心理健康教育，2021(15)，52-56.

周阳．(2010)．灾后心理援助的系统动态学分析及管理对策（硕士学位论文). 哈尔滨：哈尔滨工业大学.

周扬明, 赵连荣. (2009). 基于4R模型下我国公共危机管理体系建设的思考. 石家庄经济学院学报, 32(6), 80-83.

朱基钗. (2020). 习近平总书记武汉之行传递战"疫"新信号. 当代广西, 2020(6), 6-7.

朱建军. (2021). 意象对话心理治疗. 北京：中国人民大学出版社.

祝卓宏. (2020). 国内突发事件后社会心理援助现状与短板问题. 城市与减灾, 2020(2), 59-62.

宗昆仑, 任颖伟, 王国强. (2016). 创伤后应激障碍的治疗方法概述. 科技视界, 6(8), 38.

井出浩. (2007). 中長期的にフォローを必要とする子どものPTSD. 小児看護, 30(6), 797-802.

丸光江. (2005). 小児看護学研究の現現から：災害と子どもの心. 看護実践の科学, 30(12), 90-91.

塩入俊樹. (2006). こころのケア対策. 新潟医学会雜誌, 120(1), 20-24.

Abel, M. H., & Abel, M. (2007). The effects of a sales clerk's smile on consumer perceptions and behaviors. American Journal of Psychological Research, 3(1), 17-28.

Allport, G. W., Postman, L. (1947). The Psychology of Rumor. New York: Henry Holt.

Barboza, K. (2005). Critical Incident Stress Debriefing (CISD): Efficacy in Question. The New School Psychology Bulletin, 3(2), 49-70.

Beck, A. T., Rush, A. J., Shaw, B. F., et al. (1979). The Cognitive Therapy of Depression. New York: The Guilford Press.

Beehr, T. A., & Franz, T. M. (1987). The current debate about the meaning of job stress. Journal of Organizational Behavior Management, 8(2), 5-18.

Bonanno, G. A. (2004). Loss, trauma, and human resilience: Have we underestimated the human capacity to thrive after extremely aversive events?. American Psychologist, 59(1), 20−28.

Bonanno, G. A., & Mancini, A. D. (2012). Beyond resilience and PTSD: Mapping the heterogeneity of responses to potential trauma. Psychological Trauma: Theory, Research, Practice, and Policy, 4(1), 74−83.

Bond, C., Woods, K., Humphrey, N., et al. (2013). Practitioner Review: The effectiveness of solution focused brief therapy with children and families: A systematic and critical evaluation of the literature from 1990−2010. The Journal of Child Psychology and Psychiatry, 54(7), 707−723.

Brewin, C. R., Dalgleish, T., & Joseph, S. (1996). A dual representation theory of posttraumatic stress disorder. Psychological Review, 103(4), 670−686.

Bromet, E. J. (2012). Mental health consequences of the Chernobyl disaster. Journal of Radiological Protection, 32(1), N71−N75.

Bronfenbrenner, U. (1979). The Ecology of Human Development. Cambridge: Harvard University Press.

Bushra, A., Mehak, B., Zeeshan, R., et al. (2017). Prevalence and Predictors of Non-Suicidal Self-Injury among Children with Autism Spectrum Disorder. Pakistan Journal of Medical Sciences, 33(5), 1225−1229.

Caplan, G. (1964). Principles of preventive psychiatry. New York: Basic Books.

Chemtob, C. M., Nakashima, J. P., Hamada, R. S. (2002). Psychosocial intervention for postdisaster trauma symptoms in elementary school children: a controlled community field study. Archives of Pediatrics and Adolescent Medicine, 156(3), 211−216.

Chen, H., Chung, H., Chen, T., et al. (2003). The emotional distress in a community after the terrorist attack on the world trade center. Community Mental Health Journal, 39(2), 157−165.

Chu, X., Li, Y., Wang, P., et al. (2021). Social support and cyberbullying for university students: the mediating role of internet addiction and the moderating role of stress. Current Psychology, 42(5), 2014−2022.

Collicutt McGrath, J., & Linley, P. A. (2006). Post‐traumatic growth in acquired brain injury: A preliminary small scale study. Brain Injury, 20(7), 767–773.

Cordova, M. J., Cunningham, L. L. C., Carlson, C. R., et al. (2001). Posttraumatic growth following breast cancer: a controlled comparison study. Health Psychology, 20(3), 176–185.

Covello, V. T., Peters, R. G., Wojtecki, J. G., et al. (2001). Risk communication, the West Nile virus epidemic, and bioterrorism: responding to the communication challenges posed by the intentional or unintentional release of a pathogen in an urban setting. Journal of Urban Health : Bulletin of the New York Academy of Medicine, 78(2), 382–391.

Dalbert, C., Donat, M. (2015). Belief in a just world. In J. D. Wright (Ed.). International encyclopedia of the social & behavioral sciences (2nd ed.). Oxford, UK: Elsevier, 487–492.

Diener, E., Suh, E. M., Lucas, R. E., et al. (1999). Subjective well-being: Three decades of progress. Psychological Bulletin, 125(2), 276–302.

Dilsaver, S. C., Benazzi, F., & Akiskal, H.S., et al. (2007). Post-traumatic stress disorder among adolescents with bipolar disorder and its relationship to suicidality. Bipolar Disorders, 9(6), 649–655.

Donat, M., Dalbert, C., & Kamble, S. V. (2014). Adolescents' cheating and delinquent behavior from a justice-psychological perspective: The role of teacher justice. European Journal of Psychology of Education, 29(4), 635–651.

Ehlers, A., & Clark, D. M. (2000). A cognitive model of posttraumatic stress disorder. Behaviour Research & Therapy, 38(4), 319–345.

Everly, G. S., & Boyle, S. H. (1999). Critical Incident Stress Debriefing (CISD): A meta-analysis. International Journal of Emergency Mental Health, 1(3), 165–168.

Foa, E. B., Hembree, E. A., Cahill, S. P., et al. (2005). Randomized trial of prolonged exposure for posttraumatic stress disorder with and without cognitive restructuring: outcome at academic and community clinics. Journal of Consulting and Clinical Psychology, 73(5), 953-964.

Foa, E. B., & Kozak, M. J. (1986). Emotional Processing of Fear: Exposure to Corrective Information. Psychological Bulletin, 99(1), 20-35.

Foa, E. B., & Rothbaum, B. O. (1998). Treating the trauma of rape: Cognitive-behavioral therapy for PTSD. New York: The Guilford Press.

Frost, R. O., Tolin, D. F., Steketee, G., et al. (2009). Excessive acquisition in hoarding. Journal of Anxiety Disorders, 23(5), 632-639.

Gilbert, D. T., & Malone, P. S. (1995). The correspondence bias. Psychological Bulletin, 117(1), 21-38.

Gobena, L. B., & Van Dijke, M. (2016). Power, justice, and trust: A moderated mediation analysis of tax compliance among Ethiopian business owners. Journal of Economic Psychology, 52, 24-37.

Goenjian, A. K., Molina, L., Steinberg, A. M., et al. (2001). Posttraumatic stress and depressive reactions among Nicaraguan adolescents after hurricane mitch. American Journal of Psychiatry, 158(5), 788-794.

Grisham, J. R., Brown, T. A., Savage, C. R., et al. (2007). Neuropsychological impairment associated with compulsive hoarding. Behaviour Research and Therapy, 45(7), 1471-1483.

Hatfield, E., Cacioppo, J. T., & Rapson, R. L. (1993). Emotional contagion. Current Directions in Psychological Science, 2(3), 96-99.

Hayes, S. C., Luoma, J. B., Bond, F. W., et al. (2006). Acceptance and commitment therapy: Model, processes and outcomes. Behaviour Research and Therapy, 44(1), 1-25.

Heath, R. L. (2001). 危机管理.（王成，宋炳辉，金瑛译）. 北京：中信出版社.

Holmes, T. H., & Rahe, R. H. (1967). The social readjustment rating scale. Journal of Psychosomatic Research, 11(2), 213-218.

Hong, X., Currier, G. W., Zhao, X., et al. (2009). Posttraumatic stress disorder in convalescent severe acute respiratory syndrome patients: a 4-year follow-up study. General Hospital Psychiatry, 31(6), 546–554.

Horowitz, M. J. (1973). Phase oriented treatment of stress response syndromes. American Journal of Psychotherapy, 27(4), 506–515.

Huddy, L., Feldman, S., Capelos, T., et al. (2002). The consequences of terrorism: Disentangling the effects of personal and national threat. Political Psychology, 23(3), 485–509.

James, R. K. & Gilliland, B. E. (2012). Crisis Intervention Strategies (7th ed.). Belmont, CA: Thomson Brooks/Cole.

James, R. K., & Gilliland, B. E. (2017). 危机干预策略. (肖水源，周亮译). 北京：中国轻工业出版社.

Janoff-Bulman, R. (1989). The benefits of illusions, the threat of disillusionment, and the limitations of inaccuracy. Journal of Social and Clinical Psychology, 8(2), 158–175.

Jansen, L., Hoffmeister, M., Chang-Claude, J., et al. (2011). Benefit finding and post-traumatic growth in long-term colorectal cancer survivors: Prevalence, determinants, and associations with quality of life. British Journal of Cancer, 105(8), 1158–1165.

Jiang, X., Deng, L., Zhu, Y., et al. (2020). Psychological crisis intervention during the outbreak period of new coronavirus pneumonia from experience in Shanghai. Psychiatry Research, 286, 1–3.

Jost, J. T., Banaji, M. R., & Nosek, B. A. (2004). A decade of system justification theory: Accumulated evidence of conscious and unconscious bolstering of the status quo. Political Psychology, 25(6), 881–919.

Kanel, K. (2011). A Guide to Crisis Intervention (4th ed.). Boston MA: Cengage Learning.

Kay, A. C., & Jost, J. T. (2014). Theoretical integration in motivational science: System justification as one of many "autonomous motivational structures".

Behavioral and Brain Sciences, 37(2), 146-147.

Kay, A. C., Gaucher, D., Peach, J. M., et al. (2009). Inequality, discrimination, and the power of the status quo: Direct evidence for a motivation to see the way things are as the way they should be. Journal of Personality and Social Psychology, 97(3), 421-434.

Kinzie, J. D., Cheng, K. J., & Riley, C. (2006). Traumatized refugee children: The case for individualized diagnosis and treatment. Journal of Nervous and Mental Disease, 194(7), 534-537.

Klitzman, S., & Freudenberg, N. (2003). Implications of the world trade center attack for the public health and health care infrastructures. American Journal of Public Health, 93(3), 400-406.

Landau, M. J., Kay, A. C., & Whitson, J. A. (2015). Compensatory control and the appeal of a structured world. Psychological Bulletin, 141(3), 694-722.

Lazarus, R. S. (1966). Psychological Stress and the Coping Process. New York: McGraw-Hill.

Lazarus, S., & Folkman, S. (1984). Stress, appraisal and coping. New York: Springer.

Levi-Belz, Y., Krysinska, K. & Andriessen, K. (2021). "Turning personal tragedy into a triumph": A systematic review and meta-analysis of studies on posttraumatic growth among suicide-loss survivors. Psychological Trauma: Theory, Research, Practice, and Policy, 13(3), 322-332.

Liberman, N., Trope, Y., & Wakslak, C. (2007). Construal level theory and consumer behavior. Journal of Consumer Psychology, 17(2), 113-117.

Lindemann, E. (1944). Symptomatology and management of acute grief. American Journal of Psychiatry, 101(2), 141-148.

Llewellyn, C. D., Horney, D. J., McGurk, M., et al. (2013). Assessing the psychological predictors of benefit finding in patients with head and neck cancer. Psycho-Oncology, 22(1), 97-105.

Maljanen, T., Paltta, P., Härkänen, T., et al. (2012). The cost-effectiveness of short-term psychodynamic psychotherapy and solution-focused therapy in the treatment of depressive and anxiety disorders during a one-year follow-up. Journal of Mental Health Policy and Economics, 15(1), 13−23.

Marmar, C. R., Schlenger, W., Henn-Haase, C., et al. (2015). Course of posttraumatic stress disorder 40 years after the Vietnam War: Findings from the national Vietnam veterans longitudinal study. JAMA Psychiatry, 72(9), 875−881.

Maunder, R., Hunter, J., Vincent, L., et al. (2003). The immediate psychological and occupational impact of the 2003 SARS outbreak in a teaching hospital. Canadian Medical Association Journal, 168(10), 1245−1251.

Meichenbaum, D. (1971). Examination of model characteristics in reducing avoidance behavior. Journal of Personality and Social Psychology, 17(3), 298−307.

Meichenbaum, D. (1974). Cognitive behavior modification. New York: General Learning Press.

Milam, J. E. (2004). Posttraumatic Growth Among HIV/AIDS Patients. Journal of Applied Social Psychology, 34(11), 2353−2376.

Mitchell, J. T., & Everly, G. S. (1993). Critical Incident Stress Debriefing (CISD): An operations manual for the prevention of traumatic stress among emergency services and disaster workers. Ellicott City, MD: Chevron Publishing Cooperation.

Morris, B. A., Shakespeare-Finch, J., & Scott, J. L. (2012). Posttraumatic growth after cancer: the importance of health-related benefits and newfound compassion for others. Supportive Care in Cancer, 20(4), 749−756.

Mubarak, N., Safdar, S., Faiz, S., et al. (2021). Impact of public health education on undue fear of COVID-19 among nurses: The mediating role of psychological capital. International Journal of Mental Health Nursing, 30(2), 544−552.

Myer, R. A., Lewis, J. S., & James, R. K. (2013). The introduction of a task model for crisis intervention. Journal of Mental Health Counseling, 35(2), 95–107.

Myers, D. (2008). 灾难与心理重建：心理危机干预实务手册．（陈锦宏等译）．北京：北京大学出版社．

North, C. S., & Pfefferbaum, B. (2013). Mental health response to community disasters: A systematic review. JAMA, 310(5), 507–518.

Nunnally, J. C. (1978). Psychometric Theory. New York: McGraw-Hill.

Orcutt, H. K., Erickson, D. J., & Wolfe, J. (2004). The course of PTSD symptoms among Gulf War veterans: A growth mixture modeling approach. Journal of Traumatic Stress, 17(3), 195–202.

Otto, K., Boos, A., Dalbert, C., et al. (2006). Posttraumatic symptoms, depression, and anxiety of flood victims: The impact of the belief in a just world. Personality and Individual Differences, 40(5), 1075–1084.

Park, C. L. (1998). Stress-related growth and thriving through coping: The roles of personality and cognitive processes. Journal of Social Issues, 54(2), 267–277.

Poon, K. T., & Chen, Z. (2014). When justice surrenders: The effect of just-world beliefs on aggression following ostracism. Journal of Experimental Social Psychology, 52, 101–112.

Rand, K. L., Cripe, L. D., Monahan, P. O., et al. (2012). Illness appraisal, religious coping, and psychological responses in men with advanced cancer. Supportive Care in Cancer, 20(8), 1719–1728.

Roberts, A. R., & Ottens, A. J. (2005). The seven-stage crisis intervention model: A road map to goal attainment, problem solving, and crisis resolution. Brief Treatment and Crisis Intervention, 5(4), 329–339.

Ruzek, J. I., Brymer, M. J., Jacobs, A. K., et al. (2007). Psychological first aid. Journal of Mental Health Counseling, 29(1), 17–49.

Salloum, A., Overstreet, S. (2008). Evaluation of individual and group grief and trauma interventions for children post disaster. Journal of Clinical Child and Adolescent Psychology, 37(3), 495−507.

Schaefer, J. A., & Moos, R. H. (1992). Life Crises and Personal Growth. Westport, CT: Praeger Publisher.

Scrignaro, M., Barni, S., & Magrin, M. E. (2011). The combined contribution of social support and coping strategies in predicting post-traumatic growth: A longitudinal study on cancer patients. Psycho-Oncology, 20(8), 823−831.

Seligman, M. E. P. (2002). Authentic Happiness: Using the New Positive Psychology to Realize Your Potential for Lasting Fulfillment. New York: Free Press.

Seligman, M. E. P., & Csikszentmihalyi, M. (2000). Positive psychology: An introduction. American Psychologist, 55(1), 5−14.

Selye, H. (1956). The Stress of Life. New York: McGraw-Hill.

Senol-Durak, E., & Ayvasik, H. B. (2010). Factors associated with posttraumatic growth among myocardial infarction patients: Perceived social support, perception of the event and coping. Journal of Clinical Psychology in Medical Settings, 17(2), 150−158.

Shapiro, F. (2001). Eye Movement Desensitization and Reprocessing: Basic Principles, Protocols, and Procedures (2nd ed.). New York: The Guilford Press.

Shapiro, F., & Maxfield, L. (2002). Eye Movement Desensitization and Reprocessing (EMDR): Information processing in the treatment of trauma. Journal of Clinical Psychology, 58(8), 933−946.

Sperling, J. D., Levy, P. D., Garritano, J., et al. (2003). Acute stress disorder and major depressive episode diagnoses among emergency department staff involved in the response to the World Trade Center tragedy. Academic Emergency Medicine, 10(5), 548.

Sullivan, D., Landau, M. J., & Rothschild, Z. K. (2010). An existential function of enemyship: Evidence that people attribute influence to personal and political enemies to compensate for threats to control. Journal of Personality and Social Psychology, 98(3), 434–449.

Suni, P., Carolyn, B., Olivia, P., et al. (2005). Narrative therapy to prevent illness-related stress disorder. Journal of Counseling and Development, 83(1), 41–47.

Tatsuta, N., Nakai, K., Satoh, H., et al. (2015). Impact of the great east Japan earthquake on child's IQ. The Journal of Pediatrics, 167(3), 745–751.

Tedeschi, R. G., & Calhoun, L. G. (1996). The posttraumatic growth inventory: Measuring the positive legacy of trauma. Journal of Traumatic Stress, 9(3), 455–471.

Tedeschi, R. G., & Calhoun, L. G. (2004). Posttraumatic growth: Conceptual foundations and empirical evidence. Psychological Inquiry, 15(1), 1–18.

Tomich, P. L., & Helgeson, V. S. (2006). Cognitive adaptation theory and breast cancer recurrence: Are there limits?. Journal of Consulting and Clinical Psychology, 74(5), 980–987.

Tsao, Y. C., Raj, P. V. R. P., & Yu, V. (2019). Product substitution in different weights and brands considering customer segmentation and panic buying behavior. Industrial Marketing Management, 77, 209–220.

Turtle, L., McGill, F., Bettridge, J., et al. (2015). A survey of UK healthcare workers' attitudes on volunteering to help with the Ebola outbreak in West Africa. PLoS One, 10(3), e0120013.

Ullrich, J., & Cohrs, J. C. (2007). Terrorism salience increases system justification: Experimental evidence. Social Justice Research, 20(2), 117–139.

Van Emmerik, A. A. P., Kamphuis, J. H., Hulsbosch, A. M., et al. (2002). Single session debriefing after psychological trauma: a meta-analysis. The Lancet, 360(9335), 766–771.

Vernberg, E. M., Steinberg, A. M., Jacobs, A. K., et al. (2008). Innovations in disaster mental health: Psychological first aid. Professional Psychology: Research and Practice, 39(4), 381–388.

Villatte, J. L., Vilardaga, R., Villatte, M., et al. (2016). Acceptance and commitment therapy modules: Differential impact on treatment processes and outcomes. Behaviour Research and Therapy, 77, 52–61.

Wang, L., Zhang, J., Zhou, M., et al. (2010). Symptoms of posttraumatic stress disorder among health care workers in earthquake-affected areas in Southwest China. Psychological Reports, 106(2), 555–561.

Weiss, D. S. (2007). The impact of event scale: Revised. In Cross-cultural assessment of psychological trauma and PTSD. New York: Springer.

Weiss, D. S., & Marmar, C. R. (1997). The Impact of Event Scale-Revised. In J. P. Wilson, & T. M. Keane (Eds.), Assessing Psychological Trauma and PTSD. New York: The Guilford Press.

Xu, J., Ou, J., Luo, S., et al. (2020). Perceived social support protects lonely people against COVID-19 anxiety: A three-wave longitudinal study in China. Frontiers in Psychology, 11, 1–12.

Yao, H., Chen, J. H., & Xu, Y. F. (2020). Patients with mental health disorders in the COVID-19 epidemic. The Lancet Psychiatry, 7(4), e21.

Yasushi, K., Ryoko, T., Takahiko, U., et al. (2012). Cognitive and psychological reactions of the general population three months after the 2011 Tohoku earthquake and tsunami. PLoS One, 7(2), e31014.

Yuen, K. F., Wang, X., Ma, F., et al. (2020). The psychological causes of panic buying following a health crisis. International Journal of Environmental Research and Public Health, 17(10), 1–14.

Yule, W. (2001). Post-traumatic stress disorder in children and adolescents. International Review of Psychiatry, 13(3), 194–200.